브랜드로부터 배웁니다

브랜드로부터 배웁니다

초판 1쇄 발행 2023년 1월 26일
초판 2쇄 발행 2023년 2월 22일

지은이 김도영
펴낸이 이승현

출판1 본부장 한수미
와이즈 팀장 장보라
책임편집 선세영
디자인 [★]규

펴낸곳 ㈜위즈덤하우스   **출판등록** 2000년 5월 23일 제13-1071호
주소 서울특별시 마포구 양화로 19 합정오피스빌딩 17층
전화 02) 2179-5600   **홈페이지** www.wisdomhouse.co.kr

ISBN 979-11-6812-575-9 03320

일에 대한 관점도, 삶을 위한 태도도

브랜드로부터 배웁니다

김도영 지음

위즈덤하우스

브랜드를 번역하는 사람들

브랜드 만드는 일을 다른 직업에 비유해본다면 무엇과 빗댈 수 있을까요? 어쩌면 저는 번역가에 가장 가까울 수도 있겠다 싶습니다. 뜬금없이 왜 번역가가 등장하는 걸까 하시겠지만 개인적으로는 브랜드야말로 '관점'과 '해석'의 결과물이라고 생각하거든요. 동일한 카테고리 안에서도 무수히 많은 브랜드가 존재하고 지금 이 순간에도 새로운 브랜드가 탄생하고 있는 걸 보면, 그건 기존의 관점과 해석에서 벗어나 자신만의 언어로 그 본질을 번역해내고 싶은 사람들이 많다는 얘기일 테니 말입니다.

예전에 유명 영화 번역가 한 분의 인터뷰 기사를 읽은 적이 있습니다. 내로라하는 할리우드 대작부터 어렵기로 소문난 각종 영화제 출품작들까지 번역하신 베테랑이지만 여전히 작업할 때마다 가장 고민되는 부분이 하나 있다고 하더군요. 그건 바로 '어디까지를 직역直譯하고 어디까지를 의역意譯할지'에 대한 것이라고 했습니다. 원문이 가진 의도를 잘 살리면서도 우리 언어로 받아들이는 사람들에게는 그 맛과 뉘앙스가 적절히 변형돼 전달되도록 하는 일이 여간 어려운 게 아니기 때문이죠.

그 말을 듣는 순간 이런 고민까지도 브랜딩과 참 많이 닮아 있구나 싶었습니다. 브랜드를 만들 때도 마찬가지거든요. 연필 한 자루를 브랜딩한다고 해도 연필이 가진 고유한 본질을 최대한 잘 담아내는 동시에 남들이 제시하지 못하는 우리만의 무엇인가를 녹여낼 수 있어야 비로소 좋은 브랜드가 될 수 있으니까요. 브랜딩이라는 것도 직역과 의역의 고민을 안고 사는 번역가들의 산물임이 틀림없는 셈이죠.

세상에는 브랜드에 관한 책이 정말 많습니다. 하지만 그럼에도 불구하고 제가 굳이 또 한 권의 브랜드 책을 보태는 이유 역시 제 관점에서 들려드리고픈 이야기가 분명히 있었기 때문입니다. 그리고 그 출발점은 절친한 후배의 한마디에서 시작됐죠.

선배가 진짜 자주 하는 말이 뭔 줄 아세요? 내가 이 브랜드를 들여다보다가 배우게 된 건데 말이야…라는 얘기에요. 다른 사람들은 브랜드를 보고 좋다, 재밌다, 대단하다 정도로만 표현하는데 선배는 늘 배웠다고 하거든요. 마치 브랜드를 좋은 교재나 스승님처럼 대하는 것 같아서 그게 항상 신기했어요.

듣고 보니 그렇더라고요. 저는 실제로 브랜드를 통해서 참 많은 것을 배운다고 생각하거든요. 그리고 그 배움의 과정은 브랜드를 잘 만들고 유지하고 발전시켜나가는 실용적인 방법들을 익히는 것도 있지만, 앞서 말씀드린 것처럼 브랜드를 만든 사람들이 번역해놓은 것들을 이해해보고 다시 나만의 언어로 번역해 받아들이는 것이 될 수도 있는 거죠.

저 브랜드는 무엇을, 어떻게 이야기하고 있는 걸까?
그리고 나는 거기서 어떤 가치와 의미를 발견해
내 일에 또 내 삶에 적용해볼 수 있을까?

라는 식으로요. 그러니 제게 브랜드란 본질 그대로를 똑바로 마주할 때 얻는 유익함과 나만의 시각으로 마음껏 재해석하며 얻는 즐거움을 동시에 느낄 수 있게 해주는 존재가 아닐까 싶습니다. 그런 직역과 의역을 오가는 경험이 직업으로서도, 취미로서도 늘 브랜드를 가까이하게 하는 원동력이 되어준다고도 생각하고요.

따라서 이 책은 그동안 제가 인상 깊게 만났던 브랜드들에 관한 저의 번역서라고 할 수 있을 것 같습니다. 그중엔 여러분들이 잘 알고 계신 익숙한 브랜드도 있을 테고 전에 보지 못한 낯설고 새로운 브랜드도 있겠죠. 무엇이 되었건 간에 부디 제 언어로 전달하는 이 이야기들이 여러분에게도 좋은 관점과 태도를 선물해줄 수 있기를 바라봅니다. 그리고 이 책을 덮을 때쯤 여러분 주위에 펼쳐져 있는 갖가지 브랜드들이 조금은 더 흥미롭게 보이기 시작한다면 더없이 기쁠 것 같네요.

참, 이미 예상하셨을 수도 있겠지만 이 책에는 '완벽한 브랜딩을 위한 무슨 무슨 법칙'이라든가 '반드시 ~해라, 절대로 ~하지 마라' 같은 철칙이 담겨 있지는 않습니다. (그리고 그건 이 책뿐 아니라 제 역량과 가치관 안에도 없습니다…)

대신 브랜드 경험을 만드는 일을 하는 한 사람으로서 그동안 모아온 작은 생각들을 찬찬히 한번 풀어놔 봤습니다. 그러니 여러분들께서도 기존에 가지고 있던 시각에서 조금 벗어나 다음 책장을 넘겨보시면 좋겠네요. '저 브랜드의 성공 법칙은 무엇일까'라는 관점을 넘어 '그래서 나는 이 브랜드로부터 무엇을 배울 수 있고 무엇을 내 것으로 한번 받아들여 볼까'라는 태도를 지닌 채로 말이죠.

차례

프롤로그   브랜드를 번역하는 사람들   **4**

---

01   **그 자체로 충분히 훌륭하다는 것**   **10**
네스프레소 Nespresso

---

02   **맥락 위에 존재한다는 것**   **26**
발뮤다 BALMUDA

---

03   **자기 언어를 가진다는 것**   **41**
애플 APPLE

---

04   **이야기를 가꾼다는 것**   **58**
테드 TED

---

05   **아이덴티티를 숙성한다는 것**   **79**
뵈브 클리코 Veuve Clicquot

---

06   **시퀀스를 만든다는 것**   **94**
안테룸 호텔 교토 Hotel Anteroom Kyoto

---

07   **생각을 렌더링한다는 것**   **111**
픽사 Pixar

---

08   **아이콘이 된다는 것**   **130**
컨버스 CONVERSE

---

09   **형태가 본질을 완성한다는 것**   **149**
뱅 앤 올룹슨 BANG & OLUFSEN

10   기대를 설계한다는 것   164
조던 JORDAN

11   '따로 또 같이' 간다는 것   182
포르투닷 Porto.

12   캐릭터를 추출한다는 것   203
크리드 CREED

13   유연한 결을 갖는다는 것   221
로디아 RHODIA

14   다른 철학을 담아낸다는 것   240
와사라 WASARA

15   모든 문을 연다는 것   260
카우스 KAWS

16   서로가 서로의 팬이 된다는 것   281
프리미어리그 Premier League

17   욕망을 코딩한다는 것   302
젠틀몬스터 GENTLE MONSTER

18   태도를 제안한다는 것   323
리모와 RIMOWA

에필로그   우리가 펼쳐놓은 단어들   344

01

그 자체로 충분히
훌륭하다는 것

네스프레소
Nespresso

철학적인 메시지나 엄청난 담론을 이야기하는 브랜드와는 다르게 늘 자기 자리에서 적당함을 유지하고 있는 브랜드들도 있습니다. 매 시즌마다 신제품을 선보이지 않아도, 또 화려한 광고나 캠페인 없이도 편한 친구처럼 우리 주위를 지키고 있는 브랜드인 거죠.

우연한 기회로 《셰프의 빨간 노트》라는 책을 낸 세계적인 요리사 정동현 셰프님의 인터뷰를 본 적이 있습니다. '나에겐 절대 미각이 없다'라며 시작하는 그의 말들은 곱씹으면 씹을수록 제게 꽤 진하고 깊은 풍미를 주었죠.

푸아그라, 캐비아는 없어서 못 먹지만 떡볶이 국물에 젖어 튀김옷이 질척해진 오징어튀김도 좋고, 귀가 먹먹해질 정도로 매운 낙지볶음도 좋다. 소나무를 깎아 만든 카운터에 앉아 셰프가 쥐어주는 스시를 먹는 것도 좋지만 마트에서 파는 초밥이 당길 때가 있고 양념하지 않은 김에 맨밥을 싸 먹는 것도 좋다.

'특급 셰프에게도 이런 면이 있구나' 하며 신기해할 때쯤 그는 곧 미식가의 개념에 대해 이야기를 이어갑니다. 보통 셰프라고 하면 대부분 무척 까다롭고 예민한 미각을 가졌을 거라고 생각하지만 실상은 음식에 아주 관대한 사람이 많다는 겁니다. 그래야 더 많은 음식을 접하고, 더 깊은 맛을 이해하고, 더 좋은 포인트들을 찾아낼 수 있기 때문이죠.

더불어 자신의 우월함을 드러내기 위해 까다로운 취향을 뽐내는 것보다 조금 더 넓은 마음으로 음식을 껴안을 때 행복할 가능성이 커진다는 말도 덧붙입니다. 세상에 완벽한 음식은 드물고, 그 드문 확률에 기쁨과 행복을 거는 것은 어리석은 짓이라고 말이죠. 그래서 셰프라는 직업을 가지고 있음에도 미각이 둔한 자기 스스로를 매우 행운아라고 여기기까지 합니다.

—— 브랜딩에도 미각이 있다면

사실 과학적으로 보면 절대 미각을 가진 사람은 우리 환상에서나 존재하는 거라고 할 수 있습니다. 미각이 예민한 사람은 일반인에 비해 쓴맛을 조금 더 강하게 느끼는 정도라고 하거든요. 본인에게는 특유의 쓴맛이 불쾌하니 그 맛이 섞인 음식을 점점 거부하게 되는 거고, 냉정하게 말하자면 예민한 미각이란 타이틀을 달고 그저 편식을 하는 것에 불과한 것이죠.

음식이라는 한 부분에 집중해서 이야기했지만 넓게 보면 주관적인 평가가 따르는 모든 분야가 이 미각의 딜레마를 가지고 있다고 생각합니다. 하나하나 들여다보며 세심하게 느끼고 즐기는 행위보다 어떻게 해서든 빨리 가치판단을 내리고 호불호 딱지를 붙여주고 싶어 하는 경우가 어디든 존재하기 때문이죠.

물론 제가 몸담고 있는 브랜딩 분야도 크게 다르지 않습니다. 꼼꼼하게 분석하고 냉정하게 판단하는 수준을 넘어서 '아… 저 사람 마음에 드는 브랜드는 태양이 스스로의 수명을 다할 때쯤에나 나타날지도 모르겠다' 싶은 사람들이 있으니까요. 이건 이래서 별로고, 저건 저래서 별로라며 선을 그어가다 보면 결국 제자리걸음만 하는 경우가 부지기수죠.

반대로 늘 자기만의 답을 정해놓고 출발하는 케이스도 있습니다. 사실 브랜딩을 하는 사람들에겐 몇 가지 바이블처럼 여겨지는 브랜드들이 존재하거든요. 그 브랜드들이 위대하다는 것은 온 세상이 알지만 언제나 그들의 방식이 정답이라고만 여기는 것도 참으로 안타까운 일입니다. 꼭 미슐랭 가이드에서 별 3개를 받은 레스토랑만이 훌륭한 음식을 만드는 게 아니니 말이죠.

저는 커피 브랜드들 중 '네스프레소Nespresso'를 참 좋아합니다. 잘 아시다시피 커피야말로 브랜딩 싸움의 정점에 있다고 해도 과언이 아닌 분야인데요. 커피 본연의 맛도 맛이지만 그 브랜드가 가지고 있는 이미지나 공간, 서비스로 이어지는 일체의 경험들이 총

체적으로 전달되는 대표적인 산업이기 때문이죠. 게다가 커피는 소규모 카페를 중심으로 브랜딩하기에도 유리할뿐더러 오너십을 가진 운영자나 바리스타의 철학이 깊게 관여된다는 점에서 어쩌면 세상에서 가장 많은 브랜드가 존재하는 카테고리일지도 모르겠습니다.

그런데 그중에서 제일 대중적이고도 친근한 네스프레소를 꼽은 것이 조금은 의아하게 느껴지실 수도 있을 겁니다. 왠지 블루보틀이나 인텔리젠시아처럼 묵직한 가치관이 담긴 브랜드를 다뤄야 할 것 같기도 하고 스텀프타운이나 커피 슈프림 혹은 최근 각광을 받는 메종키츠네 카페 같은 감각적이고 세련된 커피를 소개해야 조금 더 힙해 보일 거란 고민 역시 안 해본 것은 아닙니다.

그럼에도 불구하고 저는 늘 그 자체로 충분한 네스프레소가 좋습니다. 캡슐 커피 한 개의 가격이 편의점 커피 반값도 안 되는 수준이지만 그 안에 압축되어 있는 내공은 결코 가볍지가 않기 때문이죠. 게다가 하나하나 이야기를 파고 내려가다 보면 왜 이런 건 널리 자랑하지 않고 있을까 싶을 정도로 의외의 겸손함을 지닌 브랜드이기도 하거든요.

다들 아시다시피 네스프레소는 스위스의 세계적인 식품회사 네슬레Nestle의 커피 브랜드입니다. 지금이야 블루보틀까지 인수했을 정도로 음료와 식품 산업에서 엄청난 지배력을 보이고 있지만 1980년대만 해도 네슬레는 파산 직전에 몰린 기업이었습니다.

그런 네슬레를 다시 제왕의 자리로 끌어올린 것은 바로 네스프레소 캡슐 커피였죠. 공교롭게도 이 아이디어는 당시 제품 포장 부서에서 공학자로 일하던 에릭 파브르Eric Favre라는 한 평범한 직원으로부터 나왔습니다. 1970년대 초반 이탈리아 로마를 여행하던 그는 트레비 분수 인근의 한 카페에서 에스프레소가 내려지는 과정을 지켜보다 새로운 관점을 떠올리게 되었거든요. 지금 눈앞에 보이는 저 커피 분말, 오일, 공기, 수분을 한데 모아 적절한 압력으로 진공 포장을 하면 에스프레소도 보관할 수 있겠다고 생각한 것이죠. 고온에서 빠르게 추출하기 위해 만들어진 에스프레소를 다시 한 번 압축해야겠다는 발상이었습니다.

그렇게 1986년 세상에 등장한 네스프레소는 2000년대 들어 시작된 전 세계적인 커피 광풍에 힘입어 급성장을 하게 되고, 현재 우리가 아는 글로벌 브랜드로 자리매김했습니다. 지구상에는 1초마다 약 3만 잔의 커피가 소비된다는데 그중 4,000잔 이상이 네스프레소라는 추정 통계도 있을 정도죠.

── 내세우지 않아도, 들이밀지 않아도

여기까지만 보면 지극히 단순하고도 전통적인 성공신화처럼 여겨질지 모릅니다. 맥도날드나 스타벅스처럼 사람들이 좋아하는 포인트를 어떻게 표준화하고 관리해가며 전 세계를 집어삼켰느냐에 대한 이야기처럼 들리니까요.

하지만 제가 네스프레소를 좋아하는 진짜 이유는 그들이 만인을 대하기 위해 사용하고 있는 브랜딩 방식에 더 끌리기 때문입니다. 이젠 세상에 널리 알려진 네스프레소의 슬로건 'What else?'는 단순히 고객들을 자극하는 문구라기보다 자신들 스스로에 대한 사명처럼 작용하고 있거든요.

사실 많은 사람들이 놓치고 있는 것 중 하나가 바로 네스프레소 커피의 품질입니다. 하이엔드 커피 브랜드들이 셀 수도 없이 넘쳐나는 요즘 같은 환경에선 너도나도 스페셜티 커피임을 자랑하지만, 실제 네스프레소가 사용하는 원두는 전 세계 상위 10퍼센트라는 고메 커피 중에서도 다시 1~2퍼센트의 최우수 품종만을 고른 것들이거든요. 그렇게 엄선하고 또 엄선한 커피를 활용해 사람들의 기호와 소비 성향에 맞는 수백 가지 조합의 캡슐 커피를 선보이는 거죠.

그런데도 자신들이 최고급 커피라는 사실을 굳이 전면에 내세우지 않습니다. 네스프레소 홈페이지를 방문하거나 새로 구입한 커피머신 브로슈어를 읽어봐도 품질에 대한 이야기는 몇 단계를 거치고 내려가야 찾을 수 있으니까요. 대신 커피 자체를 온전히 즐길 수 있는 방법을 먼저 안내하고 고객에게 가장 잘 맞는 커피를 찾아주려 애쓰죠. 이미 충분히 훌륭한 커피를 갖추고 있으니 당신은 그저 스스로에게만 집중하면 된다고 말하고 있는 겁니다.

이는 본인들이 영향력을 펼치고 있는 부분에서도 마찬가지입니다. 실제로 몇 년 전쯤 여느 때와 다름없이 네스프레소 커피 한 잔을 내리다가 문득 이런 생각이 들었습니다.

커피를 내리고 남은 이 캡슐들은 다 어디로 가나…?
이것도 결국 쓰레기일 텐데….

호기심에 그 과정을 추적해보니 커피를 추출하고 남은 찌꺼기와 알루미늄 캡슐을 재활용하는 데도 네스프레소가 꽤 많은 노력을 들이고 있다는 사실을 알 수 있었죠. 여과된 커피 분말은 농장 거름으로 다시 사용되고, 캡슐은 100퍼센트 재활용되어 음료 캔이나 자전거 그리고 네스프레소의 커피 머신을 만드는 데 쓰이더라고요.

심지어 2020년부터는 포르투갈의 패션 스타트업 브랜드 '제타^{Zéta}'와 협업해오며 커피 분쇄물을 재활용한 운동화를 론칭하기도 했는데요. 네스프레소 캡슐 12개 분량에서 나온 커피 찌꺼기를 재가공해 신발 한 켤레에 해당하는 밑창과 비건 가죽의 주요 원료로 활용하는 새로운 시도를 이어가고 있습니다. (참고로 다 쓴 네스프레소 캡슐은 직접 매장을 방문하거나 간단한 온라인 요청을 통해 너무도 쉽게 반납할 수 있습니다.)

이쯤되면 그들이 왜 '네스프레소 말고 굳이 다른 걸?$^{What\ else?}$'

네스프레소 캡슐의 커피 찌꺼기를 재활용해 만든
Nespresso x Zèta 운동화입니다.
리사이클링 분야에서도
아주 성공적인 협업으로 평가되고 있죠.

이라고 말을 걸어오는지 어느 정도 납득이 됩니다. 흔히들 '엣지'라고 부르는 그 뾰족함을 들이밀지 않아도, 브랜드를 둘러싼 무거운 이야기와 분위기를 건네지 않아도 자기다움을 표현하는 데는 큰 문제가 없기 때문이겠죠. 그러니 '세상에 없던 새로운'이라든가 '이제껏 경험해보지 못한 놀라운'이라는 워딩 대신 '이것만으로도 충분히 훌륭한'이라는 가치를 전달할 수 있는 게 아닐까 싶습니다.

── 충분히 훌륭한 커피를 드셨네요

일을 하다 보면 그런 순간들이 있죠. '이만하면 됐다. 충분하다'가 주는 그 부정적인 느낌과 마주하는 순간이요. 왠지 현실과 타협하는 기분도 들고 한편으로는 우리를 향해 '너는 여기까지야'라고 말하는 것 같아 패배감 비슷한 걸 안겨주기도 합니다.

　　　저 역시도 한때 그 느낌을 참 싫어했던 것 같습니다. 자고로 날카로운 칼날이 뭐라도 한 장 더 썰어낼 수 있다는 생각에 다른 것들과는 차별화되는 그 한 끗을 찾고 싶어 안달이 났었거든요. 물론 그런 시도가 좋은 결과로 이어진 적도 있었지만 한편으론 기형적인 기획을 낳기도 했습니다. 날카로움만을 강조하다 보면 그 칼날에 제 살이 베이기도 하는 법이더라고요. 반대로 그 엣지가 무뎌지면 모든 게 쉽게 무너져버리기도 했고요. 그중에서도 가장 처참한 건 우리 스스로는 의미 있는 뾰족함이라고 생각했던 것들이 다른 사람들에게는 그리 큰 가치가 아닐 때입니다. 짝사랑도 그런 짝사랑이 없죠.

　이런 과정을 몇 번 겪고 나니 네스프레소처럼 늘 쉽고 편안하면서도 실망을 안겨주지 않는 브랜드들이 더 살갑게 느껴졌습니다. 게다가 자신들이 내세우고 싶은 포인트들이 참 많을 텐데도 언제나 넘치지 않는 여유로움과 밸런스를 무게 중심 삼아 브랜드를 만들어가는 모습이 무척 인상 깊었고요.

　하지만 무엇보다 저에게 가장 큰 임팩트를 안긴 건 '충분하다'는 개념을 재정의하게 해준 점인 것 같습니다.

　2017년 일본 고베 지역을 여행할 때였습니다. 근처에 UCC^{Ueshima Coffee Co.,Ltd.} 커피 박물관이 있다길래 시간을 내 투어를 떠났죠. 약 90년의 역사를 지닌 UCC 커피는 세계 최초로 캔 커피를 생산한 곳으로도 유명합니다. 오늘날 고베가 수준 높은 커피 문화를 가질 수 있도록 하는 데 일등공신한 기업이기도 하죠. 그렇게 이것저것 흥미로운 커피 세계를 구경한 뒤 직접 테이스팅을 할 수 있는 장소에서 커피를 주문하려고 했을 때였어요. 어떤 커피를 선호하느냐고 물을 줄 알았던 직원이 제게 뜻밖의 질문을 했습니다.

　혹시 오늘 커피를 드셨나요? 그럼 어떤 커피를 드셨는지 알려주시겠어요?

대뜸 오늘 마신 커피를 정보 삼아 그에 어울리는 커피를 추천해주겠다는 겁니다. 하루에 여러 잔의 커피를 먹는다면 적당한 조합을 느끼는 것도 좋은 경험이라는 설명과 함께 말이죠. 당황하긴 했지만 잠시 기억을 더듬어 오늘 아침 호텔을 나서기 전에 방에 놓인 네스프레소 캡슐 커피를 마셨다고 이야기했습니다. 종류는 모르겠지만 조금 강한 맛이었고 캡슐은 짙은 어두운색이었다고 했죠.

　　네. 아마 리스트레토 캡슐일 것 같네요. 비교적 저렴한 데다 물 양만 조절하면 누구나 거부감 없이 마실 수 있는 제품이라서 호텔에 가장 많이 비치해두거든요.
　　충분히 훌륭한 커피를 드셨네요. 머신을 놓을 수 있는 공간이 있다면 네스프레소만 한 것도 없죠.

직원의 입을 타고 흘러나오는 의외의 칭찬에 정말 깜짝 놀랐습니다. 본인들 제품도 아닌 타 브랜드를 그렇게까지 추켜세워주다니요. 그럼에도 경쟁자에 대한 립 서비스라기보다는 동종 업계 파트너로서 존중하는 자세가 느껴졌다는 게 정확한 표현일 겁니다. 무엇보다 현란한 수사나 전문적인 지식을 동원하지 않고도 네스프레소가 가진 본질을 딱 짚어주는 게 퍽 인상적이었죠.

그리고 그 직원은 저에게 브라질 산토스 원두로 내린 커피 한 잔을 권했습니다. 이미 강도가 높은 커피를 마셨으니 이번엔 단맛과 신맛, 쓴맛이 고루 조화를 이루는 커피를 추천한 겁니다. 커피 맛은 기대 이상으로 좋았습니다. 게다가 오전에 마신 네스프레소 커피를 기준 삼아 맛을 느껴보니 더 생생한 정보가 전달되는 것 같더라고요. 여행 중 흔하게 접할 수 있는 경험 중 하나일지 몰라도 저는 이 기억이 참 특별하게 다가왔습니다. 제가 좋아하는 네스프레소를 토대로 또 하나의 좋은 커피를 만날 수 있었으니 말이죠.

What else의 진짜 의미

'충분하다'의 의미를 다시 떠올리게 된 건 바로 그때였던 것 같아요. 타협과 포기 그 어느 즈음에 위치해 있을 것만 같은 그 단어가 케케묵은 오해의 꺼풀을 벗는 순간이었죠.

저는 충분하다는 것이란 '좋은 기준이 될 수 있는 자격을 갖춘 것'이라고 생각합니다. 그것보다 못한 것들도 많고 더 좋은 것들도 많겠지만 적어도 대부분이 만족할 수 있는 좋은 가치와 경험을 가진 것이야말로 충분한 것이라고 생각하거든요.

때문에 이 충분한 것들을 잘 기억해 나만의 기준점으로 삼고 있으면 다른 것들을 음미하고 즐길 수 있는 시각이 훨씬 더 넓어진다고 봅니다. 글 초반에 소개한 정동현 셰프님의 말처럼 최고급 스시부터 마트에서 파는 초밥까지 두루 섭렵해 즐길 수 있는 건 절대 미각이 있어서가 아니라 좋은 기준을 가졌기 때문일 테니까요. 이건 이대로 훌륭하고 또 저건 저대로 좋다는 경험의 각도기가 생기는 거죠.

한편 충분하다의 또 다른 의미는 '압축된 가치를 가지는 것'일 수도 있겠다 싶습니다. 어느 한 가지를 드러나게 강조하는 것이 아니라 자신을 둘러싼 좋은 요소들을 밸런스 있게 담아내 이를 또 다른 가치로 추출해내는 거죠. 이렇게 압축된 가치들은 서로서로 밀도 있게 잘 붙어 있기도 하거니와, 다른 경쟁자들이 쉽게 흉내 내지 못하는 단계로 진입했기 때문에 진정한 자기다움을 완성하는 요소가 된다고 봅니다. 블록 하나 잘못 뽑으면 우르르 무너져내리는 젠가 게임이 아니라 불필요한 것들을 깎고 다듬어 단단하게 만든 조각상에 가까운 셈이죠.

어쩌면 네스프레소 역시 이 두 가지 요건을 잘 갖추고 있기 때문에 '충분히 훌륭한 커피'로 존재하는 게 아닐까 싶어요. 편협한 커피 매너리즘에 빠져 허우적거리게 하기보단 좋은 커피에 대한 기준을 만들어주고 있다는 것. 더불어 마치 한 잔의 네스프레소를 내리듯 자신들이 가진 강점을 잘 모아 이를 압축된 가치와 경험으로 전달할 줄 안다는 것. 이것이야말로 네스프레소가 그들의 브랜드를 공고히 해가는 가장 강력한 무기일지도 모르겠습니다.

그러니 네스프레소가 말하는 'What else?'의 진짜 의미는 '나 빼고 다른 커피는 다 별로야!'가 아닌, 다른 것들을 얼마든지 포용할 줄 아는 너그러움과 그럼에도 경쟁자들에게 결코 쉽게 무너지지 않는 당당함이 함께 공존하는 슬로건이라고 이해해야 더 적절할 겁니다.

　　지금 이 글을 읽고 계신 여러분들은 어떠신지 궁금하네요. 혹시 여러분의 삶을 더 다채롭게 만들어줄 '충분히 훌륭한' 브랜드가 있나요? 아니 꼭 브랜드나 제품이 아니더라도 관심가는 여러 분야에서 그런 기준 하나쯤은 가지고 있는 것도 좋지 않을까요?

　　정답이 있는 건 아니지만 적어도 저는 날카로운 미식가보다는 온화한 잡식가(?)로 사는 게 몇 배는 더 즐거운 것 같습니다. 세상엔 정말 무수히 많은 브랜드가 있고 저는 그 브랜드들을 되도록 많이 또 풍부하게 만끽하고 싶거든요. 변하지 않는 가치를 가진 롤렉스ROLEX도 좋지만 여행지에서 하나씩 구매하는 스와치Swatch 시계도 좋고, 대를 물려줄 수 있다는 비트라Vitra 가구들을 꿈꾸면서도 무인양품에서 만듦새 좋은 소품을 구경하는 것 역시 재밌으니까 말이죠.

네스프레소를 보면 참 자존감이 높은 브랜드라고 생각하게 될 때가 많습니다. 자만심이 낮은 과한 단어나 자격지심에서 비롯된 조급한 단어를 사용하는 경우가 거의 없거든요.
실제로 네스프레소가 가장 많이 반복해 이야기하는 워딩 중 하나가 바로 '취향'인데요. 그래서인지 네스프레소를 만날 땐 늘 나의 취향을 존중받고 있다는 기분이 드는 것도 같습니다. 마치 자신들의 이야기를 들려주기보단 내 이야기를 듣고 싶어 하는 느낌이랄까요.

친구 중에도 그런 친구가 있죠. 좋은 자존감을 가지고 있어 자신에게도 또 상대방에게도 늘 배려와 확신이 있는 친구 말입니다. 저는 그런 사람들을 가까이할 때 세상을 더 풍성하게 즐길 수 있다고 생각해요. 아니 어쩌면 제가 그런 사람이 되고 싶은 마음이 크다는 게 솔직한 심정이겠네요. 나의 기준을 들이밀기보다는 다른 사람의 취향을 받아들일 줄 아는 사람. 그러면서도 나만의 내공과 철학은 또 결코 가볍지 않은 사람. 누군가에게 그 자체로 충분히 괜찮은 진한 네스프레소 같은 사람으로 말이죠.

02

맥락 위에
존재한다는 것

발뮤다
BALMUDA

새로운 것을 만들어내야 하는 사람들 주변에는 유독 '탄생'과 관련된 명언들이 많이 떠돌아다닙니다. 스스로 떠올린 것도 있고 누군가가 내뱉은 말을 주워 담아놓은 것들도 있죠. 없던 것을 만들고, 있던 것을 고치고, 사라진 것을 되살리기까지 해야 하는 기획자들에게는 아무래도 늘 자신의 중심을 잡아줄만 한 지침 같은 게 필요할 때가 많으니까요.

모든 것은 점이 아니라 선에서 만들어진다.

제게는 이 문장이 그런 역할을 합니다. 사실 처음 이 말을 들었을 때는 좌우로 고개를 까딱거렸습니다. 수학과는 서먹서먹한 관계이지만 그래도 점이 이어져 선이 된다는 것쯤은 알고 있거든요. 그런데 무언가의 출발을 선에서부터 하라는 얘기는 그저 이미 존재하는 것 위에다 점 하나 더 찍으라는 의미가 아닌가 싶어서 살짝 힘이 빠졌습니다. 특히 남들이 하지 않는, 기존에 없었던, 멋지고 새로운 것에 대한 갈망이 큰 브랜드 기획자들에겐 썩 와닿지 않는 표현이라고도 생각했고요.

그런 제가 지금 이 말을 지침 삼아 일하고 있는 데는 이 브랜드의 영향이 지대했습니다. 바로 '발뮤다BALMUDA'입니다.

보통 발뮤다라는 단어를 들으면 자동적으로 따라오는 수식어가 있습니다. '아 그 이쁘고 비싼 브랜드?' 뭐 사실 틀린 말은 아니죠. 발뮤다의 디자인은 늘 미학적으로나 기능적으로나 극찬을 받는 게 사실이지만 한편으로는 대체 뭐로 만들었길래 이 가격을 지불해야만 할까 싶을 만큼 가격표를 보는 순간 물음표가 뿅뿅 떠오르니까요.

저 역시도 발뮤다가 처음 등장했을 당시에는 그저 또 하나의 프리미엄 생활가전 브랜드가 나왔다고만 생각했습니다. 선풍기 하나에 기꺼이 50만 원을 쓸 수 있는 사람들, 필터 청소가 불편해도 굳이 우아한 항아리 모양의 가습기를 선택하는 사람들, 안 되는 요리가 없을 정도라는 대한민국 쿠쿠 밥솥을 마다하고 딱 3인분만 조리가 가능한, 그것도 보온 기능조차 없는 밥솥에 만족하는 사람들. 그런 니치 마켓을 공략하러 세상에 나온 제품이 아닐까 싶었던 거죠. 더 직설적으로 얘기하면, 사람들의 허영심을 파고든 잘 포장된 브랜드라는 선입견이 제가 발뮤다에서 받은 첫인상이었습니다.

── 존재하는 것들 속에서 존재한다

재미있게도 발뮤다를 다시 들여다보기 시작한 건 창업자 테라오 겐Terao Gen에 대해 흥미를 느끼고 나서부터였습니다. 동양의 스티브 잡스라는 별칭으로 그를 소개한 어느 잡지 기사를 우연히 보게 되었거든요. 발뮤다를 창업하기 전에는 10여 년간 록밴드의 기타리스트로 활동했다는 그의 인생 이야기에 솔깃해서 읽어 내려가기 시작했는데, 테라오 겐 대표 스스로 정의 내린 제품 철학에 완전히 매료되고 만 것이죠. 예술가이면서도 사업가 같은, 반대로 사업가이면서 또 예술가 같은 그의 성향은 정말 묘한 분위기를 자아냈습니다. 이 사람의 말이 사실이라면 발뮤다라는 브랜드는 다시 처음부터 제대로 뜯어봐야겠다는 생각이 들었죠.

테라오 겐은 자신과 발뮤다가 하는 일을 이렇게 설명합니다.

저희에겐 머릿속에 떠오르는 아름다운 형태가 있습니다. 그럼 우리는 그것을 실현할 기능을 만드는 것뿐이죠.

언뜻 보면 너무도 추상적인 이야기처럼 들리지만 실제 발뮤다가 선보이는 라인업들을 보면 거의 모든 제품이 이 철학에 맞아떨어집니다. 앞서 소개한 50만 원짜리 선풍기 '그린팬GreenFan'이 대표적이죠. 그린팬을 기획할 당시 테라오 겐이 만들고 싶었던 건 어쩌면 선풍기라는 물리적 제품보다는 자연 바람이라는 무형의 본질에 더 가까웠거든요. 인위적으로 만들어진 강하고 자극적인 바람 대신 자연에서 기분 좋게 불어오는 바람의 형태를 구현하고 싶었던 겁니다.

이를 위해 바람에 관한 모든 특성을 연구하기 시작한 그는 우연히 한 공장에서 작업자들이 사람이 아닌 벽 방향으로 선풍기를 틀어둔 채 작업하던 장면을 떠올리게 됩니다. 바람이 벽에 부딪혀 깨지고 나면 훨씬 은은하고 부드러운 바람으로 되돌아온다는 사실을 알게 된 것이죠. 그때부터 테라오 겐은 각종 풍향 데이터를 수집하고 바람을 일으키는 모든 날개 형태를 분석하며 약 2년에 가까운 시간을 보냅니다. 그리고 마침내 회전 속도가 다른 두 바람이 함께 불면 빠른 바람이 느린 바람에 끌려들어가 부드러운 바람을 발생시킨다는 사실을 발견하죠. 그래서 날개 안쪽엔 느린 바람이, 바깥쪽엔 빠른 바람이 함께 생성되도록 설계한 그린팬이 탄생한 것입니다.

이쯤되면 이 제품에 선풍기라는 이름을 붙이는 게 미안해질 정도입니다. 가전제품 카테고리 안에서는 선풍기일지 몰라도 넓은 의미에서는 새로운 바람을 재정의하고 발명해낸 것이니까요.

그런데 더 놀라운 건 따로 있습니다. 바로 발뮤다의 제품 기획 방식이죠. 테라오 겐은 시장 조사를 하지 않는 것으로도 유명한 인물입니다. 소비자가 원하는 제품을 만드는 것보다 스스로 갖고 싶은 물건을 집요하게 상상하는 것이 더 낫다는 게 그의 신념이거든요. 물론 이런 발언을 테라오 겐만 한 것은 아닙니다. 과거 스티브 잡스도 "소비자는 자신이 원하는 게 무엇인지 모른다"고 했고 헨리 포드 역시 "대중에게 물어봤다면 자동차가 아닌 더 빠른 마차를 만들어달라고 했을 것"이라고 했으니까요. 혁신이란 더 나음이 아닌 완전한 새로움이라는 걸 일깨워주는 중요한 대목이죠.

하지만 조금 이상한 게 있습니다. 자동차 공정의 혁신을 이룩한 포드나 아이폰을 내놓은 애플과는 다르게 발뮤다는 늘 이미 존재하는 산업 속에서 자신들의 제품을 만들거든요. 아니 정확히는 모두가 흥미를 잃어가는 분야만 골라 파고든다는 느낌이 강하게 들 정도입니다. 그중에서도 특히 생활가전 시장은 이미 극포화 상태를 맞이한 지 20년이 훌쩍 넘는 산업군이니까 말이죠. 이런 치열하다 못해 피가 튀는 경쟁 구도 속에서 시장 조사도 하지 않고 고객의 소리도 듣지 않은 채 제품을 만든다는 건 무모해도 한참 무모해 보이는 결정일 수밖에 없습니다.

그런데도 발뮤다의 제품들은 늘 팬들로부터 열광적인 찬사를 받습니다. 더 신기한 건 발뮤다 마니아나 예찬론자가 아니더라도 누구나 한 번쯤 호감을 갖고 들여다보게 만드는 그 특유의 끌어당김을 가진 브랜드라는 사실이죠. 지금 당장 소유하거나 사용하고 있지 않아도 자신의 브랜드를 향해 많은 사람이 긍정의 안테나를 켜둘 수 있도록 하는 셈입니다.

대체 발뮤다는 어떻게 이런 이율배반적인 상황에서 반전을 일으킬 수 있는 걸까요?

저는 그 이유가 '맥락'을 이해하는 데 있다고 봅니다. 발뮤다는 디자인, 기능, 경험 등 제품이 줄 수 있는 모든 측면에서 이 맥락을 참 잘 파악하고 있는 브랜드거든요.

하나의 멋진 조각품 같은 외형을 지니고 있지만 모든 공간 안에 완벽히 녹아드는 디자인을 선보이고, 무작정 경쟁자보다 더 뛰어난 기술을 가지려 하기보다는 본인들이 전달하고자 하는 느낌을 구현하는 용도로써 기능을 설계하기 때문입니다. 저 머나먼 우주에 새로운 점 하나를 찍는 식의 발명 대신 늘 존재해왔던 우리 생활 속에서 자신들의 의미를 증명하는 방식을 택한 것이라고도 할 수 있겠네요.

그러니 테라오 겐은 고객 조사나 시장 조사는 하지 않을지 몰라도 시대의 맥락에 대한 조사만큼은 누구보다 철저하게 하고 있는 건지도 모르겠습니다.

—— 세상의 모든 '점'들에 고함

발뮤다의 제품 중 이런 맥락 이해력의 정점을 찍는 제품이 있습니다. 발뮤다가 선보이는 상품 가운데 가장 판매 비율이 높은 아이템이자 홈 베이커리 문화를 바꿨다고까지 평가받는 '발뮤다 더 토스터BALMUDA The Toaster'가 바로 그것이죠. 흔히 '죽은 빵도 살린다'며 사용자들 사이에서 서서히 입소문이 날 때만 해도 그 가치가 어느 정도인지 사실 잘 몰랐습니다. 그런데 실제로 제가 사용해보고 난 다음에는 '제품이 주는 절대적인 경험이란 이런 것이구나' 하는 생각을 하게 만들었죠.

발뮤다 토스터로 빵을 구울 때면 흡사 빵에 대한 기분 좋은 의식을 치르는 기분마저 듭니다. 수직으로 빵을 넣는 기존의 토스터들과 달리 작은 오븐 형태의 창을 열고 빵을 뉘어놓는 것부터 색다른 느낌을 선사하거든요. 이어 상단에 있는 주입구로 5cc 정도의 물을 부으면 얼마 지나지 않아 촉촉한 스팀이 가득 뿜어져 나오는 소리를 들을 수 있습니다.

또 볼륨 조절 버튼처럼 생긴 타이머를 작동시키면 째깍째깍하는 아날로그 사운드가 이어지고 빵이 완성되면 가볍고 상쾌한 종소리가 울리는데요. 실제로 제품 기획을 맡은 발뮤다의 와다 사토시Wada Satoshi는 이 사운드를 설계할 때 '피아트 친퀘첸토' 자동차의 방향 지시등 소리를 오마주했다고 밝히기도 했습니다. 그러니 빵이 구워지기를 기다리는 그 시간까지 디자인했다는 게 정확한 표현이겠네요.

이런 일련의 경험 중 단연 압권은 토스터 내부에 있는 붉은색 발열등입니다. 창을 통해 맛있게 구워지는 빵을 직접 볼 수 있게 해주는 최고의 도구이기 때문이죠. 식빵 위로 버터가 녹아 스며드는 모습이나 크루아상 위에 매끄러운 기름이 차오르는 장면이,

빨갛게 달아오른 램프 불빛에 어우러질 때면 저 빵이 내 빵이라는 게 그렇게 행복할 수가 없습니다.

이 경험의 과정을 한 번 거쳐보면 왜 발뮤다가 맥락 위에 존재하는지를 좀 더 생생히 느낄 수 있습니다. 무엇보다 그동안 저희 집 주방에 있던 가전제품들로부터 받은 경험이 그렇게 초라해질 수가 없더라고요.

왜 지금까지는 빵이 구워지는 장면을 직접 감상할 수 없었는지, 왜 마음의 준비도 없이 갑자기 '퍽' 하고 튀어오르는 빵과 마주해야 했는지, 왜 전자레인지와 에어프라이어의 타이머 소리는 그렇게 요란하고 촌스러운지, 왜 사용하지 않을 때는 죄다 어디엔가 집어넣거나 가려놓고 싶었던 건지 모든 것에 새로운 질문이 던져졌으니까 말이죠.

이처럼 맥락을 잘 이해하고 탄생한 브랜드들은 오랜 시간 같은 선상 위에 있었던 다른 브랜드들을 다시 들여다보게 만들곤 합니다. 그 브랜드 하나로 그 산업 전체를 재조명하게 만들고, 그 브랜드 하나로 그 경험이 주는 본질을 새로 고민하게 하는 거죠. 흩어진 점처럼 존재하던 것들이 그제서야 하나의 선으로 이어져 의미 있는 기준을 발견하도록 해주는 겁니다.

그렇다고 누구나 이렇게 금방 맥락을 이해하고 이를 브랜드로 또 제품으로 만들 수 있냐고 물으면 그건 전혀 다른 문제입니

빵을 굽는 경험 하나까지도
여러 맥락을 고려해
설계할 수 있다는 사실을 알려주는
발뮤다입니다.

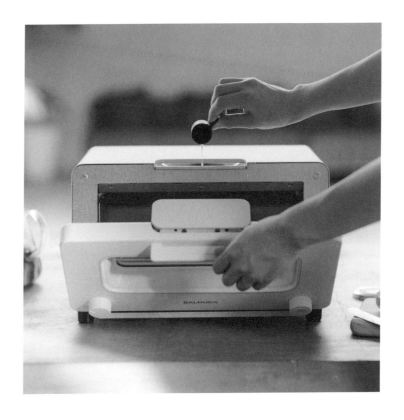

다. 이 부분을 설명하기 위해서는 다시 테라오 겐의 이야기로 돌아가 볼 필요가 있는데요. 그가 2015년 발뮤다 토스터를 론칭하는 무대에서 들려준 자전적 이야기는 왜 발뮤다가 맥락을 중요하게 생각하는지를 보여주는 대표적인 사례라고 할 수 있죠.

열입곱 살이었던 테라오 겐은 갑작스러운 사고로 어머니를 떠나보내고 방황의 시간을 보냅니다. 그러던 중 어머니가 남긴 보험금을 경비 삼아 스페인 여행을 떠나게 되죠. 나이도 어린데 돈도 부족했던 그는 고난에 가까운 여행을 해야 했고, 며칠에 걸쳐 드디어 스페인 안달루시아 지방의 론다라는 마을에 도착하게 됩니다. 지칠 대로 지친 몸을 이끌고 시내로 들어온 테라오 겐은 우연히 근처에서 풍기는 갓 구운 빵의 향기를 맡게 되는데요. (그의 표현대로라면 진짜 빵 냄새가 맞을까라는 생각이 들 정도로 모든 오감을 열어젖히는 냄새였다고 하죠.) 그렇게 자신도 모르게 이끌려 들어간 빵집에서 빵을 하나 사서 입에 무는 순간 그 맛에 하염없는 눈물이 쏟아졌다고 해요. 그리고 그때 느낀 빵 맛을 꼭 다시 한번 재현해보고 싶다는 생각을 늘 마음속에 품게 되었고, 그게 오늘날 발뮤다 토스터를 만들게 된 계기였다고 말합니다.

한편으로는 제품에 스토리를 담기 위한 고도의 전략처럼 보이기도 하지만 실제 발뮤다의 제품을 사용해보면 이런 이야기들이 허구만은 아니라는 생각이 단번에 듭니다. 이들이 전달하고 싶은 경험이 무엇인지, 나아가 왜 이 제품을 만들게 되었는지에 대한 답이 자연스레 느껴지거든요.

마치 나라는 사람을 소개하기 위해 유려한 단어들을 나열하기보다는 내 인생에 가장 큰 영향을 준 에피소드 하나를 들려주는 방식으로 사용자에게 말을 거는 게 발뮤다다움인 거죠. 그렇게 그들은 브랜드와 제품을 만드는 데도 또 이를 사람들에게 전달하고 이해시키는 데도 모두 맥락을 사용하고 있는 겁니다.

── 나와 우리의 '관계'를 위해

그래서인지 저는 브랜딩과 관련한 일을 하거나 혹은 자신의 브랜드를 만들어가는 사람들은 항상 '선' 위에 자리하고 있어야 한다고 생각합니다. 제아무리 뛰어난 브랜드를 가지고 있다고 해도 결국 그 브랜드가 위치하게 될 곳은 수많은 브랜드가 공존하는 거대한 우주와도 같은 곳이기 때문이죠.

그리고 저는 이 맥락의 선을 두 가지로 구분하여 설명하곤 하는데요. 하나는 우리의 브랜드와 제품이 존재하는 외부 세계를 다룬 '주변의 선', 다른 하나는 우리가 구현하고 싶은 본질을 정교하게 압축한 '경험의 선'이 그것입니다.

좀 더 쉽게 풀어 설명하면, 주변의 선 위에서는 우리 브랜드가 왜 이 세계에 존재해야 하는지 그 이유를 찾을 수 있고, 경험의 선 위에서는 우리가 사용자들에게 어떻게 다가가고 기억되면 좋을지를 구체화할 수 있는 것이죠. 브랜딩은 곧 자기다움을 찾는 것이라고들 하는데 어쩌면 이 과정은 거대한 맥락의 흐름 위에서 내가 놓여야 할 가장 적절한 지점을 찾는 노력이라고도 볼 수 있겠네요.

예전에 저처럼 브랜드를 좋아하는 한 친구와 이야기를 나누다 이런 대화 주제가 떠오른 적이 있었습니다.

우리가 알고 있는 브랜드 중에서 가장 동양적인 브랜드는 뭘까?

그때도 제 대답은 망설임 없이 발뮤다였습니다. 언젠가 책에서 동양인과 서양인의 사고방식을 구분하는 가장 큰 기준이 '관계성'이라는 이야기를 읽은 적이 있었거든요. 서양 사람들이 '나'라는 존재 자체에 몰두해 세상을 바라보는 반면 동양인들은 아주 오래전부터 '우리'라는 관계 속에서 세상을 이해하려 했다고 하더라고요. 나쁘게 말하면 지나치게 주의를 의식하고 눈치 보는 경향이 있는 것이지만, 좋은 점에 주목해서 보면 이 땅 위에 그 무엇도 홀로 존재하는 건 없다는 사실을 일찌감치 깨달은 결과이기도 한 것이죠. 그러니 외부 환경에서든 내적 경험에서든 그 맥락 속에 존재하는 본질을 자기다운 브랜드로 표현해낼 줄 아는 발뮤다야말로 가장 동양적인 브랜드가 아닐까 싶었습니다.

얼마 전 스마트폰과 커피 메이커까지 공개한 발뮤다의 제품 라인업은 이제 20개 정도에 달합니다. 그중 어떤 것은 정말 발뮤다가 만들어줬으면 했던 제품이 실제 출시된 것도 있고, 한편으로는 왜 뜬금없이 이걸 공개했을까 싶은 제품들도 있죠. 하지만 그중 무엇 하나도 외딴 섬처럼 혼자 둥둥 떠 있는 제품은 본 적이 없는 것 같아요. 누군가를 따라 하려 하지도 않고 그렇다고 누구보다 돋보이려고 하지도 않는 발뮤다의 제품들은 늘 우리가 살고 있는 '선' 위에서 의미 있는 '점'으로 존재하고 있으니 말이죠.

그래서 저는 발뮤다가 생활가전 브랜드라고 소개될 때마다 가전보다는 '생활'에 더 주목하게 됩니다. 그들이 내놓은 제품 자체보다 그들이 우리의 생활 속에서 또 어떤 맥락을 발견했을지가 훨씬 궁금해지거든요.

한때 중국의 샤오미가 발뮤다의 여러 제품을 카피해 논란이 된 적이 있었습니다. 보는 사람이 다 무안해질 정도로 외관과 기능이 거의 동일한 제품들이었죠. 하지만 그런 논란에 대해 테라오 겐 대표는 온화한 미소를 지으며 이렇게 말했습니다.

"저는 모방이 꼭 나쁘다고 생각하지 않습니다. 오히려 이번 일이 우리 발뮤다에 더 좋은 기회가 될지도 모르죠."

그의 마음속을 들어가보지 않았으니 정확한 해석은 불가능하겠지만 저는 그 대인다운 면모에 숨은 의미가 바로 이것이 아닌가 싶습니다.

'우리가 가진 맥락의 경험까지 모방할 수는 없을 겁니다. 그러니 이제 발뮤다의 존재 이유는 더 명확해진 셈이죠.'

03

자기 언어를
가진다는 것

애플
APPLE

살다 보면 기분 좋은 칭찬을 들을 때가 있습니다. 특히 동종 업계의 대선배와도 같은 분들께 그런 이야기를 들을 때면 부끄럽고 민망하지만 마음 한편으로는 뿌듯한 무엇인가가 차오르기도 하죠. 제게도 기억에 남는 칭찬이 있습니다. 첫 책이었던 《기획자의 독서》를 내고서 최인아책방에서 북토크를 할 기회가 생겼거든요. 그때 같이 진행을 맡아주신 최인아 대표님께서 이런 말씀을 해주셨습니다.

> 도영 님은 자기만의 언어가 있는 사람이에요. 남들이 그냥 어슴푸레하게만 알고 있던 무엇인가를 자신이 가진 언어로 바꿔낼 줄 아는 거죠. 참 중요한 능력 중 하나예요.

행사를 끝내고 집으로 돌아가는 내내 대표님의 말씀이 생각났습니다. 저는 말에도 온도가 있다고 생각하는데요. 가끔은 이렇게 담요로 돌돌 감아 따뜻한 아랫목에 두고 싶을 만큼 그 온기가 오래가는 말도 있는 법이죠. 늘 자기만의 언어를 가진 사람들을 동경하고 부러워하며 살아왔는데 존경하는 분으로부터 그런 칭찬을 직접 들으니 그 온기가 쉬이 가라앉지 않았습니다.

직업 특성상 남들을 설득해야 하는 일도 많고, 아직 구체적인 형태가 갖춰지지 않은 것들을 말이나 글로 표현해야 하는 경우도 있다 보니 자연스레 적절한 비유나 상징을 찾는 데 항상 공을 들이게 되거든요. 최인아 대표님께서는 저로부터 그 포인트를 정확히 짚어내신 거였죠.

── 우리다운 언어

자기만의 언어를 갖는다는 건 비단 사람에게만 해당되는 이야기는 아닙니다. 저는 브랜드에도 각자의 언어가 있다고 생각하거든요. 그중 다른 브랜드들과 구분되는 자기만의 언어를 가진 브랜드는 언제나 고객과의 대화에서 우위를 차지할 수 있습니다. 팬들은 그들의 이야기를 듣고자 먼저 귀를 기울이고, 해석하고, 다시 세상에 퍼뜨리기 좋아하니까요.

지구상에서 가장 위대한 브랜드 중 하나로 꼽히는 애플은 이 일을 정말 잘하는 집단입니다. 대개 애플이 다른 제품들과 구분

되는 이유를 '그 특유의 감성'이라고 이야기하는데요. 거기엔 디자인, 소재, 기능, 사용자 경험에 이르기까지 정말 많은 요인이 있겠지만 저는 결코 빼놓아서는 안 되는 것 중 하나가 바로 '애플만의 언어'라고 생각합니다.

혹시 여러분은 좋아하는 브랜드의 웹 사이트를 자주 방문해 보시나요? 아마 제품을 판매하는 공식 스토어로서의 역할을 하는 곳이 아니고서야 브랜드에 관심이 많은 분일지라도 웹 사이트를 자주 들여다보지는 않을 겁니다. 사실 저도 마찬가지거든요. 특히 요즘은 각 브랜드들이 다양한 채널로 사용자와 접점을 만들고 콘텐츠를 쏟아내다 보니 공식 웹 사이트 자체의 기능과 존재감도 예전 같지 않은 게 사실이죠.

그런데 신기하게도 애플의 웹 사이트만큼은 정말 자주 방문하게 되는 것 같아요. 특히 애플이 새로운 제품을 공개한 다음 날이면 마치 합격자 발표를 기다리는 수험생의 마음으로 두근두근하며 홈페이지를 열어볼 때도 있습니다. 생각해보면 참 신기한 일이죠. 친절하고 재미있게 리뷰해주는 각종 유튜브 채널이나 블로그 포스팅들에 앞서 그 브랜드를 만든 주인 앞으로 모여드는 현상이 말입니다.

저는 그 이유가 '애플이 가진 언어로, 애플이 하는 이야기를 가장 먼저 듣고 싶어서'라고 생각합니다. 왜 같은 내용이라도 내가 좋아하는 사람의 입을 통해 듣고 싶을 때가 있잖아요. 그런데 화자가 바로 그 이야기 속의 주인공이기까지 하다면 사실 듣는 입장에서는 더할 나위 없는 즐거움인 거죠. 그러니 매 시리즈마다 크게 변하지 않는 디자인의 제품을 공개해도 우리는 늘 애플의 이야기를 궁금해하고 그들이 사용하는 단어와 문장들로 그 제품을 먼저 받아들이고 싶어 하는 게 아닐까 싶습니다. (심지어 늦은 새벽임에도 2시간이 넘는 키노트를 꼭 생중계로 봐야만 직성이 풀리는 덕후들도 많죠.)

사실 애플의 언어를 다루려면 스티브 잡스에 대한 이야기를 빼놓을 수 없을 겁니다. IT 역사상 가장 위대하고 혁신적인 인물로 손꼽히는 그는 한편으론 언어의 마술사이기도 했으니까요. 대중 앞에서 선보이는 화려한 프레젠테이션부터 사내 직원들을 독려하기 위한 내부 연설, 심지어 스탠퍼드 대학교의 졸업 축사까지 그의 말이라면 농담마저도 화제가 되곤 했습니다. 저 개인적으로도 누군가의 말을 가장 많이 수집하고 저장하고 또 기억한 사례가 아마 스티브 잡스인 것 같거든요.

그래서 한동안은 그가 타고난 언어 감각의 소유자일 거라고만 생각했습니다. 거기에 자존감을 한참 넘어선 자신감과 쇼맨십 이상의 자기 우상화가 우리에게 익숙한 스티브 잡스란 캐릭터를 빚어냈을 거라고 지레짐작했죠. 그런데 30년 가까운 시간 동안 그와 가장 밀접하게 일했던 애플의 전 수석 디자이너 조너선 아이브Jonathan Ive의 인터뷰를 보고서는 생각이 완전 달라졌습니다.

사람들은 애플의 언어가 곧 잡스의 언어에서 비롯된 것이라 생각했지만 실제로는 그 반대였습니다. 잡스가 애플의 언어를 사용한 것이었죠.

잡스는 디자인, 기능, 문화, 철학에 이르기까지 애플이 모두 공통된 언어를 사용하기를 원했습니다. 그게 애플다움을 만들어준다고 믿었고 소비자들에게 그대로 전달된다고 확신했어요. 그리고 그 언어를 가장 잘 이해하고 가장 잘 사용한 사람이 바로 잡스 본인이었죠.

가끔 그는 "그건 애플다운 말이 아니야!"라며 직원들에게 고함을 쳤지만 때로는 "당신은 지금 우리에게 마법 같은 단어를 하나 더 추가해줬군요"라며 극찬을 하기도 했어요. 마치 평생에 걸쳐 애플 사전을 편찬하는 게 본인의 사명이라도 되는 것처럼 말이죠.

물론 잡스의 집요함이 만들어낸 특유의 문화인지도 모르지만 저는 적어도 그가 '우리다운 언어'를 가지는 게 얼마나 중요한 일인지를 이해한 사람이었다고 생각합니다. 혁신적인 기능을 개발하고 이를 미려한 디자인과 매끄러운 사용성으로 풀어낸다 해도 결국 사용자에게 전달될 때는 서로가 이해할 수 있는 언어들로 그 경험이 완성되기 때문이죠.

그럼 대체 애플의 언어는 뭐가 특별한 것일까요? 그리고 어떻게 전 세계에 존재하는 그 많은 애플 사용자들에게 각국의 다른 언어로도 공통된 감정과 생각을 전달할 수 있는 걸까요? 여기에 정답이나 법칙을 들이밀 수는 없겠지만 적어도 애플의 열렬한 추종자 중 한 명의 시선으로 그들의 말과 글을 한번 들여다보고자 합니다.

—— 단어로 만든 문

애플은 무엇보다 이성과 감성의 균형이 잘 유지되도록 하는 데 집중합니다. 기능 위주의 용어가 난무하는 것도 허락하지 않지만 공허함에 가까운 막연한 단어가 떠다니는 것 역시 용납하지 않죠. 대신 제품마다 소비자가 집중할 수 있는 하나의 포인트를 설정하고 그곳에서부터 느껴지는 감정선을 극대화합니다. 그런 다음에야 기능에 관한 이야기를 이어가죠.

애플의 웹 사이트 섹션 중 TV&홈은 그 치밀한 구성을 보여주는 좋은 예입니다. 애플 티비와 애플 홈팟, 스트리밍 서비스인 애플 티비 플러스를 한데 묶어 소개한 이 페이지는 'The future hits home(집 안에 찾아온 미래)'이라는 타이틀과 함께 시작되거든요. 그리고 먼 미래의 우주 세계관을 그린 애플 티비의 오리지널 드라마 〈파운데이션〉을 대표 콘텐츠로 소개하고 있죠(2022년 7월 기준). 이동성을 가진 모바일 디바이스가 아닌 홈 기기와 패밀리 소프트웨어로 완성된 조합을 '미래'라는 단어로 묶어 표현한 것입니다.

재미있는 건 그 미래의 배경을 철저히 집^{home}에 맞추고 있다는 건데요. 심리적으로 매우 멀리 있을 것 같은 미래라는 워딩과 안정감의 근간을 이루는 집을 나란히 배치해 '익숙한 낯설음'을 만들어냈기 때문이죠.

페이지 전면에는 어마어마한 서사를 토대로 하는 SF 드라마의 한 장면을 보여주면서도 그보다 더 큰 크기로 애플 티비의 리모컨을 부각한 것 역시 집 안에 찾아온 미래라는 그들의 언어를 떠받치기 위함입니다. (애플 뮤직이 음악이란 단어 대신 더 포괄적인 의미의 '사운드'를 전면에 내세우는 것도, 아이패드 에어를 소개하면서 모든 카피를 덜어내고 공중에 떠 있는 듯한 'Air'라는 세 글자만 표기한 것도 이 흐름과 무관하지 않죠.)

이렇듯 애플은 늘 자신들의 언어로 하나의 '문'을 만듭니다. 하고 싶은 이야기가 한 보따리더라도 홍수처럼 쏟아내는 경우가 절대 없거든요. 오히려 사용자들이 애플의 정보에 무분별하게 다가오기보다는 꼭 본인들이 설계한 문을 통해 들어오기를 바랍니다. 그리고 그 문에는 특정한 단어들을 배치해 사람들의 인식을 선점하고 제품이나 서비스에 집중할 수 있는 환경을 세팅하죠.

잡스가 수십 년 전부터 써왔던 프레젠테이션 방식도 마찬가지인데요. 언제나 뭔가를 공개하기에 앞서 이걸 만들기 위해 우리는 어디서 출발해 어떤 과정을 거쳐왔는지 또 그 속에서 우리가 내린 결론은 무엇인지를 설명하며 사람들의 머릿속에 중요한 워딩들을 심어주는 겁니다. 그렇게 공통된 합의를 이끌고 상상력을 극대화한 다음 장막 뒤에 숨은 주인공을 공개하죠. 아무리 중요하고 대단한 것을 말하더라도 듣는 사람과 생각의 결을 맞추는 경험이 먼저라는 사실을 완벽히 이해해야 가능한 일입니다.

── 스스로 브랜드가 되다

2021년에 공개된 아이폰 13 프로의 메인 카피는 'Oh. So. Pro.(이게 바로 프로)'였습니다. 저는 이 문장을 보면서 '아, 이제 Pro라는 단어가 완성형이 되었다는 걸 애플은 확신하는구나!'라는 생각이 들었습니다.

애플이 사용하는 언어들을 들여다보면 톡톡 튀는 단어나 기존에 없던 말을 새로 만드는 대신 자신들이 선택한 단어를 끊임없이 갈고닦으며 힘을 실어간다는 느낌을 받거든요. 이미 사람들에게 익숙한 단어더라도 또 다른 생명력을 불어넣을 수 있겠다 싶으면 이를 본인들의 언어로 만드는 데 엄청난 공을 들이는 겁니다.

애플의 사용자라면 누구나 'Air'라는 단어를 듣자마자 가볍고 빠르지만 비교적 가격은 저렴한 제품임을 쉽게 인식할 수 있죠. 반대로 'Pro'는 전문가급 성능을 갖춘 고급 라인업임을, 'Max'와 'Mini'는 디스플레이 화면이나 하드웨어의 크기에 비례한다는 사실을 곧바로 알아차립니다.

또 '요세미티', '시에라', '카탈리나', '빅 서' 등 2013년부터 이어져오고 있는 macOS(운영체제)의 이름들은 모두 캘리포니아의 지명 이름에서 따왔다는 것도 유명하죠. 그래서 업데이트될 때마다 그 지역의 아이덴티티를 담은 사진으로 바탕화면이 바뀌는 걸 구경하는 재미 역시 쏠쏠합니다.

혹자는 이를 두고 '저런 네이밍은 다른 기업들에서도 흔히 하는 것 아닌가?'라는 생각을 하실지도 모르겠어요. 더 기발하고 더 재미있고 더 다양한 이름들을 선보이는 곳도 많으니까요. 하지만 애플은 그들과 조금 성격이 다릅니다. 무엇보다 애플이 사용하는 이름들은 오랜 지속력을 가지며 꽤 깊게 뿌리를 내리거든요. 특정한 제품군을 아우르는 단어를 하나 정하면 보통 10년 이상 사용하는 경우도 흔하고 다른 브랜드에서 유사한 이름을 들이밀며 다가와도 훌륭한 방어력을 자랑합니다. 무엇보다 본인들이 만든 말들이 실제 사용자들로 하여금 잘 기억하고 불리도록 한다는 게 가장 큰 힘이라고 할 수 있죠.

《언어의 천재들》이란 책을 쓴 미국의 언어학자 마이클 에라드Michael Erard는 미국 100대 기업을 대상으로 브랜드 언어 연구를 진행한 적이 있었습니다. 기업이 만들어낸 말과 글이 사용자에게 얼마나 왜곡 없이 정확히 전달되는지 그리고 실제로 어느 정도 의미 있게 사용되고 통용되는지를 수치화한 실험이었죠. 그 결과 애플은 다른 기업들을 압도적인 점수 차로 누르고 1위에 올랐습니

지금은 수많은 브랜드에서
'Pro'라는 단어를 따라 쓰고 있지만
애플만큼 이 워딩을
자기 언어로 만든 사례는 없을 겁니다.

iPhone 13 Pro

Oh. So. Pro.

다. 애플의 언어가 애플의 의도대로 사용되고 있다는 것을 방증하는 결과였죠.

애플이 이렇게 쉽지만 체계적인 언어를 가질 수 있는 이유는 단어 하나하나까지도 브랜드이자 서비스처럼 다룬다는 데 있습니다. 그저 이목을 끄는 이름을 붙였다가 시들해지면 다른 것으로 교체하는 일반적인 방식 대신, 그들이 선택한 이름들이 스스로 자립할 수 있도록 주변의 불필요한 단어를 정리하고 새로운 가치를 심어주는 작업을 하는 것이죠.

이처럼 사람들 사이에서 분명한 콘셉트와 좋은 인식을 가진 언어들이 늘어나면 브랜드 자체를 관리하고 확장하는 데도 매우 수월합니다. 아까 말한 'Pro'의 경우 역시 수년의 세월에 걸쳐 여러 제품에 성공적으로 안착한 덕분에 이제는 'Pro'라는 수식어 하나만으로도 모든 설명을 대신할 수 있는 경지에 이르렀으니까요.

—— 말과 글로 완성된 페르소나

좋은 단어를 선택하고 이를 꾸준히 관리하는 일은 매우 중요합니다. 하지만 이것만으로 브랜드 자체가 자기 언어를 가질 수 있는 것은 아니죠. 언어에서 가장 중요한 건 결국 말하고 쓰는 '사람들', 그 화자의 생명력이 느껴져야 하는 거니까요. 그런 측면에서 이번엔 애플의 언어가 가지는 페르소나에 대해서 한번 이야기해보려고 합니다.

　브랜딩 과정에 있어 가장 많이 반복되는 말 중 하나가 '페르소나'라고 해도 과언이 아닐텐데요. 이 페르소나는 브랜드가 가지는 언어에서도 정말 중요한 위치를 차지합니다. 우리가 어떤 사람에게 매력을 느낄 땐 그 사람이 사용하는 말과 글이 무척 큰 역할을 하듯이 브랜드도 사람처럼 하나의 인격을 갖추기 위해서는 자기만의 언어쯤은 정립되어 있어야 하거든요.

　저는 애플이 광고 카피에서부터 제품 박스에 적힌 문구, 각종 앱들과 소프트웨어 화면에 노출되는 메시지까지 모두 똑같은 페르소나를 통해 이야기를 걸어오고 있다는 느낌을 자주 받습니다. 친한 친구가 보낸 짧은 문자 메시지만 읽어도 그 친구의 목소리와 말투, 기분까지 쉽게 연상되는 것처럼 사용자가 느끼는 애플만의 그 고유한 감성이란 것이 결국 이 언어를 통해 완성된다는 걸 알 수 있죠.

　제가 느낀 애플의 페르소나는 '젠틀한 위트를 구사할 줄 아는 이상주의자'에 가깝습니다. 애플은 그들이 만든 상품과 서비스가 아무리 혁신적이고 뛰어난 것이라 할지라도 이를 무겁고 엄중하게 다루는 법이 없거든요. 반면 누구나 알고 있는 쉬운 단어들을 센스 있게 조합하거나 유머러스하게 던지는 것으로 자신들의 정체성을 표현합니다.

　마치 '우리는 세상을 바꿀만한 위대한 것들을 꿈꾸고 만드는 사람들이야. 하지만 재미없고 꽉 막힌 꼰대들은 아니지!'라고 외치는 것과 같죠. 그러니 애플 제품을 쓰는 사람들은 은연중에 그 페르소나에 공감하고 동화되는 것일지도 모릅니다. 140여 개 나라에서 각기 다른 언어로 소통하더라도 애플다움을 유지할 수 있는 것 역시 이 언어의 페르소나를 잘 공유하고 있기 때문이란 생각이 드는 이유입니다.

─ 나의 언어, 나의 브랜드

브랜드를 둘러싼 요소들은 셀 수 없이 많고 그 특성도 정말 다양합니다. 게다가 모두가 거미줄처럼 촘촘하게 엮여 있어 한 군데 구멍이 생기면 사실상 전체가 무너져내릴 수도 있죠. 한순간 사랑에 빠지는 것도, 실망에 마지못해 훌쩍 떠나버리는 것도 지극히 개인적이고 주관적인 이유에서 일어나는 것임을 알게 되면 브랜딩만큼 잔인한 영역이 또 있을까 싶은 마음까지 생깁니다.

　저는 이런 냉혹한 환경에서 우리들의 거미줄을 더 단단하고 치밀하게 만드는 역할을 하는 게 바로 브랜드 언어라고 생각합니다. 머릿속에만 머물던 생각을 말과 글로 표현해보면 무게감도 선명함도 확연히 달라지는 걸 느낄 수 있잖아요. 마찬가지로 브랜드도 좋은 언어를 가지고 있으면 자신들이 가야 할 길을 보다 명확히 알 수 있고 스스로 추구하는 가치관도 더 뚜렷해진다고 믿습니다. 언어란 브랜드와 소비자를 이어주는 역할도 하지만 브랜드를 만들어가는 사람들을 더 타이트하게 묶어주는 역할도 하니까요. 어쩌면 '우리다움'을 만드는 과정의 중심부에는 결국 언어가 자리 하는 게 아닐까도 싶습니다.

언젠가 친한 동료들과 우연히 서로의 말투를 분석한 적이 있었습니다. 장난처럼 시작한 대화였는데 화들짝 놀라기도 하고 물개 박수를 치며 공감하기도 했던 재미난 순간이었죠.

A 님 말투는 약간 배달의민족 같아요. 뭔가 날것의 말들인데 전혀 저급하지 않거든요. 유쾌하고 센스 있어요!

한 동료가 다른 동료의 언어를 분석하며 브랜드를 대입하 는 장면이 퍽 인상적이었던 기억입니다. 그랬더니 다른 친구는 또 이런 말을 하더군요.

그럼 B 님은 약간 이케아IKEA에 가까운 거 같아요. 메신저로만 얘 기해봐도 꾸밈없이 정확한 정보를 전달하려는 사람이란 걸 금방 알 수 있으니까요. 근데 그 말들이 엄청 유용하고 실용적이라 좋 아요.

그 광경을 지켜보고 있자니 사람도 브랜드도 자기 언어를 가진다는 게 얼마나 중요한 일인지를 새삼 느끼게 되더라고요. 더불어 스스로의 정체성을 완성하고 결정짓는 것이 결국 다른 사람들과의 소통을 통해 이뤄진다는 점도 우리 삶과 브랜드가 닮아 있는 지점이 아닌가 싶었습니다.

이쯤에서 렌즈를 나 자신에게 돌려봐도 좋을 것 같다는 생각이 드네요. 여러분의 언어는 어떤 페르소나를 가지고 있는지 또 어떤 브랜드와 가까운지 들여다보는 거죠. 늘 자신의 도전을 응원하는 나이키를 닮았을까요? 아니면 매 순간을 함께, 즐겁게, 유쾌하게 보내고자 하는 코카콜라를 닮았을까요? 이처럼 한 번쯤은 내 언어와 솔직하게 마주해보는 것도 '나다움'을 만들어가는 데 꽤 큰 도움이 되지는 않을까요? 언어야말로 나를 더 나답게, 우리를 더 우리답게 해주는 핵심적인 존재이니 말입니다.

보통 광고에 등장하는 시계들은 대부분 10시 10분을 가리키고 있습니다. 이 시간은 시침과 분침이 모두 위를 향하고 있으면서도 서로 대칭을 이루는 각도라 보는 사람으로 하여금 가장 안정감을 느끼게 하는 위치이기 때문이죠.

하지만 애플워치는 자신들의 광고에 모두 10시 9분으로 시간을 표기하고 있습니다. 전통적인 시계들보다 한발 앞선다는 의미와 단 1분이라도 더 빨리 진보적인 순간을 만나게 한다는 의지가 녹아들어 있어서라고 하네요. 저는 이런 작은 디테일 하나에도 애플의 언어가 잘 담겨 있다고 생각합니다. 과하지 않으면서도 자신들의 메시지는 효과적으로 전달할 수 있는, 동시에 '풋' 하고 웃게 만드는 젠틀한 위트를 가진 이상주의자의 모습이 느껴지니까요.

04

이야기를
가꾼다는 것

테드
TED

역사학자 유발 하라리가 쓴 《사피엔스》를 보다 보면 꽤 흥미로운 접근법을 하나 발견할 수 있습니다. 하라리 교수는 인간이 종으로서 지구를 지배할 수 있었던 데는 불이나 도구를 사용하는 능력 못지않게 이야기를 생성하고, 믿고, 퍼뜨리는 능력이 중요했다고 말하고 있거든요. 특히 종교나 담론처럼 탁월한 언어 능력을 바탕으로 만들어진 거대한 이야기들은 인류가 같은 방향을 바라보도록 하고 또 서로 비슷한 생각과 행동을 갖게 하는 데 많은 영향을 주었다고 분석합니다.

저 역시 전적으로 동의합니다. 세상에 존재하는 모든 것들에서 이야기를 쏙 빼버린다면 과연 어떤 재미와 의미가 있을까 싶거든요. 더불어 브랜드를 다루는 데 있어서도 이야기의 힘을 간과하는 경우는 거의 보지 못한 것 같고요. 동일한 조건의 제품이 나란히 놓여 있더라도 어떤 것이 더 멋지고 더 진솔한 이야기를 전달해주느냐에 따라 그 브랜드에 대한 호감도가 쑥 올라가기도 하고 또 평범해 보이던 제품이나 서비스도 그 뒷면에 담긴 이야기를 알고 나면 새로운 관점으로 다시 들여다보게 되기 때문이죠.

그러니 하라리 교수의 시각을 빌려본다면 브랜드 역시 누가 더 매력적인 스토리를 가지는지 그리고 그 스토리를 어떻게 지키고 다듬으며 잘 이어나갈 수 있는지가 브랜드의 생존을 결정하는 중요한 조건이 되는 셈입니다.

그런데 이렇게 이야기의 중요성을 강조하는 와중에도 참 어려운 문제가 하나 있습니다. 바로 '어떻게 이야기를 전달할 것인가?' 하는 것이죠. 똑같은 팩트를 가지고도 다른 사람들보다 훨씬 재미있게 이야기를 풀어나가는 사람들이 있고, 수백 년 넘게 반복되며 이어져오는 주제들에도 전에 없던 새로움을 담아 스토리를 완성해내는 경우도 있으니까요. 매력적으로 말한다는 것, 효과적으로 전달한다는 것, 신선함을 불어넣는다는 것은 이야기를 만들고 퍼뜨려야 하는 사람들에게는 마치 평생의 숙제와도 다름없습니다.

그리고 이런 고민은 우리가 흔히 아는 '스토리텔링'이라는 주제로 자연스레 이어집니다. 저는 개인적으로 이 스토리텔링만큼 다양한 해석이 존재하는 단어도 드물다고 생각하는데요. 저마다 각자가 생각하는 좋은 이야기의 조건들을 외치고 있지만 이를 하나로 묶어 공통된 법칙을 만든다는 것은 불가능에 가깝기 때문이죠.

요즘엔 발단-전개-위기-절정-결말의 전통적인 구조를 따르지 않고도 감동과 재미를 전달하는 이야기들이 아주 흔합니다. 기술적인 장치나 방대한 서사 없이도 그 자체로 아주 훌륭한 이야기도 있고요. 때문에 스토리텔링을 대함에 있어서는 결과론적인 기준으로 어떤 법칙들을 세우기보다는 오히려 좋은 이야기가 생겨나고 또 퍼질 수 있는 환경이 무엇인지를 고민하는 것이 훨씬 현명한 일일지도 모릅니다. 무엇이 진화의 필수 요소인가라는 물음을 던지기보다 어떤 환경이 인류의 진화를 이끌 수 있었나를 관찰한 하라리 교수처럼 말이죠.

—— 이야기를 이야기하지 않은 결과

혹시 '엘리베이터 스피치'라고 들어보셨나요? 누군가를 설득하기 위해서는 함께 엘리베이터를 타고 이동하는 1분 남짓한 시간에도 자신의 생각을 정확히 전달할 수 있어야 한다는 의미로 사용되는 말입니다. 흔히 실리콘밸리에서 스타트업 창업가들이 투자자의 마음을 사로잡기 위한 기술로도 활용하죠.

그런데 저에게는 이 엘리베이터 스피치를 약간 변형한 '서브웨이 스피치'라는 시간이 있습니다. 가끔씩 지하철을 타고 이동해야 하는 경우가 있는데 대부분 그 시간이 20분을 잘 넘지 않거든요. 그럼 저는 주로 TED 영상 한 편을 켜서 보곤 합니다. 각 영상마다 한 명의 발표자와 하나의 주제가 있는 TED는 정말 다양한 분야에서 여러 이야깃거리를 다루고 있거든요. 그러니 지하철로 이동하는 그 20분 동안 영상 속에 등장하는 인물이 제 마음을 사로잡을 수 있는지 없는지를 판단하며 시청하는 거죠. 매일 누군가를 설득하는 일을 하는 저로서는 그 순간만큼은 '그래. 어디 자네가 한번 나를 설득해보게나'라는 일종의 보상 심리(?)가 발동하는 시간이기도 합니다.

유구한 역사나 극적인 이야기를 가진 브랜드들도 많겠지만 저는 이야기라는 측면에서, 특히 스토리텔링이라는 관점에서는 TED야말로 그 실마리를 풀어줄 가장 적절한 브랜드가 아닐까 생각합니다. 동일한 포맷을 가진 하나의 플랫폼 안에서 이렇게나 많은 주제들을 품을 수 있다는 것도 놀랍고, '사람'과 '이야기'라는 인류의 가장 근본적인 매개체만을 가지고 세상을 향해 의미 있는 메시지를 지속적으로 던지는 것도 경이로우니까요. 가끔은 이렇게 기본적인 재료들로 더없이 훌륭한 요리를 완성한 브랜드를 살펴보는 것이 진짜 제대로 된 브랜드 공부라는 생각도 듭니다.

우리에게 TED라는 이름과 함께 주요 강연 영상들이 알려지기 시작한 것은 아마 2000년대 후반 무렵이었을 겁니다. 실제 미국에서도 TED Talks라는 제목의 첫 번째 온라인 강의가 포스팅된 것이 2006년 6월이었으니 말이죠.

하지만 TED의 역사는 꽤 오래전으로 거슬러 올라갑니다.

1984년 ABC 방송국의 그래픽디자이너로 일하던 해리 마크스[Harry Marks]와 건축가이자 도시 설계자였던 리처드 솔 워먼[Richard Saul Wurman], 이 두 사람이 나눈 대화에서부터 그 역사가 출발하거든요.

이들은 당시 급속도로 성장하던 실리콘밸리의 문화에 큰 충격을 받은 상태였습니다. 애플과 마이크로소프트 같은 회사들이 태동하던 1980년대 캘리포니아는 말 그대로 세상을 바꿀 기회의 땅이었기 때문이었죠. 서로 다른 분야에 몸담고 있었지만 남다른 인사이트를 가지고 있었던 해리와 리처드는 어느 날 깊은 주제의 이야기를 나누던 중 한 가지 결론에 이르게 됩니다. 기술과 디자인을 더 유연하게 연결해주는 존재가 있다면 훨씬 멋진 아이디어들이 세상 밖으로 나올 수 있을 거라는 확신이었죠.

그리고는 Technology, Entertainment, Design의 앞 글자를 하나씩 따서 TED라는 이름의 비공개 콘퍼런스를 만들게 됩니다. 소수 정예의 사람들에게 다가올 시대를 먼저 보여줄 수 있다면, 그리고 그 주제가 실리콘밸리에서 가장 핫한 기술과 디자인에 관한 것이라면 자신들의 인기는 하늘을 찌를 것이라고 생각했으니까요. 그렇게 두 사람은 당대 최고의 기술력과 디자인 트렌드를 테마로 첫 번째 콘퍼런스를 열었습니다. 당시 필립스와 소니가 공동 개발한 새로운 저장매체인 CD[Compact Disk]를 북미에서 제일 처음 선보인 자리도 이 콘퍼런스였고, 애플 매킨토시 컴퓨터의 데모 시연이 가장 먼저 진행된 행사도 이 TED 콘퍼런스였죠. 누가 봐도 혁신의 영혼까지 끌어모은 최고의 행사임이 분명했습니다.

하지만 그 결과는 처참했습니다. 막대한 비용을 들이부은 것이 무색할 정도로 사람들의 반응은 미적지근했거든요. 이때의 적자로 인해 TED의 두 번째 콘퍼런스는 6년이나 지난 1990년에 이르러서야 다시 열리게 되었으니 그 충격이 어느 정도였는지 짐작이 가실 겁니다.

무엇보다 앞선 미래를 보여주기만 하면 저절로 흥행할 거라는 두 사람의 기대가 무너진 것이 가장 큰 데미지였죠. 그리고 훗날 TEDMED(TED의 의학 관련 콘퍼런스)의 의장으로 취임한 자리에서 리처드는 수십 년 전을 회상하며 이런 말을 남겼습니다.

그때 해리와 저는 기술과 디자인만 있으면 못할 게 없다고 생각했습니다. 세상에 멋진 것들은 다 그렇게 작동하고 있는 것처럼 보였으니까요. 하지만 우리는 가장 중요한 것을 놓치고 있었습니다. 바로 '이야기'였죠. 우리의 첫 번째 콘퍼런스에는 아무런 이야기가 없었어요. 그게 사람들이 우리를 외면한 유일한 이유였습니다.

—— 새로운 이야기를 준비하는 사람들

뼈저린 교훈을 얻은 해리와 리처드는 조금씩 TED에 변화를 주기 시작했습니다. 그 첫걸음은 기술, 엔터테인먼트, 디자인이라는 3가지 카테고리에서 자유로워지는 것으로부터 출발했죠. 그들은 정치, 문화, 예술, 과학, 환경, 종교, 사회문제 등 공유할 가치가 있다면 분야를 가리지 않고 주제를 넓혀갔습니다. 현재까지 이어져오는 TED의 슬로건 'Ideas worth spreading(퍼뜨릴 가치가 있는 아이디어들)'의 기초가 되는 개념이 바로 이때 정립된 셈이죠.

한편 발표할 연사를 고르는 원칙도 새로 마련했습니다. 방송국에 오래 몸담았던 해리는 주변 언론인들의 도움을 얻어 단순하지만 핵심을 꿰뚫는 두 가지 기준을 정하는 데 성공하죠.

첫째, 그 주제에 가장 정통한 사람을 무대에 올린다.
둘째, 이미 다뤘던 주제라도 새로운 시각의 메시지를 전달할 수 있다면 다시 무대에 올릴 수 있다.

즉 해당 분야를 기장 잘 꿰뚫고 있는 사람이거나 혹은 그 분야에서 전에 없던 새로운 관점을 던질 수 있는 사람이어야 TED 콘퍼런스의 스피커가 될 수 있다는 내용이었습니다. 이렇게 해리와 리처드는 이야기를 완성하는 데 있어 더없이 중요한 두 가지 요소, 말하는 화자와 그 화자가 던지는 메시지에 오롯이 집중하기 시작했습니다.

이러한 노력 덕분에 TED 콘퍼런스는 점차 캘리포니아를 중심으로 존재감을 드러내게 됩니다. 1990년대 후반에 이르러서는 꽤 저명한 사람들이 연사로 또 참석자로 콘퍼런스 명단에 이름을 올리게 되죠. 하지만 아직도 그들에게는 허기진 부분이 있었습니다. 세상을 바꿀만한 아이디어를 공유한다는 그들의 바람과는 달리 여전히 TED는 그저 지역 기반의 커뮤니티에 머물렀기 때문이었죠.

이런 고민이 깊어질 때쯤 TED 역사에 있어 가장 중요한 인물이 등장하게 됩니다. 바로 영국 출신의 유능한 미디어 사업가인 크리스 앤더슨^{Chris Anderson}이라는 사람이죠.

TED가 창립 17년째를 맞이하던 2000년의 어느 봄날, 리처드는 우연히 '콘퍼런스의 미래'를 주제로 열린 좌담회에서 크리스를 마주치게 됩니다. 그리고는 자신들이 하고 있는 일을 열정적으로 설명하며 크리스에게 TED가 나아갈 방향에 대한 조언을 구하게 되죠. 그 자리에서 TED의 비전을 간파한 크리스는 머지않아 TED가 새로운 미디어로서의 존재감을 드러낼 거라 확신합니다. 그리고 이듬해 자신이 운영 중이던 '사플링^{Sapling}' 재단을 통해 아예 TED 자체를 인수해버리고 말죠. TED가 비영리재단으로 변신한 것도, 폐쇄적인 커뮤니티를 버리고 공개 콘퍼런스로 전환한 것도, 지금 우리에게 익숙한 TED의 모습을 갖춰가게 된 것도 바로 크리스가 리더십을 발휘하기 시작한 이 무렵 즈음의 일입니다.

── 스스로 생존하고, 스스로 퍼져나가도록

해리와 리처드에게서 TED를 이어받은 크리스의 목표는 아주 명확했습니다. 이를 각인시키기 위해 그는 TED 내부 직원들과 가진 첫 번째 회의에서 단 한 번에 TED의 본질을 정의해내죠.

> 이야기가 힘을 가지는 순간이 언제일까요? 저는 세 가지라고 봅니다.
>
> 첫째, 널리 퍼져나갈 때.
>
> 둘째, 누군가에게 의미 있게 다가갈 때.
>
> 셋째, 그 이야기를 바탕으로 또 다른 이야기가 만들어질 때.
>
> 그러니 지금부터 우리가 할 일은 이 세 가지가 가능한 TED를 만드는 것입니다.

소름 돋도록 명확한 비전을 심어준 크리스는 이를 행동으로 옮기기 위한 방법도 단 세 가지로 풀어내는 데 성공합니다.

우선 그는 캘리포니아 몬테레이 지역을 중심으로만 진행되던 TED 콘퍼런스를 전 세계로 확대하기 시작합니다. TED Global이란 이름으로 시작된 이 콘퍼런스는 이른바 '자매 콘퍼런스Sister Conference'라 불리며 마치 꼬리 물기를 하듯이 지구촌 각 지역으로 빠르게 퍼져나갔죠. 하나의 콘퍼런스가 흥행하면 그 주제를 바탕으로 여러 개의 다른 세부 주제를 파생시켜 다양한 콘퍼런스가 연쇄적으로 생겨날 수 있게 하는 방식을 쓴 겁니다. 덕분에 각각의 이야기들이 계속 가지치기를 하며 스스로 영향력을 키워나갈 수 있게 되었죠.

두 번째는 TED의 프로젝트 중 가장 성공했다는 평가를 받는 TED Prize입니다. TED는 2005년부터 매년 혁신적인 활동을 하는 인물들을 골라 TED 상을 수여해오고 있거든요. 브랜드가 자체적으로 수상 제도를 만들고 운영하는 것은 비교적 흔한 일이지만 TED 상에는 아주 특별한 프로세스가 하나 있습니다.

TED 상을 수상한 사람은 상금과 더불어 '세상을 바꿀 수 있는 소원' 티켓을 받게 되는데요. 수상자가 이 티켓에 써낸 소원이 곧 다음 해 TED가 함께 풀어나가야 할 공통의 목표가 되기 때문입니다. 즉 세상에 의미 있는 기여를 한 사람의 바람을 널리 알리고 아예 함께 실천해나갈 과제로 등록해버리는 것이죠.

2018년부터 '대담한 프로젝트'라는 이름으로 리뉴얼된 TED 상은 그 규모를 훨씬 키워 이제는 세계 곳곳의 커다란 문제들을 해결하는 단위의 프로젝트로 발전해가는 중입니다. 원주민을 위한 토지 확보나 낡고 오염된 운송 장비들을 청정 장비로 바꾸는 사업, 소규모 농장주들이 과학적인 농업 기술을 사용할 수 있도록 지원하는 시설 건립 등 굵직굵직한 과제들이 매년 새로 등록되죠. 이는 누군가의 이야기가 그저 이야기에 그치지 않고 영향력과 실행력을 갖춘 모습으로 변해가는 과정을 많은 사람이 함께 나누게끔 하는 TED만의 전략인 셈입니다.

그리고 크리스가 설계한 마지막 퍼즐이 바로 우리에게 가장 익숙한 TED Talks입니다. 크리스는 어떤 이야기가 의미를 가지기 위해서는 해리와 리처드가 설계한 '발표자를 선정하는 방식'이 핵심이라고 봤거든요. 그 분야의 최고 권위자를 스피커로 내세우거나 아니면 전에 없던 새로운 메시지를 던질 수 있는 사람을 섭외해야 한다는 것이었죠.

많은 분들이 아시겠지만 TED의 연사 라인업은 각 분야를 넘어 지구를 대표하는 사람들이라고 해도 과언이 아닌 수준입니다. 빌 게이츠, 스티븐 호킹, J.K. 롤링, 일론 머스크, 미셸 오바마, 리처드 도킨스, 프란치스코 교황 등 수많은 인물이 무대에 올랐고 자신의 생각을 가감 없이 펼쳐냈죠. 그리고 그들이 던지는 메시지 또한 의례적인 것이 아닌 매우 날카롭고 시사하는 바가 분명한 것들이었습니다.

더불어 TED는 '한 명의 발표자가, 지름이 3.3미터인 원형 무대에 올라 최대 18분 안에 자신의 이야기를 전달한다'는 동일한 조건도 설정했죠. 이러한 포맷이 TED의 핵심이라고 설명한 크리스는 그 이면에 있는 의미를 진솔하게 털어놓은 적이 있었습니다.

제가 만들고 싶었던 것은 현대판 아고라였어요. 고대 그리스의 자유 시민들이 자신의 생각을 이야기하고 토론을 벌이던 장소 말이죠. 그러기 위해서는 모두에게 똑같은 조건이 필요했습니다. 그리고 언제 어떤 환경에서든 누구나 그 콘텐츠에 접근이 가능하도록 해야 했죠.

때론 우리 직원들이 제게 묻기도 했어요. 왜 이렇게까지 포맷에 집착하냐고 말이에요. 그때마다 저는 이렇게 답했죠. 나는 포맷에 집착하는 게 아니라 이야기에 집중하는 거야. 이야기하는 사람 그리고 그 사람이 하는 이야기. 오직 이 두 가지만이 빛나게 하고 싶다고.

—— 내 안의 이야기를 꺼내려면 무엇을 해야 할까

앞에서도 이야기했지만 저는 스토리텔링에 법칙 같은 것은 없다고 생각합니다. 세상에 훌륭한 이야기도 많고 매력적인 전달자들도 많지만 그들의 이야기와 화법이 나에게 꼭 맞는다는 보장이 없기 때문이죠. 그러니 저 역시 다른 사람의 스토리텔링은 늘 좋은 참고 자료 정도로만 대하는 것 같아요. 어떤 사람의 인생이 멋지다고 그와 똑같은 삶을 살 수 없는 것처럼 누군가의 이야기가 멋지다고 해서 그 이야기를 그대로 따라갈 수는 없는 거니까요.

대신 '어떻게 해야 좋은 이야기가 탄생하는 환경을 설계할 수 있을까' 하는 것에는 아주 관심이 큰 편입니다. 마치 크리스가 TED의 DNA를 바꿔놓기 위해 노력했던 것처럼 그 과정을 우리 개개인에게도 적용해볼 수 있다고 생각하거든요. 나 자신에게서 좋은 이야기를 끌어내려면, 동시에 나 스스로가 매력적인 스피커가 되려면 어떤 조건들을 갖춰 나가야 하는지를 깊이 있게 고민하는 게 진짜 이야기꾼이 되기 위한 방법이 아닐까 싶은 거죠.

어떤 무대에 올릴 것인가

저는 그중에서도 '다양한 이야기 포맷에 자신을 노출해보는 노력'이 참 중요하다고 생각합니다. 저 역시 업무적으로든 아니면 개인 프로젝트로든 발표할 기회가 자주 있는 편인데요. 의외로 주최하는 측에서 요청하는 포맷이 정말 다양하거든요. 어떤 곳에서는 발표 자료를 활용해서 1시간 정도의 세션을 진행해달라고 하고 또 다른 곳에서는 시각적인 자료 없이 15분 정도 짤막한 이야기를 들려달라고 부탁하기도 합니다. 가끔은 실시간으로 올라오는 질문들을 기반으로 일대일 문답을 주고받는 형식을 제안하기도 하고요.

그렇다고 저라는 사람을 1시간용, 15분용, 대담용으로 쪼갤 수는 없는 노릇이니 자연스레 제가 가진 이야기들을 자르고 붙이고 다시 배열하는 작업들을 하게 되죠. 그런데 타의에 의한 것이기는 하지만 이렇게 누군가가 만들어준 포맷에 제 이야기를 맞추는 과정은 다시금 저를 한번 제대로 들여다보게 하는 기회가 되더라고요. 그 포맷이 다양할수록 제가 가진 이야기들 역시 더 생생한 모습으로 변하게 되고요.

어쩌면 TED가 18분짜리 강연이라는 포맷을 강력히 밀고 있는 이유도 이와 비슷할지 모릅니다. '18분이라는 시간 동안, 아무 도구 없이, 오직 당신의 이야기만으로 사람들을 이해시키고 설득할 수 있는가'라는 전제 조건을 달면 스피커들은 그에 맞춘 이야기들을 들고 올 수밖에 없거든요. 때문에 누군가는 시작부터 강력한 메시지를 던져 충격을 선사하고 또 어떤 사람은 마지막에 가서야 진짜 자신의 이야기를 꺼내게 되는 거죠. 조건에 제약을 둠으로써 이야기는 더 다양해지고 더 풍부해지는 아이러니가 탄생하는 겁니다.

대신 TED는 TED Talks 외에도 다양한 형태의 이야기 포맷을 추가하며 좋은 스토리를 발굴하고 퍼뜨리는 데 최선을 다하고 있습니다. 교육에 적합한 짧은 동영상들은 TED-Ed를 통해 제공하고, 청소년과 여성을 중심에 둔 주제들은 각각 TEDYouth와 TEDWomen에서 다루도록 하죠. 공연과 강연이 함께 어우러진 TED Salon이나 크리스가 직접 연사들을 만나 TED Talks에서 못다 한 이야기를 나누는 TED Interview도 활발히 운영 중입니다. 비슷한 이야깃거리들이라도 어떤 포맷을 던져주느냐에 따라 이를 전달하는 사람과 받아들이는 사람 모두 완전히 새로운 태도를 가지게 된다는 것을 간파한 것이죠.

그러니 매력적인 이야기 소재가 없다고 생각하거나 이를 힘 있게 끌고 나갈 스토리텔링이 부족하다고 생각하게 될 땐 타인이 만들어놓은 포맷에 의도적으로 들어가 보는 것도 하나의 방법이 될 수 있습니다. 여러분이 TED 무대에 직접 올라선다고 상상해봐도 좋고 아니면 각종 예능 프로그램에서 진행하는 인터뷰에 참여한다고 생각해도 좋습니다. 그럼 지금 내가 하려는 이야기가 어떤 형태가 되어야 하고 어떤 방식으로 흘러가야 하는지 조금은 더 선명하게 다가올 테니까요.

누구와 함께 걸을 것인가

한편으로는 '내 이야기와 함께 동행할 파트너를 정해보는 것'도 의미 있는 작업이라고 생각합니다. 많은 사람이 이야기를 함에 있어 가장 힘들어하는 때가 바로 '뭘 얘기해야 하나?'라는 아주 근원적인 고민과 부딪힐 때입니다. 즉 나에게는 스토리텔링으로 풀어갈 만한 재미난 에피소드나 남다른 정보가 없다고 생각하는 것이죠. 하지만 저는 이야기야말로 늘 발화점이 필요한 대상이라고 봅니다. 내 안에 갇혀 있던 생각이나 감상이 '이야기'라는 형태를 갖추어 타인에게 전달되기 위해서는 일종의 동기부여가 있어야 하니까요.

혹시 TEDx라는 프로그램을 아시나요? TEDx는 일종의 오픈 소스 개념의 콘퍼런스로 특정한 주제나 장소, 대상과 결합해 각자만의 TED 콘퍼런스를 열 수 있도록 도와주는 개방형 프로그램입니다. 우리나라에서도 각종 기업이나 대학교, 관공서 등에서 TEDx를 활발히 진행하고 있죠. 재미있는 것은 이 TEDx가 어떤 주제, 어떤 상황과 엮이느냐에 따라 정말 기상천외한 이야깃거리들이 수면 위로 떠오른다는 사실입니다.

그 대표적인 사례가 지난 2010년 아이슬란드 화산이 폭발했을 당시에 일어났죠. 화산재가 하늘을 뒤덮는 바람에 유럽 전역의 비행기가 결항되자 런던에 발이 묶인 기업가, 과학자, 예술가들이 서로 연락을 취해 '우리 할 일도 없는데 TED나 할까요?'라며 TEDxVolcano라는 콘퍼런스를 기획한 겁니다. 정말 아무 연고도,

공통된 주제도 없는 사람들끼리 모여 '아이슬란드'와 '화산'이라는 주제를 기반으로 각자가 할 수 있는 이야기들을 풀어나간 것인데 이게 소위 말해 대박을 치고 맙니다. 즉흥적이라고는 믿기지 않을 만큼 심도 있는 이야기들이 오고갔고, 실제 그 콘퍼런스에서 인연을 맺은 교수진들은 국경을 초월해 공통 연구를 시작하기도 했죠. 해당 콘퍼런스에 참여한 기업들은 이들을 직접 후원하기까지 했고요. 이 모든 게 불과 화산 폭발 48시간 만에 일어난 일이었고 현재는 세계 최초의 플래시몹 포럼으로도 기록되어 있습니다.

사실 저만하더라도 글을 쓰든 발표를 하든 좋은 이야깃거리를 찾아 스스로를 쥐어짜게 되는 순간이 있습니다. 오로지 나라는 대상 안에서만 답을 찾으려는 발버둥의 순간이죠. 하지만 다양한 대상과 연결해 재미난 시도를 펼쳐가는 TED의 활동을 보고 나면 또 생각이 달라집니다. 나도 저들처럼 다른 뭔가와 결합해본다면 예상치 못한 새로운 반응이 촉발되지 않을까라는 두근거림을 갖고 이야기 소재를 찾게 되거든요. 저 주제에 나를 얹는다면, 저 사람들 무리에 나를 끼워 넣는다면 나는 어떻게 되고 저들은 어떻게 될까라는 일종의 기대감으로 다가가는 것이죠.

그러니 스토리를 끌어갈 때도 무조건 혼자의 힘으로 몰아붙여야 한다는 굳은 결심은 잠시 접어두고 괜찮은 동행자를 찾는 것이 훨씬 똑똑한 방법일지 모릅니다.

이탈리아 북부 도시 코르티나에서
환경 보호를 주제로 열린 TEDxCortina의 한 장면입니다.
무려 해발 2,800미터에서 진행된 강연이었죠.

—— 스토리 가드닝(Story-gardening)

몇 해 전 《베아트릭스 포터의 정원》이란 책 한 권을 선물 받은 적이 있습니다. 세상에서 가장 사랑받는 토끼 캐릭터인 '피터 래빗'의 작가이자 평생 정원 가꾸기와 함께하며 살아온 베아트릭스 포터[Beatrix Potter]의 이야기를 담은 책이었죠. 사실 가드닝은 제가 전혀 관심을 두고 있지 않던 분야 중 하나였는데 이 책을 읽는 것만으로도 정원을 가꾸고 식물을 관리한다는 게 얼마나 위대하고 대단한 일인지 조금은 알겠더라고요.

그리고 이 책의 저자인 마타 맥도웰[Marta McDowell]의 인터뷰 내용을 보고서는 가드닝에 관한 새로운 접근법을 배우게 되었죠. 거기엔 이런 코멘트가 담겨 있었거든요.

> 세상에 똑같은 식물은 단 하나도 없답니다. 추운 날씨에도 잘 자라는 품종이 우리 집 따뜻한 베란다에서는 꽃망울조차 틔우지 않을 때가 있어요. 반대로 남들은 키우기가 어렵다는 식물이 내 손에서는 별 수고로움 없이 쑥쑥 자라기도 하죠.
>
> 그래서 식물을 키우는 일은 누가 많이 아느냐보다 어떤 상황을 만나도 당황하지 않는 게 더 중요합니다. 저는 그게 '가꿈'이라고 생각해요. 좋은 마음으로 좋은 환경을 만들어준 다음, 저들 각각의 인생을 응원하는 거죠.

맞아요. 저는 좋은 이야기를 만드는 과정도 식물을 다루는 태도와 다르지 않다고 봅니다. 같은 종이라도 각자가 꽃을 피우고 열매를 맺는 시기가 다른 것처럼 우리 개개인이 가진 이야기가 스토리텔링으로 연결되는 과정 역시 모두 다를 게 분명하거든요.

그러니까 건강하고, 진실하고, 매력적이고, 공감을 불러일으키는 스토리텔링 역시 그 이야기가 발현될 수 있는 좋은 환경을 만들어 끊임없이 가꿔가는 것만이 답일지도 모르겠습니다. 그런 다음 저마다의 이야기를 열심히 응원해주는 거죠. 세상에 또 하나 의미 있는 싹을 틔울 수 있게 말입니다.

그런 측면에서 그동안 '이야기'라는 단어 뒤에 만들다, 전달하다, 기억하다, 남기다 같은 서술어만 생각하셨다면 이번 기회에 '가꾸다'라는 개념을 하나 추가해보시는 것은 어떨까요? 어쩌면 여러분만의 작은 정원에서 다양한 모습의 이야기들이 하나둘씩 고개를 들 수도 있으니까요.

그리고 누군가가 놀러와 그중 하나를 가리키며 관심을 보인다면 그 이야기를 심고 가꿔온 과정을 한번 설명해보면 좋을 것 같습니다. 스토리텔링이란 게 뭐 별거인가요. 내가 가꾼 것들을 찬찬히 되짚어 살펴가다 보면 그게 바로 살아 있는 스토리텔링이자 나만의 스토리텔링이 되는 거죠.

일본의 사진가이자 저널리스트인 츠즈키 쿄이치Tsuzuki Kyoichi는《권외편집자》라는 책을 통해 '편집에 기술 같은 것은 없다'라고 말합니다. 다만 스스로를 어떤 환경에 둘 것인지 그리고 그 속에서 어떤 태도로 임할 것인지가 좋은 편집을 가능하게 한다고 강조하죠.

생각해보면 이야기나 콘텐츠뿐 아니라 이른바 나만의 것을 만드는 모든 과정은 다 '가꿈'의 과정이 아닐까도 싶어요. 그러니 누군가의 결과물이 부럽다면 그 속에 어떤 비결이 숨어 있을까를 엿보기보단 그 사람은 어떤 환경에서 어떤 마인드를 가졌나를 살펴보면 좋겠습니다. 그러다 보면 어느 순간 '내 정원은 이렇게 한번 만들어봐야겠구나'라는 마음이 새록새록 피어날 테니까요.

05

아이덴티티를
숙성한다는 것

뵈브 클리코
Veuve Clicquot

저는 문과 출신입니다. 그래서인지 수학이나 과학과 그다지 친하지 않습니다. 당연히 어릴 때부터도 그 분야에는 두각을 나타낸 적이 없었고 지금까지도 막연한 공포가 있죠. 심지어 이제 곧 초등학교에 들어가는 어린 조카가 나중에 수학 문제를 물어보면 뭐라고 둘러대야 할까 싶어 벌써부터 대사를 연습 중이거든요.

하지만 그런 제게도 특별히 기억에 남는 과학 지식이 하나 있습니다. 바로 물질의 열과 에너지 사이의 상관관계를 분석한 열역학 법칙이 그것인데요. 0법칙부터 4법칙까지 총 5개의 법칙이 존재하고 이들 모두 인류사에 지대한 영향을 미쳤을 만큼 매우 의미 있는 발견으로 알고 있습니다.

그런데 저는 그 법칙들 중에서 제2법칙을 유독 또렷이 기억하고 있습니다. 우주의 무질서한 정도인 '엔트로피' 개념을 설명하는 이 법칙이 가장 인상 깊었던 이유는 아마 이 한 줄 정의 때문이 아닐까 싶어요.

세상은 무질서가 증가하는 방향으로 흘러간다.

네. 제게는 이 문장이 그렇게 철학적으로 다가올 수 없었습니다. '시간과 공간을 포함해 우리가 앞으로 살아갈 세상 속 모든 게 무질서하게 확장될 예정이라고 하니' 뭔가 두려움과 경이로움이 동시에 차오르는 느낌이더라고요. 근데 정작 이 법칙을 잊을 수 없게 한 건 당시 고등학교 물리 선생님의 부연 설명이 더 큰 역할을 했다고 봅니다.

그러니 이 무질서함 속에서 작은 질서라도 찾으려고 발버둥치는 게 인간의 삶일지도 몰라. 나는 물리학을 전공해서 그런지 생명체의 존재 이유가 거기 있는 거 같더라고.

과학적 사실 속에서도 감성적인 포인트만 찾아내 기억하는 걸 보면 어쩔 수 없는 문과생이다 싶지만 그 이후에도 이 열역학 제2법칙은 저와 조금 특별한 인연이 되었습니다.

── 무질서함 속의 질서

브랜드를 다루다 보면 필수적으로 등장하는 개념이 '아이덴티티'입니다. 잘 아시다시피 아이덴티티란 곧 정체성을 의미하는 것으로, 브랜드라는 개념이 발생한 이유 역시 다른 사람들과 구분되는 나만의 것, 우리만의 것을 식별하기 위함이었거든요. 실제로 영어 'identity'의 어원이 '동일하다'는 뜻의 라틴어 '이뎀idem'에서 유래했다는 사실만 봐도 브랜드란 하나의 동질감으로 그들의 추종자들을 묶어주기 위해 세상에 존재하는 게 아닐까 하는 생각마저 듭니다.

물리 시간에 배운 열역학 제2법칙이 다시 떠오른 건 한창 브랜딩 업무에 욕심이 가득해질 때쯤이었던 것 같습니다. 늘 좋은 브랜드들을 좋아하고, 동경하고, 탐험하고, 분석하는 편이지만 실제로 브랜드를 만들어가는 일은 무질서함 속에서 일말의 질서라도 갖추려는 과정과 정말 많이 닮아 있더라고요.

소비자들의 취향과 관심사는 어디로 튀어나갈지 모르고 다른 브랜드들은 또 어떤 가치와 형태를 제시하며 존재감을 드러낼지 모르니 이 바닥 역시 열과 에너지를 무분별하게 뿜어내는 엔트로피의 영역임이 분명한 것이죠. 덕분에 '그럼 우리는 이 복잡다단한 환경을 어떻게 구분하고 정리해가면서 우리만의 동질감을 느끼게 해줄 수 있을까' 고민하는 게 브랜딩하는 사람의 숙명이겠구나 하는 나름의 정의까지 내릴 수 있었습니다.

저는 정체성과 관련한 브랜드 중에서는 '뵈브 클리코Veuve Clicquot'를 절대 빼놓을 수 없다고 생각합니다. 술에 관심 있는 분이라면 어렴풋하게 그 이미지가 떠오르실 수도 있을 테고 그중에서도 샴페인을 좋아하는 분이라면 더욱 반가운 브랜드가 아닐 수 없을 겁니다.

돔 페리뇽, 모엣 샹동과 더불어 세계에서 가장 유명한 샴페인 중 하나이자 특유의 쨍한 노란색 라벨이 특징인 뵈브 클리코는 현재 가장 핫하고 트렌디한 와인으로 꼽힙니다. 그래서인지 저도 처음 이 샴페인을 접했을 땐 유명 아티스트나 셀럽이 론칭한 브랜드가 아닐까 싶었어요. 왠지 역사도 좀 짧을 것 같고 품질보다는 감각적인 마케팅으로 이 자리에 오른 것일 거라는 의심의 눈초리도 깊었습니다.

하지만 정말 제 예상은 하나도 들어맞지 않고 모조리 빗나가버렸습니다. 뵈브 클리코의 역사와 스토리를 조금만 알게 되어도 병에 붙은 라벨부터 브랜드 이름까지 경건한 마음으로 하나하나 다시 바라보게 되는 수준이거든요.

—— 샴페인이 된 여인

뵈브 클리코는 우리말로 '미망인widow 클리코'라는 뜻입니다. 다소 특이한 뜻을 가진 이 브랜드는 1775년 프랑스 샹파뉴 지역의 필립 클리코Philippe Clicquot 와인 하우스에서부터 시작됐는데요. 세계 최초로 로제 와인을 출시하며 서서히 명성을 쌓기 시작한 이후 250년이 넘도록 수많은 라인업을 출시하며 살아 있는 빈티지로 활약하고 있죠.

그런데 필립 클리코 와인 하우스는 창업한 지 불과 몇 년 만에 사실상 사라질 뻔한 위기를 겪었습니다. 창업자인 필립 클리코에게서 사업을 물려받은 아들 프랑수아가 열병으로 이른 나이에 사망하는 일이 생겼거든요. 큰 충격에 빠진 필립은 회사를 모두 청산하고 조용히 여생을 보내겠다 다짐하지만 이때 의외의 인물이 반대하고 나섭니다. 바로 며느리이자 프랑수아의 아내였던 '마담 클리코 퐁사르당Madame Clicquot Ponsardin'이었죠.

  사실 철저한 남성 중심 사회였던 18세기 프랑스에서 여성이, 그것도 남편을 잃은 미망인이 CEO가 된다는 것은 실로 엄청난 반발을 불러일으켰습니다. 일부 기록에선 마담 클리코가 생명의 위협을 받을 정도였다고 서술하고 있거든요. 하지만 그런 와중에도 그녀는 결국 와인 하우스를 지켜내는 데 성공했고 '뵈브 클리코'란 이름으로 가업을 이어가기 시작합니다. 그런데 정확히 말하자면 마담 클리코가 사업을 맡고 난 이후로 이 샴페인은 완전히 다른 레벨로 올라섰다고 해도 과언이 아닙니다. 마담 클리코는 사업가이기도 했지만 탁월한 혁신가이자 발명가이기도 했거든요.

  그런 그녀의 업적 중 가장 위대하게 꼽히는 것이 양조 기법입니다. 그 당시에는 술이 생산되는 과정에서 발생한 다량의 찌꺼기를 완벽히 제거하지 못해 샴페인 병 곳곳에 많은 부유물이 떠다녔습니다. 그러니 이를 걸러내는 디캔팅 과정이 필수였고, 심지어 샴페인 한 잔을 마시기 위해 찌꺼기를 거르는 작업을 할 하인을 따로 데리고 다니는 귀족들까지 있을 정도였죠.

이를 안타깝게 여긴 마담 클리코는 수많은 실험 끝에 혁신적인 방법을 개발해냅니다. 바로 구멍이 뚫린 나무틀에 샴페인 병을 비스듬히 세운 다음 매일매일 조금씩 돌려주는 보관법을 고안한 거죠. 이렇게 하면 병의 입구에 침전물이 자연스레 모여 훨씬 쉽게 제거할 수 있게 되거든요. 이 관리 기법을 '르뮈아주remuage'라고 부르는데 오늘날 샴페인을 만들 때도 여전히 이 방법을 통해 죽은 효모들을 걸러냅니다.

또 이렇게 모인 침전물을 급속 냉동시킨 후 탄산의 압력으로 한 번에 내보낼 수 있는 '데고르즈망dégorgement'이라는 과정 역시 클리코 여사의 손에서 탄생했는데요. 사실상 샴페인의 '펑' 하고 터지는 그 독특한 오프닝의 시초가 된 셈이라고 할 수 있죠. 더불어 샴페인을 잔에 따랐을 때 순간적으로 솟구치는 수십만 개의 기포 역시 더 깨끗하고 더 오래 향을 머금을 수 있도록 그녀가 개발한 '발포성 와인 기술'에서 유래된 것입니다.

그런데 마담 클리코의 이런 탁월한 능력은 제품 자체에만 국한되지 않았습니다. 그녀는 비즈니스에서도 놀라운 성과를 거둔 위대한 인물이었거든요. 남편 프랑수아와 사별 후 겨우겨우 사업을 제자리에 올려놓은 그녀에게는 또 한 번의 시련이 찾아옵니다. 1813년 나폴레옹의 모스크바 침공이 실패로 끝나면서 러시아가 프랑스 상품의 수입을 전면 금지해버렸거든요. 당시 러시아를 큰 수출 통로로 사용하던 뵈브 클리코에게는 사업의 존폐를 다시 고민해야 할 만큼의 날벼락이었습니다.

하지만 마담 클리코는 조금도 흔들리지 않고 즉시 직원과 하인을 동원해 최고급 빈티지 샴페인 1만 병을 추려달라고 말합니다. 그러고선 이들을 한데 싣고 러시아 왕궁이 있는 상트페테르부르크로 단숨에 달려가죠. 아무리 정치적 상황이 어지럽게 얽혀 있어도 자신이 만든 최고급 와인의 맛을 보여주면 알렉산더 황제도 거부하지 못할 것이라는 강한 믿음 때문이었습니다.

결과적으로 이 전략 역시 완벽히 성공했습니다. 높은 도수의 보드카만이 존재하던 러시아에서 부드럽고 달콤한 샴페인은 왕실을 중심으로 한 상류계급, 그것도 여성들 사이에서 급속히 전파되었거든요. 그로부터 약 50년 동안 러시아 왕실의 샴페인을 독점 공급하게 된 뵈브 클리코는 마침내 러시아 시장 전체를 삼키는 쾌거를 이룹니다.

하나뿐인 색깔을 완성하다

제가 이렇게 한 인물의 장황한 이야기를 소개하는 데는 그만한 이유가 있습니다. 바로 이 글의 초반에 꺼냈던 그 단어, '아이덴티티'를 설명하기 위함이죠.

사실 주류 브랜드는 다른 어느 시장보다 경쟁이 치열하고 브랜드 관리도 엄격히 이뤄지는 분야입니다. 100년 정도의 역사로는 명함 귀퉁이도 못 꺼낼 만큼 클래식한 제품이 수두룩하고 지역, 연령, 맛, 이미지 등 다양한 조건들로 세밀한 포지셔닝이 이뤄지기도 하니까요. 때문에 특정 브랜드에 대해서 사람들이 대충 비슷한 이미지만 떠올릴 수 있어도 꽤 성공했다고 평가받을 정도입니다.

그런데 뵈브 클리코는 이런 주류 브랜드들 사이에서도 독보적인 존재감으로 자신들의 메시지를 각인시키는 대표적인 브랜드입니다. 그리고 이 모든 것을 가능하게 하는 그들만의 아이덴티티는 '여성'으로부터 시작해 '여성'으로 완성되죠.

뵈브 클리코는 최고의 샴페인을 위해 일생을 바친 마담 클리코 퐁사르당의 정신을 고스란히 압축해 그들만의 아이덴티티를 정립했습니다. 특히 샴페인은 비교적 순하고 달콤한 맛 때문에 여성들의 술로 각인된 시장이기도 한데요. 다른 샴페인들이 럭셔리와 우아함, 파티 문화 등을 이야기하며 다소 정형화된 이미지에 집중했을 때 뵈크 클리코는 '위대한 여성의 담대한 도전'이라는 굵직한 화두를 던져 차별화에 성공했죠. '스스로의 힘으로 성공한 여성'을 자신들만의 상징으로 부각시킨 겁니다.

그중 가장 핵심이 되는 것은 뵈브 클리코의 노란 라벨이 아닐까 합니다. 사실 1798년까지 대부분의 와인들은 제대로 된 라벨은 물론 별도의 표식조차 없었습니다. 그저 드라이한 와인과 달콤한 와인을 구분하는 용도로 몇 가지 색상 띠지를 사용하는 수준이었죠.

그런데 마담 클리코는 미국으로의 수출을 앞둔 1800년대 초, 자신만의 색깔을 담은 와인병을 출시하기로 결심하고 뵈브 클리코의 상징이 되는 노란색 라벨을 디자인합니다. 그리고 대담한 여정을 상징하는 커다란 닻 표식을 그려넣죠. 그렇게 당시로서는 누구도 사용하지 않던 밝고 환한 노란색 라벨 위에 '미망인'이라는 단어를 내세운 이 와인은 당당한 여성을 떠올리게 하는 문양과도 같은 역할을 했습니다. 그리고 오늘날 이 색상은 '팬톤 컬러 137C', 다른 말로 '뵈브 클리코 옐로'라 불리며 세상에 하나뿐인 색깔로 인정받고 있죠.

—— 지키며 변화하는 법

이처럼 뵈브 클리코는 마담 클리코가 남긴 정신적 유산을 끊임없이 재해석하고 발전시키는 데 모든 힘을 쏟고 있습니다.

특히 그녀의 업적을 기리기 위해 만든 플래그십 와인 '라 그랑 담La Grande Dame'이 대표적인데요. '위대한 여성'이란 뜻의 이 와인은 뵈브 클리코가 소유한 최고급 포도밭 여덟 군데에서 엄격히 선별된 포도만을 사용해 생산하는 와인입니다. 자신들이 선보일 수 있는 가장 훌륭한 와인에 마담 클리코의 애칭을 붙여 경의를 표하는 것이죠.

이 쨍한 노란색 라벨을 단 병 안에
한 여성의 모든 아이덴티티가 담겨 있습니다.

또 1972년부터 시작해 약 40년간 이어져오고 있는 뵈브 클리코 '볼드 우먼 어워드Bold Woman Award'도 그들의 아이덴티티를 완성하는 중요한 조각입니다. 매년 혁신적인 비즈니스를 이끈 여성 기업가들에게 주는 이 상은 단순히 뛰어난 여성을 선정하는 것이 아니라, 많은 여성에게 한 차원 높은 영감과 대담한 어젠다를 던진 인물들에게 수여하고 있거든요. 어워드의 이름에 'Bold'가 들어가는 이유도 250년 전 마담 클리코가 가진 그 당당하고 진보적인 가치관을 현대적으로 재현하기 위함입니다.

그래서 뵈브 클리코는 작든 크든 더 나은 무언가를 이룬 것을 축하하는 자리에 자주 초대받는 샴페인입니다. 좋은 풍미와 맑은 청량감이라는 샴페인이 가진 기본 특성에 더해 한 여성의 삶이 보여주는 성공의 의미를 잘 담아내고 있기 때문이죠. 그렇다고 꼭 여성만을 타깃으로 하지도, 여성 고객들에게만 사랑을 받는 것도 아닙니다. 성별과 문화를 불문하고 뵈브 클리코가 가진 아이덴티티를 존중하는 모든 사람으로부터 인정받고 있으니까요. 다소 무거운 전통성을 강조하는 브랜드들과 반대로 아주 감각적이고 세련된 이미지만을 강조하는 여러 브랜드들 사이에서 그 특유의 라벨만큼이나 선명하고 고유한 색깔을 유지하는 게 정말 대단하다고 여겨지는 이유죠.

—— 가만히 두는 건 숙성이 아니니까

몇 해 전 샌프란시스코 나파밸리를 여행할 때 '브이 사뚜이V.Sattui'라는 와이너리를 방문한 적이 있었습니다. 그때 투어를 담당하던 나이 지긋한 소믈리에 할아버지께서 이런 이야기를 들려주시더군요.

> 와인은 그냥 저장해둔다고 알아서 숙성되는 것이 아닙니다. 그해 수확한 포도 품종은 물론이고 시시때때로 변하는 기후나 환경, 예기치 않게 발생하는 다양한 외부 요인들에 맞춰 계속 관리해야 하는 포인트들이 있죠. 한 달 사이에 오크통의 위치를 여러 번 바꾸기도 하고 증발하는 양에 따라 저장고의 압력을 미세하게 조절하기도 하거든요.
> 그러니 가만히 두기만 하는 건 숙성이 아니에요. 숙성은 우리가 원하는 맛을 얻기 위해 계속 초점을 맞춰가는focusing 과정이라 할 수 있죠.

그때는 그냥 와인 제조 과정의 흥미로운 뒷얘기로만 생각했는데 시간이 지나고 나니 브랜드가 아이덴티티를 갖춰가는 과정도 이와 다르지 않겠다 싶더군요. 자신들만의 정체성을 찾고 아이덴티티로 정립하는 것만큼이나 이걸 얼마나 오랫동안 잘 유지하고 숙성할 수 있는지도 중요하기 때문입니다.

많은 사람들이 역사와 전통이 깊은 브랜드는 이야깃거리가 많아 아이덴티티를 만드는 데도 유리할 거라고 생각합니다. 하지만 실제로는 그 반대인 경우가 더 많죠. 시간이 흐르며 시대별로 요구하는 가치들도 자연스레 달라지고 또 주변 경쟁자들이 내세우는 정체성과 정면으로 부딪히기도, 때론 희미하게 희석되어버리기도 하거든요. 때문에 어느 한 브랜드가 오랜 시간 선명한 아이덴티티를 유지하고 있다는 건 수없이 많은 풍파 속에서도 배의 키를 유연하게 조절하며 자신들만의 '초점'을 맞춰왔다는 얘기와도 같습니다.

뵈브 클리코가 마담 클리코라는 인물을 어떻게 전 세계 여성의 롤 모델로 인식시켰는지 그리고 이를 현대적으로 해석하기 위해 어떤 노력을 이어가고 있는지를 떠올려보면 상상이 가실 겁니다. 지금 뵈브 클리코가 가진 아이덴티티는 250년이 넘는 시간 동안 무질서하게 팽창하던 그 주류 브랜드들 사이에서 자신들만의 질서를 만들기 위해 쏟아부은 노력의 보상이기도 하니까요.

보통 정체성을 완성하다는 의미로 '정립定立하다'는 말을 많이 씁니다. 말 그대로 '정하여定 세우다立'라는 뜻이죠. 그런데 흔히들 아이덴티티를 찾고 규정하기만 하면 저절로 좋은 브랜드가 되는 것처럼 착각하는 경우가 더러 있습니다. 정작 중요한 건 그 아이덴티티를 바로 세우는 것인데 말이죠. 그리고 바로 세우는 이 과정은 마치 와인이 숙성의 시간을 거치는 것처럼 끊임없이 관리하고 유연하게 변화하기도 하면서 자신이 바라는 그 상(像)을 향해 초점을 맞추는 과정이라 할 수 있습니다.

　그래서 저 역시 가끔은 제가 만들거나 참여했던 브랜드들에 질문을 던져봅니다. '기대만큼 잘 성장하고 있는지, 사용자들에게 잘 인식되고 있는지'에 더해 '우리가 바랐던 그 모습대로 잘 숙성되고 있는지'에 대해서 말이죠. 아마 그 속엔 거대한 무질서함 속에서 일말의 의미 있는 질서를 만들어주길 바라는 마음이 조금은 담겨 있는지도 모르겠네요.

엔트로피의 개념을 설명할 때 자주 등장하는 예시가 '깨진 유리컵 현상'입니다. 유리컵을 바닥에 던지면 여러 조각으로 박살나지만 (무질서), 그 조각들을 모아 다시 던진다고 해서 본래의 유리컵(질서)으로 돌아오지 않는다는 것이죠. 세상의 진행 방향을 무질서로 규정하는 데 아주 큰 역할을 하는 예입니다.

근데 저는 이마저도 브랜딩에 비교해볼 수 있을 것 같아요. 브랜딩의 과정에서 어느 하나가 삐끗하면 그 정체성은 알아볼 수 없을 정도로 깨져버리는 경우가 있거든요. 대신 이들을 모아 다시 원래의 모습으로 돌려놓는 데는 불가능에 가까운 노력이 필요한 법이고요. 그러니 속도가 조금 느리더라도 여러분이 바라던 모습을 향해 조금씩 그 질서를 바로 잡아가는 게 참 중요하다고 봅니다. 그게 브랜드의 정체성이든 혹은 나 자신의 정체성이든 말이죠.

06

시퀀스를
만든다는 것

안테룸 호텔 교토
Hotel Anteroom Kyoto

좋은 애드리브는 주어진 대본을 모두 외우는 것에서부터 시작됩니다. 그 신scene이 통으로 내 것이 되지 못하면 아무 의미가 없거든요.

예전에 배우 차태현 님이 방송에서 한 말을 듣고 크게 공감했던 기억이 납니다. 저는 비록 연기의 세계를 잘 알지 못하지만 그 말 속에 담긴 의미는 비단 연기의 영역에만 한정되지 않을 것 같았기 때문이죠.

영화 속 장면 전체가 내 것이 되게 하는 것처럼 어떤 일을 할 때 일련의 과정을 모두 겪어본다는 것은 참 소중한 자산입니다. 저는 이것을 '통 경험'이라고 부르는데요. 자신이 혼자 힘으로 끌고 나간 것이든 아니면 여러 사람과 함께하는 데 참여한 일이든 시작의 순간부터 맺음의 순간까지를 통째로 경험한다는 건 우리 손에 꽤 많은 것을 쥐여주곤 하죠.

그중에서도 저는 통 경험이 주는 이점이 크게 세 가지 정도라고 생각해요. 우선 내가(혹은 우리가) 처음에 목표로 했던 모습과 마지막에 완결된 상태의 모습이 서로 얼마나 일치하는지 추적할 수 있다는 겁니다. 일치하면 일치하는 대로, 또 변하거나 성장해 있으면 그건 그대로 의미를 가지니까요. 이 과정을 훑다 보면 우리가 내린 결정들 중 옳은 선택과 그른 선택을 구분할 수 있고 마지막까지 쉽게 타협할 수 없는 중요한 본질을 발견할 수도 있다고 봅니다.

두 번째는 나만의 리듬과 호흡을 만들 수 있다는 겁니다. 단편적인 경험에 비해 비교적 긴 과정을 겪어내는 것이니만큼 나는 어디에 에너지를 많이 쏟고, 어느 타이밍에 지치는지 체크해볼 수 있는 것이죠. 때문에 자신을 이해하는 데도 꽤 도움이 되고 이를 바탕으로 다음엔 또 어떤 통 경험을 어떻게 맞이할지 마음의 준비를 할 수도 있습니다.

마지막으로는 바로 차태현 배우님이 설명한 '애드리브의 기술'을 들 수 있을 것 같아요. 전체를 아우르는 경험을 하다 보면 그 속에서 작게 가지치기를 하는 파생된 경험들과도 마주하게 되거든요. 누군가는 이걸 요령이라고 부르고 또 누군가는 센스라고 여길 수도 있겠지만 저는 이 애드리브들이야말로 통 경험을 중심으로 만들어지는 기본기의 산물이라고 생각합니다. 따라서 즉흥적으로 보이는 그 작은 경험들 사이에는 분명 통 경험의 DNA가 흐르고 있는 셈이죠.

── 하루를 설계하는 일

브랜드 중에도 이런 통 경험을 전해주는 브랜드들이 있습니다. 그리고 저는 그 대표적인 사례로 호텔을 꼽습니다. 저는 원래 호텔에 관심이 많은 편이라 여행지 숙소를 고르는 데도 꽤 공을 쏟는 편인데요. 몇 년 전부터는 제가 하는 업무 중에 공간을 기획하고 브랜딩하는 일이 추가되면서 더더욱 관심을 가지게 되었죠.

그러던 중 책을 읽다 우연히 호텔에 관한 이런 글귀 하나를 발견했습니다.

> 호텔을 짓는다는 것은 단순히 공간을 만드는 일이 아니라 그 사람의 하루를 설계하는 일이다.

한 번도 호텔을 이런 관점에서 바라보지 못했던 터라 기분 좋은 충격을 받았습니다. 문장을 되새길 때마다 더 깊이 공감하게 되었고요.

솔직히 아무리 좋아하는 브랜드라고 해도 그것이 우리의 하루를 통째로 지배하는 경우는 극히 드뭅니다. 매일 특정 브랜드의 휴대전화를 사용하거나 설령 일주일 내내 같은 브랜드의 옷을 입고 다닌다고 해도 매 순간 그 브랜드가 주는 경험을 인지하는 것은 어려운 일이니까요.

하지만 호텔의 경우엔 얘기가 좀 달라집니다. 점심이 조금

지난 오후에 체크인을 한다고 가정하면 다음 날 정오 무렵 체크아 웃하는 순간까지 거의 하루에 가까운 시간을 온전히 호텔에 맡기는 셈이거든요. 그러니 호텔 입장에서 보자면 자신들의 공간과 그 속에 담긴 갖가지 요소들을 가지고 고객에게 통 경험을 선물해야 하는 미션을 받은 것과도 같습니다.

세상에는 좋은 호텔, 비싼 호텔, 멋진 호텔, 특이한 호텔이 넘쳐나지만 적어도 '경험'이라는 필터를 씌워 바라본다면 저는 일본 교토에 위치한 '안테룸Anteroom' 호텔을 가장 먼저 언급할 것 같습니다. 사실 호텔을 좋아하고 또 일부러 찾아다니는 분들이라고 해도 안테룸 호텔을 아시는 분들은 그리 많지 않을 겁니다. 전 세계적으로 일본 교토와 나하 그리고 2020년 가로수길에 오픈한 서울까지 총 세 곳의 지점밖에는 없거든요. 심지어 도심 중에서도 도심에 자리하고 있는 만큼 크기도 작고 그만큼 가격도 비교적 저렴한 군에 속합니다.

호텔이라면 '포시즌스' 같은 럭셔리 브랜드도 있고, '에이스 호텔' 같은 힙한 브랜드도 있을 텐데 굳이 다른 곳을 다 제쳐두고 안테룸을 소개하는 그 속사정이 문득 궁금하지 않으신가요? 그럼 그 이유를 찾기 위해 지금부터 이 작지만 꽉 찬 공간을 한번 방문해보도록 하겠습니다.

── 365일, 영감이 끊어지지 않도록

안테룸은 일본 건축사무소 UDS가 만든 호텔 브랜드입니다. 안테룸만큼이나 UDS란 이름도 낯설 테지만 무인양품의 호텔 브랜드 'MUJI HOTEL'을 기획하고 설계한 곳이 바로 이 회사죠. 사실 교토에 있는 안테룸 1호점은 무지 호텔보다도 7년이나 앞선 2011년에 문을 열었습니다. 그리고 누군가의 의뢰를 받아 만든 곳이 아닌 UDS가 직접 만들고 운영하고 있기에 자신들의 정체성이 가장 잘 반영된 공간이기도 하죠.

제가 이 호텔을 방문한 것은 2017년 무렵이었습니다. 교토에 간다고 하니 친한 지인분께서 이 호텔을 추천해주시며 이런 말을 덧붙이셨죠.

거긴 모든 게 예술이야. 아니 그냥 좋다는 의미가 아니라 진짜 다 예술 작품이라고. 호텔 자체가 아트^{art}야.

그런데 정말로 과장된 말은 아니었습니다. 실제로 안테룸을 관통하는 하나의 키워드를 고르라면 단연 '아트'거든요. 그중 안테룸 호텔 교토는 지역 기숙사로 쓰이던 건물을 UDS에서 직접 리모델링해 호텔로 탈바꿈한 케이스입니다. 그리고 그 시작부터 '지역 예술과의 연계'라는 분명한 목표가 있었죠. 대신 안테룸은 흔히 하는 콜라보 방식이나 디자인 요소들을 배치하는 수준을 넘어 꽤 과감한 결단을 내렸습니다. 호텔 자체를 갤러리로, 그 속에 있는 방 하나하나를 또 다른 갤러리들로 채워 넣기로 한 것이죠.

이를 위해 UDS는 교토 출신의 세계적인 아트 디렉터이자 디자인 건축 제작소 SANDWICH의 대표인 코헤이 나와^{Kohei Nawa}에게 러브콜을 보내게 되는데요. 그에게 안테룸의 아트 디렉팅을 맡기며 한 말은 딱 이 한 문장이었다고 합니다.

들어오는 순간부터 나가는 순간까지 예술적 영감이 끊기지 않는 곳이 되기를 바랍니다.

코헤이는 이 어려운 미션을 달성하기 위해 먼저 'Art Fair 365 Days A Year(1년 365일이 아트 페어)'라는 슬로건을 세웁니다. 그리고 훗날 안테룸의 정체성이 되는 '갤러리 9.5'와 '컨셉룸'을 설계하죠.

갤러리 9.5란 로비와 아트 갤러리를 결합한 개념으로 UDS와 SANDWICH가 함께 선정한 아티스트들이 매번 새로운 기획 전시를 선보이는 공간입니다. 호텔에 투숙하는 사람이건 잠깐 방문한 사람이건 간에 반드시 이 공간을 거치게 되는데 누군가 호텔이라고 말을 해주지 않는다면 아주 세련되고 모던한 미술관에 와 있는 착각마저 일으키죠.

그 가운데서도 특히 재미있는 건 체크인 풍경입니다. 다른 호텔이라면 체크인을 기다리는 손님들로 로비 소파가 북적일 테고 그중 대부분은 자기 차례가 되면 얼른 키를 받아 방으로 올라가고 싶은 표정을 하고 있죠. 그런데 안테룸에서는 이런 일이 거의 일어나지 않습니다. 사람들은 로비에 마련된 다양한 작품들을 감상하는 데 관심과 시간을 쏟고, 벽체들로 구분된 동선을 따라 이동하며 갤러리 곳곳을 섬세하게 둘러보거든요. 그렇게 예술 작품들로부터 충분히, 온전히 환영받은 다음에야 체크인을 하기 시작하는데 그 장면이 어찌나 자연스러운지 마치 한 전시관에서 다음 전시관으로 이동하는 사람들의 모습을 보고 있는 것만 같습니다.

하지만 안테룸의 진짜 백미는 따로 있는데요. 교토를 무대로 하는 아티스트들이 각자 하나의 객실을 맡아 직접 기획하고 설계한 '컨셉룸'이라는 공간입니다. 이렇게만 설명하면 보통 다른 호텔들에서도 많이 제공하는 테마룸을 떠올리기 쉽지만 몇 가지 커스텀된 어메니티나 장식품들을 가져다놓고 운영하는 방식과는 차원이 다른 수준입니다.

안테룸의 컨셉룸은 객실의 배치나 가구 구성을 시작으로 벽지, 바닥재, 욕실, 테라스 디자인은 물론 커튼, 침구류, 조명, 룸스프레이까지 모두 아티스트 한 명의 디렉팅으로 이뤄지기 때문이죠. 무엇보다 아티스트의 작품들이 호텔 룸 곳곳에 녹아들어 있고 이들이 한 공간에서 만들어내는 분위기가 정말 압권입니다.

저는 교토에 있는 안테룸 호텔을 방문했을 때 슌 키무라^{Shun}

안테룸 호텔 교토의 로비 모습입니다.
이 작품들과 마주하는 순간
체크인은 잠시 미뤄두게 되죠.

Kimura라는 작가가 설계한 방에 묵었는데요. 화이트 톤의 깔끔하게 정리된 객실 위로 마치 어린 시절 스케치북에 그렸을 법한 자유분방한 그림들이 입체 장식으로 존재하는 공간이었습니다. 그 요소들이 객실과 맞닿은 작은 정원 테라스까지 이어지는데 특히 밤에 무드 등을 켜야만 나타나는 벽면 일러스트가 매우 인상 깊었던 기억입니다.

한 번도 만나본 적 없고 심지어 이전에는 알지도 못했던 아티스트지만, 그의 예술이 사방으로 펼쳐진 공간 안에 내가 흠뻑 담겨 있을 수 있다는 사실이 정말 좋더라고요. 갤러리 9.5가 '모두를 위한 아트'였다면 컨셉룸은 '오직 나를 위한 아트'인 셈이었죠.

—— 배열하고, 조율하고, 화음을 만들고

안테룸 호텔에서 전해 받은 감흥은 꽤 오래 남았지만 동시에 한 가지 질문이 머릿속을 떠나지 않았습니다. '어떻게 하면 사람들에게 이런 하나의 온전한 경험을 줄 수 있는 것일까?' 하는 물음이었죠. 앞서 말씀드린 것처럼 세상에 좋고, 예쁘고, 비싸고, 희귀한 것들은 많지만 이것들을 연결해 하나의 경험으로 전달한다는 것은 꽤 힘든 일이거든요.

왜 다들 그런 적 있지 않나요? 혼자서 뭔가를 끙끙거리며 만들긴 했는데 그 모습을 보면 어딘가 휑하니 비어 보이고 어설펐던 순간들 말이에요. 그게 그냥 취미거리라면 몰라도 일과 연결된 것이면 사실 굉장히 치명적이죠. 기계로 치면 어딘가는 부품끼리 결합을 못하고 있다는 거고, 생물로 치면 아주 작은 마디라도 신경이 끊어져 있다는 얘기가 되니까요. 그런데 이 어려운 일을, 그것도 타인의 하루를 설계해야 한다는 호텔이 해냈다는 것이 참 신기하고도 반가웠습니다.

저는 이를 가능케 한 가장 큰 요소는 다름 아닌 '시퀀스sequence'라고 생각합니다. 시퀀스는 우리말로 옮길 때 그 뉘앙스가 꼭 들어맞는 말을 찾기 어려운 대표적인 단어인데요. 흔히 분절된 요소들이 모여 하나의 연속된 것을 이룰 때 시퀀스라고 부르곤 합니다.

하지만 시퀀스가 되기 위해서는 중요한 필요조건이 존재합니다. 바로 독립적인 플롯, 다시 말해 기-승-전-결이라 불리는 시작과 맺음의 전개죠. 그러니 시퀀스라 함은 독립적으로 존재하는 것들을 의미 있게 배열하고 이들 간의 성격을 조율해 화음을 만들어가는 것이라고 할 수 있습니다.

사실 저는 교토를 방문하기 전에 기대감이 꽤 컸습니다. 제가 존경하는 기획자나 디자이너들이 하나같이 입을 모아 교토를 칭찬했고, 책이나 잡지를 통해 들여다본 교토는 단순함과 고즈넉함이 조화된 미美의 도시 같았기 때문이죠.

하지만 실제 교토를 방문했을 때는 그 환상의 많은 부분을 반납해야 했습니다. 우선 어딜 가나 거리 곳곳을 가득 메운 관광객들로 인해 사진 속에서 봤던 그 여유로움은 좀처럼 찾아보기가 힘들었거든요. (물론 저도 그중 하나이긴 했습니다만…) 더불어 울창한 대나무 숲을 거닐 수 있는 유원지는 기차로 한 시간은 족히 가야 하는 곳이었고, 조용히 혼자만의 사색이라도 즐기기 위해선 아주 비싼 돈을 지불하고 고급 료칸이나 레스토랑에 가야 했습니다. 지금 되짚어보면 교토라는 하나의 통 경험을 갖기에 매우 어려운 환경이었던 거죠.

그런 제게 안테룸 호텔은 그 분절된 교토의 조각들을 하나하나 이어 붙여 큰 시퀀스를 완성해준 곳이었습니다. 전체를 아우르는 키워드는 '아트'였지만 그 기반의 모든 것은 교토라는 도시 자체였기 때문이죠. 교토에서 활동하는 아티스트들이 각자의 예술혼을 담아 재해석한 교토의 이야기들을 따라가다 보면 호텔 안에 머물고 있어도 내가 그 도시에 속해 있다는 사실이 피부로 느껴졌습니다.

한편 이 시퀀스를 더 입체적으로 만들어준 건 호텔 곳곳에 심어져 있는 재미난 애드리브 요소였죠. 가벼운 샐러드바 형태로 제공되는 조식은 교토 지역 자체에서 공급하는 신선한 재료들로 제공되는데, 메뉴 이름마다 공급한 사람과 조리한 사람의 이름이 함께 쓰여 있거든요. '80년 동안 두부 장사를 해온 아무개 선생님의 두부를 사용하며, 그분과 함께 개발한 레시피로 조리하였습니다'라는 메시지도 붙어 있고요.

또 식빵을 포장한 비닐에는 교토의 지도가 그려져 있는데

주요 명소 위치가 식빵 속 건포도와 딱 일치되게 해놓아 간식 겸 투어 가이드로도 활용할 수 있습니다. 심지어 호텔 안에 있는 안테 룸 바^{bar}에서 교토의 거리 이름을 딴 칵테일을 주문하면 그 거리의 대표적인 컬러를 뽐내는 예쁜 칵테일을 만들어줍니다. 더불어 바 텐더가 교토를 모티브로 디자인한 카드 몇 장을 꺼내 그 장소들의 특징과 의미를 설명해주기도 하죠.

이렇게 다양하게 이어지는 시퀀스 속에서도 경험의 화룡점 정은 체크아웃을 할 때 일어났습니다. 보통 호텔에서 체크아웃을 할 땐 '불편한 건 없으셨나요?'라는 의례적인 인사 멘트에 화답하 고, '어제 미니바에서 꺼내 마신 맥주가 비싼 거였으려나?' 하는 정 도의 작은 걱정이 뒤섞이다 마무리 되는데요. 안테룸에서는 정말 특이하고도 유일한(!) 체크아웃을 제공하더라고요.

이 손수건은 고객님께서 묵으셨던 방을 디자인한 슌 키무라 씨의 작품이에요. 교토에 와서 활동하던 초기 작품이 인쇄되어 있는 건 데요, 키무라 씨가 저희 안테룸을 위해 조향한 룸 스프레이를 함 께 뿌려드릴 테니 작은 기념품으로 간직하시길 바랍니다.

그렇게 제 손에는 어젯밤 호텔방에서 봤던 그림들보다 더 날것의 느낌이 나는 그림의 손수건이 한 장 들려 있었습니다. 'Check-out is another Check-in(체크아웃은 또 다른 체크인이니까)' 이라는 귀엽고도 묵직한 멘트가 함께 담긴 채로 말이죠.

—— 시퀀스라는 지도를 따라

돌이켜보면 저는 교토 여행 중 안테룸에 머물렀다기보다 안테룸에 머물면서 교토를 제대로 여행한 것 같다는 생각이 듭니다. 그렇게까지 느껴지는 이유가 대체 뭘까 생각해보니 역시 답은 또 시퀀스더라고요.

저는 하나의 시퀀스를 만든다는 것은 상대방의 머릿속에 지도를 넣어주는 것과 같다고 생각합니다. 우리가 기-승-전-결이라고 부르며 각각의 마디들을 구분할 수 있는 것도 또 그 안에서 작게 가지치기하는 경험들을 생생하게 느낄 수 있는 것도 전체를 한눈에 내려다볼 수 있을 때 가능하기 때문이죠.

마치 낯설기만 하던 동네가 어느 정도 파악되고, 어디에 무엇이 있는지 이 길로 가면 어디로 이어지는지에 대한 감이 설 때 그곳이 하나의 연결된 공간으로 인식되는 것과 같습니다. 한 번 읽었던 책을 다시 읽을 때도 마찬가지죠. 전체 내용에 대한 흐름과 이정표가 머리 안에 들어 있으면 처음 볼 때는 제대로 다가오지 않았던 작은 부분들까지 아주 생생히 느껴지니까요.

어쩌면 호텔을 방문하는 사람들에게 안테룸이 주고자 했던 것도 교토라는 경험들을 압축한 한 장의 지도였는지 모르겠습니다. 그리고 그 지도를 보다 잘 이해하고 기억할 수 있도록 '아트'라는 매개체를 사용한 것일 수도 있죠. 한 가지 분명한 건 그들은 각각의 경험이 단독으로 빛나기보다 하나로 이어지도록 하는 데 더 집중했고, 무언가의 단편으로 남기보다 스스로 통 경험이 되기를 원했다는 것입니다.

이런 생각이 자리 잡은 이후로는 제가 가진 관점 역시 조금씩 바뀌기 시작하더군요. 예전에는 관심 가는 제품이나 브랜드를 볼 때마다 '오! 이건 무슨 콘셉트지?'라는 생각부터 했거든요. 어떤 목표를 가지고 무엇을 말하고 싶은지가 궁금해서 그 답을 찾는 데 몰두했던 거죠.

그런데 지금은 그 뒤에 꼭 따라붙는 질문이 하나 더 있습니다. '그럼 이건 어떤 시퀀스일까?'라는 물음이죠. 나를 포함한 소비자들에게 하나의 연결된 통 경험을 줄 수 있는 브랜드인지, 다양한 경험들이 가지치기되며 예상치 못한 즐거움을 주기도 하는지, 좋은 인상이나 색다른 맛을 주는 데 그치지 않고 머릿속에 큰 지도 한 장을 그릴 수 있게 해주는지, 그 답을 확인하는 과정이 몇 배는 더 즐겁고 짜릿한 것 같습니다.

물론 제가 만들어내는 결과물을 바라볼 때도 마찬가지입니다. 솔직히 과거에는 기획하는 과정에서 조금 힘이 빠지는 부분이 있더라도 '그래도 저 부분이 괜찮으니까 이 정도는 커버가 될 거야'라는 생각이 슬금슬금 피어오르곤 했거든요. 그런데 지금은 제아무리 멋진 부분이 있어도 사용자나 소비자를 그 길까지 끌고 오지 못하면 말짱 꽝이라는 사실을 뼈저리게 느끼고 있습니다.

하물며 작은 것으로 인해 전체 시퀀스가 엉키고 망가진다면 그것만큼 어리석은 일도 없으니 늘 지도 위에 구멍난 곳은 없는지 챙겨보려고도 노력하죠. 무엇인가를 기획하는 것도 또 그것을 다듬고 발전시키는 것도 결국 대본을 통으로 외운 다음에야 가능한 것이니까요. 그러니 가끔은 우리 스스로에게 물어보는 시간도 필요한 것 같습니다.

지도로 치면 나는 지금 어디쯤 와 있는 것일까? 그리고 이 여정에서 나는 좋은 시퀀스를 만들고 있을까?

라고 말이죠.

안테룸Anteroom은 영어로 '대기실' 혹은 '잠시 머무르는 공간'을 뜻합니다.

저는 이 이름에도 시퀀스에 대한 UDS의 관점이 잘 반영되어 있다는 생각을 합니다. 세상에 영원히 머무를 수 있는 공간은 없고 다른 어딘가로 이어지지 않는 공간도 없으니까요. 자신들이 만든 호텔도 그 자체로 존재감을 뿜뿜하기보단, 호텔이 위치한 지역 안에서 또 다녀간 사람들의 기억 안에서 하나의 시퀀스를 완성하는 역할을 한다고 본 것은 아닐까 싶습니다.

그런 의미에서 우리 역시 통 경험을 하나 끝냈다고 너무 우쭐하거나 반대로 너무 아쉬워할 필요는 없는 것 같아요. 그 경험은 또 다른 시퀀스로 연결될 테고 예상치 못한 애드리브를 선물해줄 수도 있을 테니 말입니다.

'체크아웃이 또 다른 체크인'으로 이어지는 것처럼요.

생각을
렌더링한다는 것

픽사
Pixar

예전에 한 라디오 PD님의 인터뷰 기사를 본 적이 있습니다. 꽤 오랜 시간 동안 오직 라디오 PD로만 활약하며 여러 프로그램들을 지휘하셨던 분인데 업력에서 나오는 내공과 철학이 아주 단단했던 것으로 기억합니다. 청취자 사연을 대하는 법, 좋은 음악을 고르고 트는 법, 365일 진행되는 프로그램 속에서 평일과 휴일을 대하는 법까지 정말 라디오 PD여야만 알 수 있고 또 할 수 있는 이야기들이 한가득이더라고요.

　　그중에서도 제게 가장 인상 깊었던 대답은 마지막 질문에 대한 답이었습니다. 바로 '좋은 라디오 진행자를 찾는 법'을 묻는 질문이었죠.

　　음악에 대한 이해도가 높은 DJ도 좋고, 아는 것 많고 목소리까지 좋은 DJ도 탐나죠. 근데 제가 라디오 진행자를 찾을 때 1순위로 고려하는 건 항상 이거예요.

'청취자들의 상상력을 극대화할 수 있는 사람인가.'

귀로 들으면서 머릿속으로는 그림을 그려야 하는 게 라디오의 특징이잖아요. 그러니까 그걸 가장 잘 실현해줄 수 있는 사람이 필요해요. 같은 이야기를 가지고도 10미터밖에 못 가는 사람이 있고 100미터, 1킬로미터를 갈 수 있는 사람이 있거든요. 좋은 DJ는 우리 청취자들이 더 멋진 것들을 더 선명하게 상상할 수 있도록 해주는 사람인 거죠.

이 말을 듣는 순간 반가움과 두려움이 동시에 밀려오더군요. '그냥 말 잘하는 사람이 아니라 듣는 사람으로 하여금 더 큰 생각과 상상을 가능하게 해주는 사람이 되는 게 중요하구나' 싶은 감탄과 '그러는 나는 업무에서든 생활에서든 그런 커뮤니케이션을 하고 있는 사람인가' 하는 자기반성의 시간을 가지게 되었거든요.

사실 기획 일을 하는 사람들은 누구나 '생각'에 대한 욕심이 참 큽니다. 늘 좋은 생각을 떠올리고 싶어 하고 또 그걸 상대에게 제대로 잘 전달하고 싶어 하니까요. 하지만 나름 경험이 쌓이고 연차가 높아져도 이 부분은 결코 녹록지 않더라고요. 타인의 생각을 정교하게 디자인한다는 것도, 나아가 스스로 더 좋은 생각의 가능성을 뻗게 만든다는 것도 참으로 어렵습니다.

컴퓨터 그래픽 용어 중에 '렌더링rendering'이라는 단어가 있죠. 주로 2차원으로 된 평면 그림에 형태나 위치, 색상에 관한 외부 정보값을 부여해 3차원의 화상으로 변환하는 과정을 렌더링이라고 합니다.

과거에는 물체의 모서리들을 겨우 선으로 연결하는 수준에 머물렀던 것이 이제는 어마어마하게 작은 픽셀 하나에도 빛의 굴절률과 반사각 등을 세밀히 조절해 정말 실제와 같은 입체감을 표현할 수 있는 수준으로 진화했죠. 우리가 흔히 접할 수 있는 특수효과를 입힌 영상들부터 아주 복잡한 건물 설계도에 이르기까지 그 사용 범위도 엄청 다양합니다.

저는 타인의 생각을 디자인한다는 것 역시 결국 이 렌더링의 과정을 거쳐야 한다고 생각합니다. 사실 'render'라는 단어에는 우리가 알고 있는 기술적 의미보다 꽤 큰 뜻이 담겨 있습니다. 보통 '어떤 것을 지금과는 다른 상태로 만드는 것'을 렌더라고 하는데 실제로는 기존 정보나 소스를 가지고 자신만의 무엇인가로 새롭게 변형시키는 것을 나타낼 때 많이 쓰이죠.

연주자가 악보에 기록된 음악을 자신의 스타일대로 재해석해 표현하는 기법도 렌더라고 부르고 요리사가 주어진 재료와 레시피를 활용해 새로운 요리를 만드는 것도 렌더라고 칭하거든요. 그러니 아까 그 라디오 PD님의 말처럼 청취자들이 DJ의 언어를 따라 더 큰 생각과 상상에 도달하는 과정도 일종의 렌더링이라고 할 수 있는 것이죠.

—— 상상에 몰입하게 만들다

나이가 들면서 슬픈 한 가지는(그렇다고 뭐 엄청 나이를 많이 먹지는 않았습니다만…) 상상의 틈이 자꾸 좁아진다는 사실입니다. 어설프게나마 아는 것들이 조금씩 늘어나며 자꾸 상상력이 치고 나갈 타이밍에 발을 걸어 넘어뜨리거든요.

저는 그중 대표적인 게 영화를 볼 때인 것 같습니다. 멋지고 웅장하고 감동적인 장면을 보고 나서도 그 감흥이 채 마르기도 전에 '근데 저건 한 테이크를 엄청 길게 가져갔구나. 어떻게 찍었을까?', '저런 장면은 어디까지가 CG고 어디까지가 진짜일까?', '말을 할 줄 모르는 괴수 캐릭터들은 대본 연습을 어떻게 할까? 전부 지문으로만 적힌 스크립트를 받는 건가? 아니면 누가 만화책처럼 다 그려주나?' 이런 현실적인 생각들이 연달아 터져 나오거든요. 그럴 때면 허접한 장난감 하나로도 무궁무진한 스토리를 써 내려가며 놀았던 어린 시절이 사뭇 그립기도 합니다.

그런데 이런 제가 여전히 두근거리는 상상력을 선물 받을 때가 있습니다. 바로 '픽사Pixar'의 애니메이션을 만날 때죠. 다른 콘텐츠들을 볼 때 떠오르는 그 실질적인 궁금증들은 어느새 까맣게 잊고 픽사가 안내하는 새로운 세계 속으로 흠뻑 빠져들고 말거든요. 물론 애니메이션이라는 장르적 특성이 한몫하는 것도 부인할 수는 없겠지만 그렇다고 다른 애니메이션들이 모두 비슷한 경험을 주는 것은 아니니 픽사만의 무엇인가가 제 마음속에서 작동하고 있음이 분명합니다.

여러분은 혹시 평생에 걸쳐 좋아해온 브랜드가 있으신가요? 아주 어린 시절부터 동경하던 브랜드가 어른이 된 지금까지 비슷한 감성을 느끼게 해주는 그런 경우 말입니다. 사실 시간을 두고 골똘히 고민해봐도 그런 브랜드를 찾는 게 쉬운 것은 아닙니다. 브랜드가 점점 변화를 거듭하면서 더 이상 내 마음을 흔들지 못하게 되거나 반대로 나 자신이 변하면서 이제는 그 브랜드가 주는 경험을 잘 이해하지 못하는 상황이 발생하니까요.

그러니 평생에 걸쳐 좋아할 수 있는 브랜드라는 건, 그 브랜드와 나 사이에 변하는 것과 변하지 않는 것마저도 꼭 닮은 상태가 되어야 함을 뜻합니다.

저에게는 픽사가 그런 브랜드 중 하나입니다. 아니 어쩌면 저뿐만 아니라 꽤 많은 분들에게도 픽사는 그 역할을 제대로 해주고 있다고 생각해요. 픽사의 첫 장편 애니메이션인 〈토이 스토리〉를 보며 느꼈던 그 재미와 감동이 최근 개봉한 픽사의 작품들에서도 고스란히 느껴질 테니 말이죠.

분명 과거보다 훨씬 더 고차원의 기술을 사용하고 또 소재와 세계관도 더 넓어지고 있는 반면에 여전히 핵심이 되는 메시지 하나를 가지고 무겁지도 가볍지도 않은 훌륭한 밸런스의 스토리를 만들어내는 것이 정말 대단하게 느껴집니다. 무엇보다 아이부터 어른까지 자신들이 만든 콘텐츠 속으로 금세 몰입하게 만드는 그 힘은 경이롭기까지 하고요.

── **선명하게, 생생하게, 촘촘하게**

그렇다면 픽사는 우리에게 어떤 마법을 걸고 있기에 이 모든 것을 가능하게 할까요? 저에게 그 비결을 묻는다면 저는 다시 '렌더링' 이야기를 끄집어낼 것 같습니다. 픽사는 기술적으로도 또 감성적으로도 이 렌더링에 탁월한 능력을 갖춘 브랜드라고 생각하거든요.

사실 현대 컴퓨티 그래픽 역사를 논함에 있어 픽사를 빼놓을 수는 없습니다. CG의 가장 기초가 되는 렌더링 소프트웨어인 '렌더맨RenderMan'을 처음 개발한 곳이 바로 픽사니까 말이죠. 지금도 픽사 자체는 물론이고 디즈니, 마블 등 최첨단 특수 효과를 필요로 하는 대다수의 제작사들이 이 렌더맨에 기초한 프로그램들을 사용 중입니다. 때문에 픽사의 전신인 '루카스필름'을 설립한 조지 루카스George Lucas 감독은 픽사의 렌더링 기술력에 대해 이런 평가를 내리기도 했죠.

픽사는 설립 초기부터 다른 차원의 문을 열었습니다.

2D 세상에서 3D 세상으로 향하는 문이었죠.

하지만 저는 픽사의 렌더링이 단순히 눈에 보이는 특수 효과에만 한정되지는 않는다고 생각합니다. 많은 사람이 픽사 애니메이션을 사랑하는 이유는 아주 작은 아이디어에서 출발한 생각의 조각들을 위대한 이야기로 풀어내는 그 능력에 있다고 보니까요.

엄청난 초능력을 지닌 슈퍼히어로가 은퇴 후의 삶을 산다면 어떤 모습일지(《인크레더블》), 더 이상 쓸모없어진 지구에서 홀로 쓰레기만 치우며 몇백 년을 외롭게 지내는 로봇은 무슨 생각을 하는지(《월-E》), 인간이 태어나기 전 영혼들이 머무르는 세상이 있다면, 그리고 그 속으로 재즈 뮤지션을 꿈꾸는 한 남자가 떨어지게 된다면 무슨 일이 일어나는지(《소울》), 이 'What if…?(만약 ~한다면 어떨까?)' 형태로 던져진 단편적인 물음들이 입체감과 부피감을 가진 하나의 스토리로, 온전한 세계관으로 탄생해가는 과정에 환호를 보내게 되는 거죠.

우리 모두에게도 이런 능력이 주어진다면 얼마나 신날까요? 어느 날 툭하고 떠오른 생각의 씨앗을 극적인 이야기로 펼쳐 보일 수 있거나 내가 전달하고 싶은 메시지를 다른 사람의 머릿속에 생생하고 감동적인 장면들로 그려줄 수 있다면 말입니다. 상상만으로도 정말 짜릿한 일이죠.

그래서 이번에는 글의 초반에 소개했던 '타인의 생각을 디자인하는 과정'을 한번 다뤄볼까 합니다. 그리고 조금 더 적절한 비유를 위해 세계 최고의 이야기꾼 집합소인 픽사 작품들의 도움도 얻어볼 예정이고요.

생각의 양각과 음각

우리가 떠올린 아이디어가 입체감을 갖기 위해서는 어떤 조건들이 필요할까요? 사실 이건 물리적 속성에 그 답이 있기도 합니다. 사물이 입체적으로 보이려면 밖으로 튀어나온 부분과 안으로 들어간 부분이 적절한 조화를 이뤄야 하니까요.

  그래서 저는 어떤 아이디어를 하나의 이야기로 완성해갈 때는 양각陽刻과 음각陰刻을 만드는 작업이 참 중요하다고 봅니다. 드라마틱한 환경을 조성한 다음 인물과 이야기들이 그 맥락 속에서 스스로 움직이도록 해줄 것인지(음각), 아니면 배경은 다소 평범하더라도 캐릭터가 가진 내면적 특성이 도드라지게 할 것인지(양각)를 결정해야 하는 것이죠.

  픽사의 작품 속에서도 이런 예는 쉽게 찾을 수 있습니다. 픽사 애니메이션에 자주 등장하는 어린 캐릭터들 중에는 늘 결핍이나 갈망이 있는 인물들이 있는데요. 주로 부모님의 반대로 인해 자신이 원하는 것을 할 수 없거나 환경적, 신체적 제약 때문에 이를 극복하고 싶어 하는 경우가 많죠. 따지고 보면 나이나 성격, 가치관, 인간관계 등도 대부분 유사한 톤을 가지고 있습니다.

하지만 이들을 어떤 환경 속에 집어넣느냐에 따라서 주인공들이 가지는 '음각'의 입체감은 어마어마하게 달라집니다. 〈코코〉의 미구엘처럼 흥과 축제의 나라 멕시코에 살면서도 절대 음악을 할 수 없는 집안 분위기를 배경으로 쥐어줄 수도 있고, 〈루카〉에서처럼 물이 닿으면 바다 괴물로 변해버리는 특성 때문에 아름답고 활기찬 근처 마을로 올라갈 수 없는 운명을 정해줄 수도 있는 거죠.

늘 동경하고 갈망하던 마음의 소리를 따라간다는 것도, 그 과정에서 다양한 모험을 통해 새로운 용기와 확신을 가지게 된다는 것도, 그리고 결국엔 자신을 걱정하고 못 미더워하던 주변 사람들의 생각을 바꿔놓는다는 것도 전부 일맥상통하지만 주변의 환경을 어떻게 구성하느냐에 따라 그 캐릭터가 가지는 음각의 입체감은 완전히 다른 매력을 지니게 되는 겁니다.

반대로 캐릭터 자체의 이야기에 주목한 '양각'의 사례도 있습니다. 많은 분들이 인생 애니메이션 중 하나로 꼽는 〈업〉이 대표적이죠. 평생 동안 동물원에서 풍선 파는 일을 해온 78세 할아버지 칼은 아내 엘리를 먼저 떠나보내고 홀로 쓸쓸히 여생을 살아갑니다. 설상가상으로 집 주변이 전부 개발되며 퇴거 위기에 몰리자 칼은 최후의 수단으로 수만 개의 풍선을 집에 매달아 아내가 꿈꾸던 파라다이스 폭포로 떠나게 되는데요. 이때 모험심 가득한 소년 러셀이 우연히 이 여정에 함께하며 겪게 되는 해프닝을 그린 작품이죠.

사실 풍선을 타고 하늘을 난다는 아이디어는 고전 중의 고전이지만 이 여정을 떠나는 사람이 어떤 사연을 가진 인물인지에 따라서 이야기의 입체감은 우리에게 다른 차원을 선물해줍니다. 이를 위해 〈업〉에서는 영화의 초반 5분 동안 칼의 인생을 압축해서 보여주는 인트로를 제공하는데요. 픽사 마니아뿐 아니라 수많은 관객들에게 '전설의 5분'이란 이름으로 회자될 정도로 기념비적인 인상을 남기기도 했죠.

이처럼 어떤 이야기를 구성할 때는 배경과 인물의 관계를 어떻게 설정할지, 그들에게 양각의 입체감을 줄지 음각의 입체감을 줄지를 고민해보는 것이 좋은 포인트가 된다고 봅니다. 꼭 영화나 소설 같은 정제된 콘텐츠가 아니더라도 여러분이 발전시켜보고 싶은 작은 아이디어 하나에도 이 과정이 적용된다면 더 생생한 입체감을 가질 수 있는 거죠. 그렇게 전달된 이야기는 듣는 사람으로 하여금 몇 배는 더 또렷하고 흥미로운 상상을 하도록 만들어주기도 하고요.

생각의 여집합

픽사의 스토리 기획자 중 한 명이었던 에마 코츠Emma Coats는 픽사에서의 경험을 바탕으로 '이야기의 기본이 되는 22가지story basics 22'라는 글을 공개한 적이 있습니다. 매력적인 이야기를 구성하고 이를 발전시킬 수 있는 픽사만의 또 자신만의 노하우를 정리한 것이었죠.

전반적으로 모든 내용이 인상적이었지만 저는 그중에서도 9번째 항목이 가장 기억에 남습니다.

⑨ 이야기가 막힐 때는 그 상황에서 일어날 수 있는 일보다는 절대 일어나지 않을 일들을 써본다. 그러다 보면 이야기를 풀어갈 소재가 자연스레 떠오르기 마련이다.

보통 생각을 전개해가는 과정은 계단식으로 진행되는 경우가 많습니다. 듣는 사람과 이 정도 합의가 되었으면 다음 단계에서는 그 이야기를 계속 이어가거나 아니면 새로운 화두를 던지는 식이죠. 그런데 이렇게 이야기 계단을 하나씩 오를 때에는 늘 의사결정이 뒤따릅니다. 이전 단계에서 진행한 이야기 중 어떤 부분을 남겨서 가져갈지, 반대로 어떤 부분을 과감히 버리고 갈지 선택해야 하니까요.

저는 이때마다 새로운 아이디어를 떠올리거나 획기적인 방법을 모색하기보다는 에마 코츠가 말한 것처럼 가장 우리답지 않은 이야기들부터 지워가는 것이 바람직하다고 생각합니다. 이렇게 생각의 여집합을 만들어놓으면 무리해서 쥐어짜지 않아도 제일 자연스러운 방안에 도달할 수 있기 때문이죠. 그렇게 자기 확신으로부터 탄생한 아이디어는 전체 흐름을 해치지도 않을뿐더러 보고 듣는 사람으로 하여금 공감을 일으키기에도 매우 유리합니다.

개인적으로 픽사의 작품들 가운데 가장 크리에이티브하다고 생각하는 작품이 〈인사이드 아웃〉인데요. 사람들의 머릿속에는 감정 컨트롤 본부라는 곳이 존재하고 이 안에는 '기쁨', '슬픔', '버럭', '까칠', '소심'이라는 다섯 가지 감정들이 각자의 신호를 보내며 우리의 마음을 조정한다는 이야기의 작품이죠.

어쩌면 조금은 유치할 수도 있을 법한 이 설정 속에서 극한의 창의력을 보여주는 건 바로 우리 머릿속에 위치한 기억 장소들에 대한 상징성 때문일 겁니다. 영화를 보다 보면 '정말 내 안에도 저런 곳이 존재하지는 않을까?' 싶은 기대감이 점점 깊어지거든요. 누구나 막연하게나마 그리던 '마음속'이라는 공간을 눈에 보이는 비주얼로, 그것도 엄청난 기획력으로 풀어낸 덕분에 수많은 사람의 찬사를 받으며 픽사의 레전드 작품으로 평가되고 있죠.

하지만 저는 이 〈인사이드 아웃〉의 이야기를 남다르게 끌어갈 수 있었던 또 다른 비밀은 바로 극중 인물들의 '자기 결정력'에 있다고 생각합니다. 이 작품은 감정의 특징들을 캐릭터화한 덕분에 그 어느 작품보다도 인물들의 성격이 도드라지는데요. 끊임없이 이어지는 기상천외한 상황 속에서도 각각의 인물들이 늘 자기다운 결정과 행동을 하는 것이 매력이거든요. 주인공이 갑자기 큰 깨달음을 얻고 과감히 행동한다거나 영화 내내 우리 편을 방해하던 인물들이 마법처럼 착해지는 식의 전개는 일어나지 않으니까요.

대신 계단식으로 진행되는 그 하나하나의 스테이지 안에서

〈인사이드 아웃〉의 캐릭터들을
처음 기획할 당시 그린 스케치라고 합니다.
각각의 감정들이 이런 모습이면 좋겠다고 떠올린 생각이
정교한 렌더링을 거쳐 멋진 캐릭터로 탄생하고야 말았죠.

가장 그들다운 방식으로 행동하며 점점 옳은 방향에 다가서도록 하는 과정이 감동을 자아냅니다. 덕분에 영화가 끝날 무렵에 다다르면 모든 감정과 기억에는 각자의 역할이 있다는 아주 당연하지만 너무도 소중한 결과와 마주할 수 있죠.

물론 모든 콘텐츠에서 〈인사이드 아웃〉만큼 극명한 캐릭터를 설정할 수는 없을 겁니다. 하지만 우리의 생각을 렌더링해가는 과정 속에서 '이다음엔 어떤 극적인 이야기를 이어붙이지?'를 고민하기에 앞서 '이다음에 절대 올 수 없는 이야기를 하나씩 지워볼까?'라는 관점으로 생각의 선명도를 높여보면 어떨까 싶어요.

입체감을 주기 위해서는 무엇인가를 덧붙이는 방법도 있지만 불필요한 부분을 도려냄으로써 중요한 부분을 더 부각시킬 수도 있는 거니까요.

생각의 프로토타입

저는 픽사의 애니메이션을 볼 때마다 두 가지 두근거림을 느낍니다. '이 작품을 보고 나면 또 어떤 새로운 감정과 생각들이 떠오를까?' 하는 것 하나와 '이번에 소개되는 단편 애니메이션은 과연 무슨 내용일까?' 하는 것 하나죠.

잘 아시겠지만 픽사는 본 작품의 시작에 앞서 5분가량의 짧은 애니메이션을 한 편씩 공개하는 전통을 가지고 있습니다. 이는 픽사 설립 초기에 단편 애니메이션 공개를 통해 기술력과 콘텐츠 제작 능력을 인정받았던 초심에 대한 오마주이기도 하고, 회사 내부에서 새로운 아이디어를 빠르고 과감하게 실험할 수 있는 테스트 베드test bed를 만들어주기 위함이기도 합니다. (실제로 단편 애니메이션을 디렉팅한 연출가들이 장편 작품의 감독으로 발탁되는 사례가 꽤 많기도 했고요.)

저는 생각을 입체화하기 위해서는 작은 생각의 단초라도 이를 프로토타입prototype으로 만들어보는 것이 의미 있다고 생각합니다. 마치 픽사의 단편 애니메이션처럼 말이죠.

작은 아이디어를 완성된 이야기로 탈바꿈시키기 위해서는 무엇보다 '부피감을 예측하는 것'이 참 중요하거든요. 제아무리 멋지고 기발한 생각이라 해도 그게 일정한 분량과 형태를 갖췄을 때도 여전히 매력적일 수 있는지 판단하는 과정이 꼭 필요하기 때문이죠. 더불어 우리의 이야기를 들어줄 사람들로 하여금 어느 정도의 관심과 에너지를 쓰도록 할지 그 기준 역시 마련해야 하고요.

따라서 먼저 테스트 삼아 여러분의 생각을 작은 볼륨으로라도 빠르게 완성해보는 것을 적극 추천합니다. 사실 말이 '시험 삼아'이지 어떤 스토리나 콘텐츠가 하나의 완성작으로 존재하기 위해서는 필수적인 요소와 포인트가 모두 제 위치에 자리하고 있어야 하거든요. 그러니 우선 대충이라도 만들어보자는 의미가 아니라 우리 눈으로 그 입체감을 확인할 수 있도록 작게라도 직접 구현해보자는 게 더 적절한 의도겠죠.

이렇게 생각의 프로토타입을 만들다 보면 실제로 구현할 때는 어느 부분에서 어떤 노력이 더 필요한지, 각각의 사건들이 힘을 얻기 위해서는 그 아래 어떤 세계관이 떠받치고 있어야 하는지 등을 미리 가늠할 수 있습니다. 평면으로만 존재하던 아이디어들이 진짜 3차원의 이야기로 보이기 시작하는 순간인 거죠.

그러니 무엇인가를 입체화한다는 것은 엄청나게 큰 땅에 돌 하나씩 차곡차곡 쌓는 과정이 아니라 작게나마도 완성해놓은 결과물에 가로, 세로, 높이 값을 계속 부여하며 확장해나가는 것에 더 가까울지도 모르겠습니다. 실제 렌더링의 과정에서 '모델링'이란 단어가 끊임없이 반복되는 이유와도 맞닿아 있는 것 같고요.

── 여러분의 생각은 3D인가요?

전통의 관습을 깨고 자신의 운명을 스스로 개척해가는 공주의 모습을 그린 〈메리다와 마법의 숲〉이란 작품에는 이런 대사가 나옵니다.

운명은 우리 안에 숨쉬고 있어.
다만 그 운명을 들여다볼 용기가 필요할 뿐이지.

근데 저는 '생각'이란 것도 마찬가지인 거 같아요. 많은 사람들이 어느 순간에 영감을 얻을 수 있는지, 어떻게 해야 좋은 아이디어를 얻을 수 있는지에 집착하지만 사실 좋은 생각들은 늘 우리 안에 숨쉬고 있는 거라고 보거든요. 다만 그걸 직접 들여다보고 또 입체적으로 만들어가려는 노력이 필요할 뿐인 거죠.

어쩌면 영화나 애니메이션을 비롯한 수많은 시각 콘텐츠들은 보다 더 생생하고 정교하게 보일 수 있는 방향으로 발전해왔다고 평가할 수 있을 겁니다. 실제로 존재하는 것을 더 실제처럼 보이게, 심지어 실제로 존재하지 않는 것조차 극도로 리얼하게 보일 수 있는 방법을 계속 연구하니까요.

그러니 이런 노력들을 교재 삼아 앞으로는 우리의 생각도 보다 생동감 있고 입체적으로 발전시켜가는 시도를 했으면 좋겠습니다. 같은 이야깃거리를 가지고도 10미터 가는 사람이 있는 반면, 100미터, 1킬로미터 가는 사람이 있다잖아요. 이왕이면 많은 이들에게 더 나은 생각과 상상의 틈을 열어주는 사람이 되면 좋은 거죠. 누군가는 2D로 보는 세상을 우리는 3D로 본다고 생각하면 왠지 인생이 업그레이드된 느낌이 들기도 하고요!

픽사의 컴퓨터 공학자로 출발해 지금은 월트 디즈니 애니메이션 스튜디오의 CEO가 된 애드 캣멀Ed Catmull의 말입니다.

"픽사에서 일하는 사람들은 회의할 때 특이한 습관이 있어요. 상대방에게 '이해했어요Got it?'라는 말보다 '머릿속에 그려져요Imagine it?'라는 말을 훨씬 많이 쓴다는 거예요. 우리에게 있어 동의라는 건 서로의 머리 안에 같은 장면이 자리 잡게 되는 과정이거든요."

맞습니다. 가끔은 동의라는 게 '우리 이제 이쯤에서 타협하자'라는 말처럼 쓰이기도 하죠. 물론 그게 현실적인 의미일 수 있겠습니다만 한 번쯤은 이상적인 관점을 가질 필요도 있어 보입니다. '우리 서로 같은 그림을 찾아보도록 합시다'라고 말이죠. 그래야 내 생각을 조금 더 잘 렌더링해서 정확하게 전달하고픈 좋은 욕심도 생겨날 수 있는 거니까요.

08

아이콘이
된다는 것

컨버스
CONVERSE

많은 사람에게서 자주 듣는 질문이지만 동시에 참 대답하기 어려운 질문이 있습니다.

제일 좋아하는 브랜드가 뭐예요?

바로 이 한 줄의 물음이죠. 그때마다 머릿속이 정말 복잡해집니다. 그 많은 브랜드 중에서 대체 무얼 골라야 하며 어떤 이유부터 설명해야 할지 난감하거든요. 어린 시절부터 동경해온 건 애플이나 나이키, 랄프 로렌 같은 브랜드지만 또 가장 애착을 가지고 제일 깊게 들여다본 건 저희 회사의 브랜드들이기도 하고… 돈 많이 벌면 꼭 한 번쯤 소유하고 싶은 포르쉐와 왠지 제가 눈을 감는 날 아침에도 마시고 있을 법한 네스프레소까지…. 아, 거기다 여행 중 골목 구석구석에서 만난 보석 같은 로컬 브랜드들을 언급하지 않으면 그 친구들이 서운해할 수도 있겠죠…?

누군가 제 뇌를 열어서 이런 고민의 과정을 지켜본다면 아마 제가 저 브랜드들을 직접 만든 사람이라고 생각하거나 그 회사의 최대 주주쯤 되는 줄 알 겁니다. 하지만 어쩌겠어요. 세상에는 훌륭하고 사랑스러운 브랜드가 정말 많고 지금 이 순간에도 누군가는 또 하나의 새로운 브랜드를 준비하고 있다고 생각하면 가슴이 두근대는 걸요.

그런데 혹시 이렇게 질문을 바꿔서 물어온다면 저는 1초의 망설임도 없이 대답할 수 있을 것 같습니다.

지금껏 살아오면서 당신 곁에 가장 가까이 있었던 브랜드는 무엇인가요?

우선 제 답변을 설명드리기에 앞서 여러분도 한번 떠올려보시면 좋을 것 같네요. 그저 제일 좋아하고 선망하는 브랜드가 아니라 나와 가장 밀접한 브랜드 혹은 내가 늘 곁에 두고 있는 그런 브랜드가 있는지 말이에요.

사실 이렇게 물으면 사람들의 반응은 그야말로 천차만별입니다. 제 친구 중 한 녀석은 자기가 평생 마신 기네스 맥주가 500밀리리터 기준으로 몇 천 잔은 될 것 같으니 '기네스'가 그런 브랜드인 것 같다고 했고, 또 다른 친구는 15년째 같은 집에 살고 있다는 이유로 '푸르지오'를 꼽더라고요. 심지어 제 지인은 늘 헤어지겠다 다짐했지만 수차례의 실패 끝에 지금도 본인의 주머니 안에 고이

들어 있는 '말보로'라고 답하기도 했습니다.

하지만 제가 그다음 질문을 던지면 다들 깜짝 놀라며 고개를 절레절레 젓습니다.

그럼 그 브랜드가 당신을 가장 잘 표현해주는 브랜드인가요?

── 매일 같지만, 매일 다른 새로움

이번 장에서는 조금은 개인적인 브랜드 이야기를 들려드리고자 합니다. 그러려면 아까 던졌던 질문에 대한 답을 먼저 해야겠네요.

저에겐 '컨버스CONVERSE'가 그런 브랜드입니다. 지금껏 살아오면서 제 가장 가까이에 존재했던 브랜드이자 아마 앞으로도 계속 함께할 것 같은 브랜드라고 자신할 수 있거든요.

저는 아주 어렸을 때부터 컨버스 운동화를 즐겨 신었습니다. 학창 시절부터 신기 시작해 대학생 때도 정말 열심히 신었고 다행히 복장이 자유로운 회사에 다니게 되면서 제 튼튼한 두 다리 아래에는 늘 컨버스가 자리하게 되었죠.

정확하게 세어보지는 않았지만 제가 지금까지 구매한 컨버스 개수만 40켤레는 가뿐히 넘을 것 같아요. 때와 장소를 고려해야 하는 경우가 아니라면 10번 중 8~9번은 컨버스를 신고 집을 나서고, 여행지에서 신발이 더러워져 새로 하나 구매해야 할 때가 있더라도 근처 컨버스 매장부터 달려가거든요. 비 오는 날엔 방수 스프레이를 뿌린 컨버스를 신고 추운 겨울엔 가죽 소재로 된 컨버스를 신습니다.

이쯤 되니 저를 잘 아는 주위 사람들은 컨버스 패밀리 세일이 있으면 저에게 가장 먼저 알려주고 또 외국에 다녀올 일이 있으면 그곳에서만 구할 수 있는 컨버스를 한 켤레 선물로 사다 주기까지 하죠. 그러니 어쩌면 그분들에겐 컨버스 하면 가장 먼저 떠오르는 사람이 바로 저일 수도 있겠단 생각을 해봅니다.

그중에서도 저는 검은색 척 테일러 하이 모델을 가장 즐겨 신습니다. 시작은 아주 단순했습니다. 조금 우습게 들리실지 모르겠지만 제 눈에는 그게 가장 신발 같아(?) 보였거든요. 지금 와서 돌이켜보면 어린 시절 제 머릿속에 들어 있던 신발이라는 형상 자체가 컨버스의 모양과 일치했었나 봅니다. 학창 시절엔 수업이 지루하면 교과서 귀퉁이에다가 그림을 자주 그리곤 했는데 어쩌다 사람을 그리게 되면 꼭 신발은 컨버스처럼 생긴 운동화를 신겼던 게 아직도 기억나니까요. 그렇게 저는 가장 신발다운 신발로써 컨버스와 가까워진 셈이죠.

그러다 고등학교를 졸업할 무렵 개봉한 〈아이, 로봇〉이란 영화를 보게 되었습니다. 당시로서는 30년 후의 미래인 2035년을 배경으로 그린 SF 영화인데 고도로 지능화된 로봇 사회에서 기계들이 반란을 일으킨다는 다소 뻔한 클리셰의 작품이었죠.

하지만 영화 내용과는 상관없이 그 속엔 제 두 눈을 사로잡는 장면이 딱 하나 있었습니다. 바로 주인공인 윌 스미스가 30년 후의 미래에도 컨버스를 즐겨 신는 인물로 나오기 때문이죠. 그는 영화 초반부에 새로 배송된 가죽 컨버스 제품을 신고 집을 나서며 "이건 무려 2004년 빈티지 컨버스라고요!"라는 멘트를 날리는데 그 말이 제게는 꼭 이렇게 들리는 듯했습니다.

이건 수십 년이 흘러도 변하지 않는 운동화라고!
SF 영화 속 주인공이 신어도 이질감이 없잖아!

그렇게 컨버스는 적어도 신발이라는 영역 안에서만큼은 저로 하여금 '유행'이라는 부담감을 잊도록 만들어준 존재가 되었습니다. 어떤 상황이나 장소에서도 크게 무리 없이 신을 수 있는 데다 어떤 옷을 입든 자연스럽게 매치하기 좋으니 이만한 신발도 없더라고요. 다른 제품들에 비해 가격이 합리적인 것도 맘에 들었고요.

그리고 저는 조금 특별한 이유에서도 컨버스를 좋아하는데요. 남들은 대부분 귀찮다고 여기는 '신발 끈을 묶는 행위'가 저에겐 오히려 매력적인 포인트로 다가오더라고요. 특히 어딘가로 나설 때마다 발목까지 끈을 조여 묶는 루틴이 뭔가 마음을 다잡을 수 있는 저만의 의식처럼 느껴지기도 했고요. 그러니 만약 저와 컨버스 사이의 관계를 규정해볼 수 있다면 '매일 같은 신발을 신으면서도 매일 다른 새로움을 느낄 수 있게 해주는 브랜드' 정도로 설명할 수 있지 않을까 싶습니다.

—— 신발에 인생을 바친 두 남자

아마 대학교 1학년 때쯤으로 기억합니다. 당시에도 저는 브랜드 관련한 서적들을 보는 걸 참 좋아했는데 어느 날 스니커즈 브랜드를 다룬 두꺼운 책에 컨버스에 대한 소개가 나와 있는 걸 발견한 거죠.

사실 그전까지 저는 컨버스란 이름에 대해 작은 환상 같은 게 있었습니다. 말 그대로 '누군가와 이야기를 하다'라는 뜻의 영어 단어 'converse'를 브랜드 네임으로 사용한 것인지, 아니면 화폭을 가리키거나 유화를 그릴 때 쓰는 '캔버스canvas' 천과 비슷한 느낌을 주고자 그렇게 브랜딩한 것인지 늘 궁금했거든요. 신발에 '대화'라는 키워드를 담아 녹여낸 것이어도 정말 멋있을 것 같았고 또 시대와 문화, 패션, 정신 등 모든 것을 다 받아줄 수 있는 '거대한 캔버스'를 상징하는 것이어도 너무 좋겠다 싶었으니까요.

하지만 그런 깊은 뜻은 없었습니다. 컨버스는 보스턴에서 고무장화 사업을 하던 마르키스 밀 컨버스Marquis Mills Converse란 사람에 의해 만들어졌을 뿐이거든요. (그때의 황당함과 민망함은 아직도 잊

히지 않네요.)

1908년 '컨버스 고무 공장'을 설립해 다양한 고무 제품을 생산해냈던 마르키스는 어느 날 짐을 옮기다 계단에서 굴러떨어져 아주 크게 다칠 뻔한 사고를 겪게 되는데요. 그 후 어떻게 하면 덜 미끄러지는 신발을 만들 수 있을까를 고민하다 신발 밑창 전체에 품질 좋은 고무들을 여러 겹 덧붙이는 방식을 고안하게 됩니다. 그리고 단 며칠 만에 자신이 원하던 견고한 형태의 운동화를 제작하는 데 성공하죠.

단단하고 질긴 고무창 위로 발을 자유롭게 움직일 수 있는 패브릭 소재의 직물을 사용하면 구두나 부츠보다 훨씬 효율적인 신발이 될 거라는 그의 확신은 놀랍도록 정확했습니다. 당시 그가 샘플로 디자인한 신발의 형태가 결국 지금까지 이어져오고 있는 컨버스 운동화들의 원형이 되었으니 말이죠.

품질과 기술에 누구보다 욕심이 많았던 마르키스는 신발용 고무 생산에 최적화된 공장 인프라를 활용해 그야말로 대박 상품들을 찍어내기 시작합니다. 고무장화와 방한용 부츠를 중심으로 판매하던 제품 라인업도 농구화나 테니스화 등 점점 전문적인 스포츠 영역으로 확대되어가죠. 공장이 있던 동네 이름을 따서 그저 '몰든Malden 고무 신발'이라 불리던 그의 제품들이 정식 명칭인 '컨버스'로 각인되기 시작한 것도 바로 이때부터입니다.

나날이 승승장구하던 컨버스는 마침내 자신들의 브랜드에
날개를 달아줄 귀인을 한 명 만나게 됩니다. 컨버스는 1917년부터
세계 최초의 기능성 농구화인 '컨버스 올스타'를 개발해 여러 농구
선수들에게 후원하기 시작했는데요. 그중 유독 한 선수가 컨버스
에 남다른 애정을 가지고 적극적으로 개선점을 피드백해주기 시
작한 것이죠. 대학에서 운동학과 교육학까지 두루 전공한 엘리트
선수였던 그는 올스타가 더 견고한 제품이 될 수 있도록 하는 데
탁월한 기여를 했고, 이를 유심히 본 마르키스는 아예 그에게 컨버
스에 입사해 함께 농구화를 개발하자는 제안을 하게 됩니다.

그렇게 러브콜을 받고 과감히 컨버스에 합류한 그는 농구화
에 대한 연구는 물론 제품 홍보대사와 컨버스의 공식 농구팀 코치
까지 병행하며 종횡무진 활약했죠. 자신의 생을 마감하는 1969년
까지 약 50년간 오직 컨버스만을 위해 모든 것을 바친 이 위대한
인물이 바로 찰스 척 테일러^{Charles Chuck Taylor}입니다. (오늘날까지도 모
든 컨버스 올스타 모델에는 동그란 패치 위에 그의 서명이 들어가 있는데
요. 이 역시 올스타를 향한 그의 업적을 기리기 위함이라고 합니다.)

—— 제일 먼저 떠올리거나 가장 온전히 담아내거나

지금이야 농구 하면 나이키나 아디다스, 언더아머 같은 브랜드를
먼저 떠올리지만 사실 1970년대까지만 해도 NBA 선수들 대부분

컨버스를 신고 농구 경기를 하고 있는
척 테일러의 모습(왼쪽)입니다.
저 때는 아마 훗날 모든 운동화에
자신의 이름이 박힐 거라고는 생각하지 못했겠죠?

은 컨버스를 신고 경기장을 누볐습니다. 특정 영역에서 최고의 정예 멤버들로 구성된 조합을 뜻하는 '올스타^all star^'라는 용어가 스포츠 분야에 안착하는 데도 사실상 컨버스의 역할이 지대했죠.

하지만 컨버스는 경기장을 벗어난 영역에서도 대중적인 존재감을 드러냈습니다. 바로 1960년대 미국을 중심으로 퍼지기 시작한 히피 문화 때문이었죠. 자유와 평화라는 가치를 수호하며 틀에 얽매이지 않은 삶을 꿈꾸던 그들에게 컨버스는 자신들의 정체성을 드러내 보일 수 있는 더없이 좋은 도구였던 겁니다. 당시 캘리포니아 지역 경찰들이 히피들을 검거할 때 '맨발이거나 아니면 컨버스를 신은 사람을 찾아라'라는 지침을 내렸다는 일화는 그 시대에 컨버스가 어떤 의미로 통용되었는지를 잘 보여주는 분명한 예이기도 하죠.

이런 측면에서 보자면 사실 컨버스의 역사는 이른바 '아이콘'의 역사라고 해도 과언이 아니라는 생각이 듭니다. 20세기 초반 기능성 운동화의 청사진을 제시한 것도 컨버스였고, 50년이 넘도록 농구 코트의 상징이 되었던 것도 컨버스였으며, (과거 히피 문화만큼의 거대한 사상을 품지는 않더라도) 젊고, 자유롭고, 활동적인 이미지의 심벌로 작동해온 것도 컨버스이기 때문이죠.

그러니 최고의 브랜드라 칭하거나 독보적인 아이덴티티를 가졌다고 평가하는 것에는 무리가 따를지 모르겠지만 적어도 '이 브랜드가 상징하는 분명한 바가 있다'는 사실에 동의하지 않을 사람은 별로 없어 보입니다.

저는 컨버스가 주는 매력이 바로 이런 것이라고 생각해요. 특정한 시대 안에서도 무엇인가를 상징했고 또 그 시대를 벗어나서도 하나의 상징으로 남을 수 있는 것. 무엇인가의 일부이기도 하면서 동시에 그 전체를 대표할 수도 있는 것. 그런 게 바로 아이콘으로서 기능하는 브랜드의 특권이 아닐까 싶거든요.

여기서 잠깐 아이콘이라는 말의 어원을 한번 들여다보죠. 흔히 상징이나 기호, 성상聖像 등의 뜻을 지닌 이 단어는 의외로 그 역사가 꽤 오래 전으로까지 거슬러 올라갑니다.

'아이콘icon'은 원래, 초상肖像이나 거울에 비친 모습을 지칭하던 고대 그리스어 'eikon'에서 유래했는데요. 이후 동방 정교회를 중심으로 한 기독교 문화권에서 신성한 인물을 그린 성화나 그를 나타내는 성상을 뜻하는 의미로 사용되었고, 현대에 와서는 어떤 분야를 대표하는 사람이나 우상시되는 사람 혹은 특정한 모양을 나타내는 기호 등을 아이콘이라고 부르게 되었죠.

시간이 흐르며 그 쓰임과 용도가 조금씩 달라지긴 했지만 그래도 아이콘이란 단어에는 어느 정도 공통된 키워드가 흐르고 있음을 느낄 수 있을 겁니다. 그리고 저는 그 키워드가 바로 '대표성'과 '투영성'이라고 생각합니다.

개인이든 집단이든 혹은 사회든 시대든 간에 우리가 속해 있는 모든 단위는 각자가 표현하고 싶은 메시지를 가지고 있습니다. 작고 유머러스한 것부터 크고 굵직한 것까지 크기도 천차만별이고 각각의 메시지가 지닌 수명도 모두 다르죠.

하지만 이들 모두가 아이콘이 되는 것은 아닙니다. 아니 오히려 이 다양한 메시지들 사이에서 실제 아이콘으로 드러나는 것들은 아마 끝없이 광활한 우주에서 우리의 눈에 걸리는 몇 개의 별과 같은 존재들에 가까울지 모르죠.

게다가 제아무리 스스로 아이콘이 되고 싶다고 발버둥쳐도 진짜 아이콘이 되기 위해서는 결국 타인의 인정과 시대의 허락이 필요합니다. 대부분의 사람들이 다른 선택지를 모두 차치하고 가장 먼저 떠올릴 수 있는 것이어야 함은 물론이고, 동시에 그 대상 안에 자신들이 바라는 무엇인가를 온전히 또 오랫동안 담을 수 있어야 하니까요.

그러니 아이콘이 된다는 것은 어떠한 가치에 가까워지기 위해 제일 처음으로 통과해야 하는 문(대표성)이 되는 것이자, 전달하려는 메시지들을 선명히 비춰낼 수 있는 에너지(투영성)를 갖는 것이라고 할 수 있습니다.

── 나의 아이콘을 찾아서

이런 얘기들을 하고 나면 마치 아이콘이 되는 인물이나 브랜드는 기획하는 것 자체가 불가능해 보이기도 합니다. 실제로 몇십 년, 길게는 몇백 년간 아이콘으로 군림하는 브랜드들이 그 태동부터 자신들의 운명을 예측하고 설계되지는 않았을 테니 말이죠.

하지만 그렇다고 아이콘은 하늘이 점지해주는 것이라는 태도로 가만히 손놓고 있을 수만도 없는 일입니다. 브랜드를 만드는 사람들은 언제나 우리 브랜드가 그 카테고리 전체를 평정하고 나아가 새로운 기준을 만들어주기를 바라는 마음으로 한 땀 한 땀 브랜딩하니까요.

그래서 저는 각도를 조금 다른 방향으로 틀어보면 어떨까 합니다. 집단이나 공동체가 아닌 우리 개개인에 주목해보는 거죠. 꼭 '퍼스널 브랜딩' 같은 거창한 용어를 쓰지 않아도 우리 인간은 태생적으로 자신이 가진 역량으로 자기다움을 완성해가고자 하는 욕구가 있으니까요. 한 사람의 인생을 몇 개의 시대로 나누고 다시 그 안에서 몇 가지 가치관을 추려본 다음, 나를 대표할 수 있는 아이콘은 무엇이 있을까 떠올려보는 것도 정말 의미 있는 일이라고 생각합니다.

그리고 저는 그 매개체로 브랜드를 활용해보는 것을 추천합니다. 이 책의 전반에서 강조하고 있는 메시지이기도 하지만 저는 브랜드야말로 나에게 맞는 관점과 태도를 배우기에 더없이 좋은 자료이자 교재라고 보거든요. 그냥 특정 브랜드가 마음에 들어서 계속 좋아하고 소비할 수도 있겠지만, 단 하나를 갖더라도 그 브랜드가 추구하는 가치를 함께 느끼고 이해하려고 한다면 돈으로 환산할 수 없는 효용을 얻을 수 있다고 저는 믿습니다.

예전에 어느 모임에서 우연히 알게 된 분과 가벼운 이야기를 나눌 기회가 있었습니다. 그런데 그분께서 대화의 시작을 제 신발 이야기로 풀어가시더라고요.

도영 님은 컨버스를 무척 좋아하시나 봐요. 늘 컨버스를 신고 오시는 게 인상적이었거든요. 저만의 생각인지는 모르겠지만 왠지 컨버스를 신은 사람들은 꽉 막혀 있지는 않을 것 같다는 기대가 있어요. 위에는 아주 포멀한 복장을 하고 있더라도 그 아래 컨버스를 신고 있다면 뭔가 자유로움이 느껴지니까요.

제가 컨버스를 좋아하는 이유와 꼭 맞는 분석을 해주시는 것이 너무 신기하고도 반가웠습니다. 그래서 저도 모르게 컨버스에 대한 생각과 또 아이콘으로서의 브랜드에 대한 이야기까지 술술 쏟아내버리고 말았죠. 쓸데없이 TMI를 방출했나 싶은 생각에 살짝 뻘쭘해질 때쯤 그분께서 이런 말씀으로 화답했습니다.

오! 도영 님 말씀을 듣고 나니까 제게도 그런 브랜드가 있는 것 같아요. 저는 테리파머Terry Palmer라는 타월 브랜드를 참 좋아하거든요. 제가 다른 건 진짜 물욕이 거의 없다시피한데 젊은 시절부터 수건에 좀 집착을 많이 했어요. 좋은 수건이 보이면 가격 생각 않고 구입하고, 어느 호텔에 수건이 좋다고 하면 그 이유만으로도 방문해본 적이 있거든요. 수건 세탁법에도 나름 일가견이 있다고 자부하고요.

그러다 오래전부터 테리파머 타월에 정착해서 지금도 늘 정기적으로 구입해요. 뭐랄까… 저는 좋은 수건을 쓰는 게 제가 가장 손쉽고 빠르게 행복해질 수 있는 일이라고 생각하거든요. 적당한 중량감에 폭신하고 흡수력 좋은 타월을 쓴다는 건 진짜 기분 좋은 일이니까요. 그래서 테리파머 타월을 자주 선물하기도 하는데 그때마다 이 말을 꼭 해요. "한번 써봐. 1초 만에 행복해질 수 있어"라고요.

테리파머는 알까요. 지구 반대편의 어느 나라에는 그들이 만드는 타월 한 장에 자신의 가치관을 투영하는 사람이 있다는 사실을요. 당시 저는 그분과 아주 두터운 친분이 있는 상태가 아니었지만 이 대화 이후로 마치 오래전부터 서로를 알고 있었던 것처럼 금세 가까워질 수 있었습니다. 테리파머 타월로 자신을 설명해주신 덕분에 일상 속에서도 빠르고 분명한 행복을 추구하는 분이라는 사실을 알게 되었으니까요. 그 후로 저는 수건 이야기가 나올 때마다 늘 그분과의 에피소드를 소개합니다. '좋은 수건 한 장으로도 행복해질 수 있는 분이자 반대로 행복해지기 위해서 수건 한 장도 의미 있게 고르는 분'이라는 수식어와 함께 말이죠.

── **나다움이 뭐 별건가요**

이처럼 저는 아이콘이라는 말을 너무 무거운 의미로 사용하는 것보다 일상 속에, 특히 내 가까이에 붙여두고 있는 것이 더 가치 있다고 생각합니다. 내가 추구하는 것은 무엇이고 내 삶을 대표할 수 있는 것은 무엇인지, 또 이러한 것들을 온전히 담아내줄 수 있는 상징물에는 어떤 것이 있을지를 고민해보는 과정 자체가 우리의 가치관을 브랜딩해가는 과정이 아닐까 싶거든요. 그 여정 속에서 나와 잘 맞는 브랜드를 찾을 수 있다면 이 역시 멋지고 소중한 발견이라고 보고요.

혹시 제가 아까 설명해드린 아이콘의 어원을 기억하시나요? 그 어원의 시작은 '초상肖像이나 거울에 비친 모습'을 지칭하는 것으로부터였다는 사실이 아마 떠오르실 겁니다.

인지심리학에서는 사람이 거울을 볼 때 70퍼센트는 자신의 현재 모습을 파악하는 용도로, 30퍼센트는 자신이 원하는 모습을 상상하는 용도로 사용하게 된다고 말합니다. 즉 현재의 나로 대표되는 모습 위로 내가 바라는 나의 모습을 투영하는 것이라고 할 수 있죠. 초상이라는 단어도 한자를 풀어서 해석하면 '닮고자 하는 형상'이라는 뜻을 가지고 있습니다. 이 역시 포인트가 '지금'보다는 '미래'에 맞춰져 있다는 사실을 알려주는 대목이죠.

때문에 스스로 아이콘을 부여하는 행위는 결국 우리 삶의 방향성을 떠올리게 하는 장치가 되어줄 수도 있습니다. '시대의 상징'이나 '영원한 우상' 같은 표현을 타인이 아닌 내 인생에서 찾아봐야 하는 중요한 이유가 하나 추가되는 셈이죠.

그런 의미에서 이번 글은 'icona(icon을 뜻하는 이탈리아어)'라는 표현을 가장 많이 사용했다고 알려져 있는 화가이자 조각가, 또 건축가이기도 한 미켈란젤로의 말로 마무리를 지어볼까 합니다.

나는 조각을 하는 게 아니라 돌 속에 숨어 있는 형상을 끄집어낼 뿐이다.

언젠가 여러분 안에 숨어 있는 그 형상을 표현해줄 브랜드를 만나게 되신다면 제게도 꼭 알려주셨으면 좋겠네요. 저는 이렇게 브랜드를, 또 그 사람 자체를 알아가는 과정이 참 즐겁고 좋더라고요.

Tag 지금 이 책을 편집해주신 편집자님께서 들려주신 이야기입니다.
저는 예전에도 컨버스에 대한 생각을 몇몇 글로 풀어낸 적이 있었는데요. 그중 하나를 읽어보신 편집자님께서 저와 첫 대면 미팅을 할 때 제가 컨버스를 신고 나온 것을 보고 이런 생각을 하셨다고 합니다.

'이 사람은 글과 삶이 일치하는 사람이구나.'

저는 그 표현이 참 감사하면서도 마음에 들었습니다. 내 삶의 가치관을 투영한 브랜드에다 또 저에 대한 인상을 투영해보는 누군가가 있다는 게 무척 특별한 일이니까요. 아이콘이 된다는 건 이래서 더 매력적인 것 같습니다.

09

형태가 본질을
완성한다는 것

뱅 앤 올룹슨
BANG & OLUFSEN

여러분의 직업군에서도 유행처럼 번지는 일종의 직업병이 있을까요? 무엇인가를 만들고 기획하는 사람들에게도 그런 말 못 할 병(?)이 몇 가지 있습니다.

이른바 '밸런스병'이라고 해서 멋지만 합리적이고, 트렌디하지만 유행을 타지 않으며, 타깃이 명확하면서도 동시에 일반 대중들의 폭넓은 사랑을 받을 수도 있는, 그런 신화에도 나오지 않을 법한 무리한 밸런스의 브랜드를 꿈꾸는 사람들이 가끔 있거든요.

또 어디 한 부분이라도 남들과 달라야 하고 어느 한 조각이라도 신선함을 욱여넣어야 직성이 풀리는 부류도 있습니다. 좋은 브랜드를 만들고자 하는 그 끓어오르는 의욕에는 진심으로 박수를 보내고 싶지만 브랜딩이야말로 남이 아닌 스스로를 들여다보는 과정임을 생각해보면 의미 없는 구분 짓기에 불과하죠.

—— 본질의 본질을 찾아서

이런 증상들 중에서 꽤 오랫동안 공공연하게 우리를 괴롭히는 병도 있습니다. 브랜딩하는 사람들이 가장 좋아하는 단어 중 하나이자 모든 개념과 현상들을 한데 묶어줄 수 있을 것 같은 마법의 향신료. 바로 '본질병'입니다.

'본질을 탐구하고 찾아가는 과정은 엄청 중요하지 않나요?'라고 반문하면 저 역시 '그럼요!'라고 자신 있게 답할 수 있습니다. 하지만 중요시하는 것과 집착하는 것은 종이 한 장 차이지만 어마어마한 간극을 보여주는 법이죠. 특히 본질이라는 워딩이 가지는 무게감을 한 번이라도 느껴본 사람이라면 더더욱 이 갈림길에서 고민이 깊어지곤 합니다.

결론부터 짚고 넘어가자면 브랜드를 만들고 관리함에 있어 본질은 너무나도 중요합니다. 우리가 가야 할 방향을 알려줌은 물론이고, 철학적인 관점에서도 우리 브랜드가 왜 이 세상에 존재해야 하는지 또 소비자들과 사용자들에게 우리는 어떤 의미인지에 대한 답을 찾을 수 있도록 도와주니까요.

하지만 언제나 그렇듯 이 과정 속에도 함정은 존재합니다. 그것도 아주 교묘하고 은근하게 말이죠. 가장 대표적으로는 '기능을 본질로 착각하는 경우'를 들 수 있습니다. 밑바탕이 되는 성질이나 일차원적인 용도를 중심으로만 생각할 때 쉽게 빠지는 함정이라고 할 수 있겠네요.

흔히 가방의 본질이 무엇이냐고 물으면 아마 대다수가 '물건을 넣어 다닐 수 있도록 하는 것'이라고 대답할 겁니다. 그러나 이렇게 정의된 본질이 샤넬이나 에르메스 백에 대한 뜨거운 열망을 설명해줄 수는 없습니다. 이 브랜드들에게 가방은 이미 기능적인 본질을 한참이나 넘어서서 존재하는 것이니까요. 자동차의 본질을 이동 수단으로, 옷의 본질을 신체 보호로만 규정할 수 없는 이유와 마찬가지입니다. 브랜드란 기능적인 본질 아래에 숨어 있는 그 세심한 욕망을 관찰하는 것에서부터 출발하기 때문이죠.

한편 '언제나 절대적인 본질이 존재할 거란 믿음'을 갖는 경우도 있습니다. 사실 브랜딩은 수학 법칙이나 우주 원리를 탐구하는 분야가 아니다 보니 바라보는 사람에 따라 서로 다른 본질을 규정할 수도 있습니다. 아니 오히려 그렇기 때문에 세상에 수없이 많은 브랜드가 존재할 수 있는 거겠죠. 각자가 주목하고 싶은 가치가 있고 그 가치를 어떻게 자신들만의 관점으로 풀어내느냐에 따라 브랜드가 가지는 본질도 달라지게 되는 거니까요.

다만 때때로 '우리가 찾은 것이 이 산업의 본질이고 나머지는 현상일 뿐이다'라는 이기적인 태도를 갖게 되면 그때부터 자가당착의 오류에 빠지게 됩니다. 시대와 환경에 따라 본질적인 가치가 이동하기도 하고 변형되기도 하는 법인데, 처음에 꽂은 말뚝만 붙들고 늘어지면 결국 사람들의 외면을 받는 것은 시간 문제이기 때문이죠.

── 당신의 본질은 어떤 모양인가요?

하지만 제가 가장 경계하는 본질병은 따로 있습니다. 바로 '형태와 형식을 등한시하는 태도'입니다. 마치 본질은 늘 앞서 있고 형태는 그저 따라붙는 것이라는 고정관념을 가지거나 외형에 집중하는 것을 두고 빈약한 본질을 메우고자 하는 행위쯤으로 치부하는 것이 그렇죠. 이 바닥에서 경험이 꽤 쌓였다는 사람들 중에서도 '우리는 우리만의 답을 찾았으니 곧 세상 사람들이 이 본질을 알아봐줄 거다'라고 쉽게 판단하는 경우를 심심찮게 보곤 하는데요. 대다수가 얼마 지나지 않아 쓰디쓴 고배의 잔을 마시기 일쑤입니다. '나는 너를 사랑하는데, 이 마음을 꺼내 보여줄 수 없음이 답답하다'는 게 그들의 안타까운 변명이기도 하고요.

이처럼 본질병을 둘러싼 논란들이 불거질 때마다 제가 늘 언급하는 브랜드가 하나 있습니다. 100년 가까운 역사를 자랑하는 덴마크의 하이엔드 오디오 브랜드, '뱅 앤 올룹슨BANG & OLUFSEN'이 그 주인공이죠.

아마 오디오를 포함한 각종 사운드 기기에 큰 관심이 없는 분이라도 이 뱅 앤 올룹슨의 이름 정도는 한 번쯤 들어보셨을 겁니다. 혹여나 이 이름에 익숙지 않더라도 뱅 앤 올룹슨의 제품 사진을 몇 장 보여드리면 '아! 이게 이 브랜드 제품이었어?'라고 반응할 확률이 상당히 높죠. 예술 작품 버금가는 독특하고 창의적인 디자인은 물론이거니와 따로 설명해주지 않으면 오디오인 줄도 몰랐다고 할 만큼 남다른 존재감을 풍기는 그 특유의 아우라 때문입니다.

1925년, 덴마크의 젊은 엔지니어인 페테르 뱅Peter Bang과 스벤 올룹슨Sven Olufsen에 의해 탄생한 이 브랜드는 당시로서는 최첨단 제품이던 라디오 개발을 시작으로 그 존재감을 과시하게 됩니다. 무엇보다 경쟁자들에 비해 훨씬 뛰어난 기술력과 극한의 내구성 테스트를 하는 것으로 유명했던 그들은 '오래 사용해도 늘 새것처럼'이라는 철학을 구현하기 위해 특유의 장인 정신을 발휘하며 제품을 만들었습니다. 그 과정이 얼마나 치열했던지 당시 페테르와 스벤이 사용하던 연구실을 '고문실touture chamber'이라고 불렀는데 이는 오늘날 뱅 앤 올룹슨 실험실의 공식 이름으로 이어져오고 있을 정도죠.

하지만 파릇파릇한 이 두 청년에겐 기술과 품질만큼이나 유독 애착이 강했던 분야가 있었습니다. 바로 디자인이었습니다. 그들은 자신들의 제품이 어느 곳에 자리하든지에 관계없이 항상 뛰어난 조형미를 뿜어내주길 바랐고 이를 통해 음악을 듣는 경험이 한층 더 높아지기를 원했거든요. 좋은 기술이 좋은 디자인에 영감을 주는 것처럼 좋은 디자인 역시 좋은 기술에 모티브가 될 수 있다는 것을 아주 일찍부터 깨달았던 겁니다.

그래서인지 뱅 앤 올룹슨이란 브랜드는 이 두 창업자보다 지금의 제품 디자인 철학을 완성한 디자이너들이 더 유명한 브랜드이기도 합니다. 그리고 그 인물들 속에는 야콥 옌센Jacob Jensen과 데

이비드 루이스^{David Lewis}라는 입지적인 디자이너가 존재하죠.

── 형태의 브랜드, 뱅 앤 올룹슨

야콥 옌센은 시드니 오페라하우스를 설계한 세계적 건축가 외른 웃손^{Jørn Utzon}의 애제자로 당시 웃손이 학계 최초로 만든 산업디자인학과를 1호로 졸업한 인물이기도 합니다. 1960년대 중반 뱅 앤 올룹슨과 인연을 맺은 그는 훗날 기술과 디자인 모두에서 완벽한 혁신을 일궈냈다고 평가받는 베오마스터, 베오그램과 같은 기념비적인 제품은 물론이고, 음향 기기로서는 처음으로 터치스크린이 적용된 베오센터 등을 디자인하며 살아 있는 전설의 반열에 오르죠. '제품은 사용하는 것이 아니라 경험하는 것이다'라는 말을 남긴 야콥은 경험주의 디자인으로 대표되는 뱅 앤 올룹슨의 디자인 근간을 만들었단 평가를 받습니다.

반면 데이비드 루이스는 고정관념을 파괴하는 디자이너로 명성을 떨치며 무려 40년이 넘게 뱅 앤 올룹슨의 제품 디자인을 맡아온 디자이너인데요. 특히 모든 스피커가 직사각형 형태를 고수할 때 홀로 심벌즈에서 영감을 받은 원뿔형 모양의 스피커 베오랩 5를 선보이며 음향 업계 역사상 가장 큰 충격을 준 사람이기도 하죠. 외관적 장점 덕분에 360도 어느 방향으로도 사운드 전달이 가능한 이 모델은 뱅 앤 올룹슨의 모든 제품 중 가장 위대한 걸작

1위에 오르는 영광을 누리기도 했습니다.

그러나 우리가 주목해야 할 건 얼마나 훌륭한 디자이너들이 뱅 앤 올룹슨에 존재했느냐가 아닌 그 너머에 있습니다. 야콥 옌센과 데이비드 루이스를 포함한 뱅 앤 올룹슨의 디자이너는 모두 정식 고용되지 않은 프리랜서이기 때문이죠. 한 명이라도 더 좋은 디자이너를 모셔오고 또 묶어두기 위해 안간힘을 쓰는 산업디자인 업계 분위기를 생각하면 선뜻 이해가 되지 않는 일입니다.

하지만 아직 놀라기는 이릅니다. 뱅 앤 올룹슨은 이 외부 디자이너들에게 최고경영자보다도 더 높은 권한을 부여하거든요. 제품 출시부터 모델 라인업을 완성하는 최종 의사 결정도 모두 디자이너의 몫입니다. 특히 뱅 앤 올룹슨에는 이런 디자이너들이 한데 모여 있는 '아이디어 랜드'라는 조직이 있는데 모든 제품의 원형은 바로 이곳에서 탄생합니다. 디자이너에게 전권을 주다시피 해서 얻어낸 디자인과 콘셉트가 마련되면 그제야 기술 부서, 제품 개발 부서, 생산 부서가 한데 모여 이 아이디어를 어떻게 현실화할지를 고민하는 것이죠.

2000년대 들어 디자인 우선주의를 표방하는 브랜드는 셀수 없이 많아졌지만 사실 뱅 앤 올룹슨 정도의 디자인 철학을 가진 곳은 쉽게 찾기 어렵습니다. 그리고 이렇게 독특하면서도 유연하게 디자이너를 관리하고 동시에 훌륭한 결과물을 만들어내는 곳은 거의 유일하다고 봐도 무방하죠.

2003년 처음 출시된 베오랩 5는
뱅 앤 올룹슨을 대표하는 디자인으로 유명합니다.
하지만 여기엔 공간의 환경을 자동으로 분석해
최적의 사운드를 세팅하는 최첨단 기술도 접목되어 있었죠.

이런 특징들은 결국 우리를 한 가지 물음에 도달하게 합니다. 그들은 왜 이렇게까지 형태에 집중하고 왜 이런 디자인 철학을 고수하는 걸까 하는 질문으로 말입니다.

—— 영혼을 받아줄 그릇

혹시 뱅 앤 올룹슨이 추구하는 본질적인 가치가 무엇인지 아시나요? 지금까지 살펴본 바로는 왠지 '혁신적이고 창의적인 디자인'이라든가 '그 누구와도 비교될 수 없는 독보적인 존재감' 같은 단어들이 자연스레 떠오르려 합니다. (실제로 많은 사람에게 '예쁜 스피커'로 알려져 있기도 하고요.)

하지만 뱅 앤 올룹슨은 자신들의 본질을 '정직한 음악적 재현'이라고 말합니다. 네, 이쯤 되면 그냥 반전의 브랜드라고 해도 할 말이 없는 수준이죠. 실컷 외형과 디자인 얘기를 하다 왜 또 갑자기 음악적 재현을 추구한다고 하는지 아리송한 것도 당연지사고요.

그런데 뱅 앤 올룹슨은 실제 그 태동부터 지금까지 원음을 재현하는 것에 엄청난 노력을 쏟아부은 브랜드입니다. 다른 음향 기기들이 웅장한 사운드, 콘서트홀 같은 현장감, 깨끗하고 따뜻한 음색처럼 조금이라도 차별화된 포인트를 끊임없이 제시하는 가운데서 늘 홀로 왜곡 없는 원형 그대로의 소리를 구현하고자 했거든요. 그래서 뱅 앤 올룹슨의 모든 기술은 원음 재현을 추구한 가운데 빚어진 부산물이라는 평가가 있을 정도입니다.

그러나 뱅 앤 올룹슨은 아주 오래전부터 꽤 고차원적인 접
근을 하고 있었습니다. 자신들이 추구하는 '정직한 음악적 재현'이
라는 목표를 달성하기 위해서는 단순히 소리 자체를 연구하는 수
준을 넘어 형태의 제약에서 자유로울 수 있어야 한다는 것을 깨달
았던 겁니다. '어떤 디자인, 어떤 콘셉트를 갖추든 간에 그 물체에
서 나오는 소리만큼은 본래의 것과 동일해야 한다'는 이 불가능한
미션을 풀어가는 과정 속에서 뱅 앤 올룹슨의 본질도 완성된다는
신념이었죠.

결과적으로 이 믿음은 완벽하게 통했습니다. 풍뎅이의 등
껍질을 닮은 스피커를 내놓든 쌍떡잎식물의 잎사귀를 형상화한
스피커를 내놓든 간에 엔지니어들은 그에 걸맞은 음향 시스템을
설계하는 데 성공했거든요. 이 과정에서 전통적으로 금기시되던
티타늄이나 패브릭 같은 소재를 아주 일찍부터 자유자재로 사용
함으로써 훨씬 진보적인 제품을 선보일 수 있었죠.

형태를 중요시하는 뱅 앤 올룹슨의 혜안은 여기서 그치지
않았습니다. 그들은 외관에서 오는 시각적 만족감이 본질적인 경
험에 막대한 영향을 준다는 사실 역시 간파했거든요. 특히 앞서 소
개해드린 디자이너 야콥 옌센은 이와 관련해 유명한 말을 남기기
도 했는데요.

나는 술이라는 액체를 사랑하는 게 아니라 아름다운 병에 담긴 와인을 사랑하는 것이다. 영혼soul을 받아줄 그릇bowl이 없다면 본질은 떠돌이가 되기 때문이다.

라는 명언으로 뱅 앤 올룹슨이 추구하는 '형태에 대한 집념'을 한 방에 정리해버렸습니다.

── 답은 찾는 게 아니라 완성해가는 것

사실 그렇습니다. 저도 일을 하면서 자주 느끼는 포인트지만 본질과 형태, 어느 한 쪽의 밸런스라도 무너지면 결코 좋은 결과물이 나올 수 없거든요. 본질이 제자리를 찾지 못하면 형태로 풀어내기가 어려운 법이고, 형태가 힘을 갖지 못하면 본질마저도 뒤틀리고 축소되는 촌극이 발생하기 때문입니다.

어쩌면 뱅 앤 올룹슨이 디자인에 공을 들이는 것도 이 두 가지 사이의 균형을 더욱 정교하게 맞춰가기 위한 노력은 아닐까 싶어요. 누군가에게는 그저 디자인이 화려한 음향 기기일지 모르지만 조금만 자세히 들여다보면 음악이라는 본질은 최대한 지키고 듣는 경험이라는 형태는 무한한 상상력이 발휘될 수 있도록 만든 브랜드니까요. 이 연결고리를 발견하고 즐기도록 하는 게 뱅 앤 올룹슨을 기획하고 디자인한 사람들의 진짜 의도인지도 모르겠습니다.

한편 저 개인적으로도 뱅 앤 올룹슨이란 브랜드를 이해해
가면서 본질병에 대한 부담감을 꽤 많이 덜어냈다고 확신합니다.
한때는 어떤 프로젝트를 하든 나름의 본질을 규정해야 그다음 스
텝으로 넘어갈 수 있었거든요.

물론 그 과정 역시 매우 중요한 것임에는 틀림없지만 무엇
이든 과해지기 시작하면 본래의 목적은 금세 휘발되어 버리더라
고요. 본질 찾기에 집착하는 태도로 인해 더 좋고 다양한 가능성들
을 차단해버리는 느낌마저 드니 슬슬 겁도 나기 시작했습니다.

그때 즈음해서 절친한 디자이너 친구와 함께 이 문제에 대
해 이야기를 나눈 적이 있었습니다. 그 친구 역시 세상 모든 브랜
드들이 '우리가 곧 본질이다'라고 외치고 있는 것 같아서 피로감을
느끼는 중이라고 하더군요. 덕분에 체육시간에 나와 똑같은 부위
를 다쳐 양호실에 나란히 누워 있는 친구 마냥 금세 동질감이 생겼
습니다.

그렇게 본질과 형태 사이의 상관관계에 대해 각자의 생각
을 꺼내 보던 중 거의 동시에 '뱅 앤 올룹슨'이란 이름이 튀어나왔
던 순간을 기억합니다. 그리고는 결국 '형태가 본질을 완성한다'라
는 우리 나름의 그럴싸한 합의에도 도달했죠.

더 재미있는 건 며칠 뒤였습니다. 원래 그 친구의 책상에는
작은 포스트잇에 적힌 글귀 하나가 꽤 오랜 시간 붙어 있었는데요.

"무엇을 말하고 싶은지 알아냈다면, 이제 어떻게 말하고 싶은지를 알아내라"는 멕시코 출신 그래픽 디자이너 카를로스 마르시알^{Carlos} Marcial의 격언이었죠. 그 말이 늘 자기 디자인의 모토라고 했던 터라 저에게도 인상 깊게 자리한 문구였습니다.

그런데 그날 대화 이후 그 글귀 위아래로 순환하는 모양의 커다란 화살표 가 그려져 있는 걸 발견했습니다. 마치 '무엇을'과 '어떻게'가 서로 자리바꿈하는 듯한 느낌을 던져주고 있었달까요. 이게 뭐냐고 묻는 제 물음에 친구는 이렇게 답했죠.

어떻게 말하고 싶은지 고민하다 보면 뭘 말하고 싶은지도 더 명확해지는 것 같더라고. 예전엔 이게 일방향인 줄 알았는데 우리가 같이 얘기를 나눈 이후로는 쌍방향인 게 확실해진 느낌이랄까?

이처럼 좋은 브랜드는 때론 생각의 전환을 가져오는 이정표가 되어주기도 하나 봅니다. 저도 친구의 말에 120퍼센트 동의하는 바예요. 꼭 What이 결정되어야 How로 넘어갈 수 있는 건 아니거든요. 오히려 서로를 자유롭게 오가며 본질은 또렷하게, 형태는 완성도 있게 갖춰가는 과정이야말로 진짜 브랜딩이 아닐까 하는 생각마저 듭니다. 세상에 정답이 없는 문제에 접근할 땐 '찾는 게 아니라 조금씩 완성해간다'는 느낌으로 다가서는 게 핵심이니까요.

이렇게 칭찬을 아끼지 않았지만 사실 오디오에 정통한 사람 중에 뱅 앤 올룹슨을 평가 절하하는 사람도 꽤 많습니다. '그것보다 훌륭한 소리를 내는 스피커가 널렸다'는 사람도 있고 '귀로 듣는 오디오에 그런 예술 작품 같은 디자인이 왜 필요하냐'라는 사람도 있습니다. 취향과 의견이야 서로 존중하기 위해 존재하는 것이니 저도 반박할 생각은 없습니다만 그때마다 혼자 속으로 이런 생각을 하긴 합니다. '저분들에게 본질과 형태는 어떤 방향에서든 미완성일 수 있겠구나'라고 말이죠.

뱅 앤 올룹슨을 사랑한 많은 인물 가운데 가장 유명했던 사람은 아마 스티브 잡스가 아닐까 싶습니다.

잡스가 대학에 다니던 시절 뱅 앤 올룹슨이 너무도 갖고 싶었지만 비싸서 살 수 없었던 탓에 카탈로그에서 찢은 오디오 사진을 곱게 접어 항상 지갑에 넣고 다녔다는 일화는 꽤 유명하거든요.

단순함을 강조하는 선불교에 심취해 집 안의 모든 가구와 가전제품을 몽땅 버렸던 시기에도 거실에 전등 하나와 뱅 앤 올룹슨 스피커만을 남겨뒀다는 얘기도 있습니다. 그리고 그가 2011년 췌장암으로 유명을 달리하기 전까지 늘 병실 머리맡을 지키던 유일한 물건도 밥 딜런의 음악이 흐르는 베오사운드 8이었다고 하죠.

어쩌면 잡스에게 뱅 앤 올룹슨은 자신이 추구하는 제품과 브랜드에 가장 많은 영향을 준 브랜드일지도 모릅니다. 소름 끼칠 만큼 본질에 집중하면서도 이를 예술가의 경지로 표현해낼 줄 아는 그의 철학과도 무척 닮아 있으니 말입니다.

10

기대를
설계한다는 것

조던
JORDAN

혹시 '포컬 포인트^{focal point}'에 대해 들어본 적 있으신가요?

1960년 미국의 경제학자인 토머스 셸링이 《갈등의 전략^{The} Strategy of Conflict》이란 책을 통해 처음 제시한 개념인데요. A와 B라는 두 사람이 사전에 의사소통을 하지 않고도 서로가 어떤 행동을 할지 예측해 합의점에 이르는 것을 뜻하는 말입니다.

쉽게 말해 약속 시간과 장소를 따로 정하지 않은 두 연인이 왠지 이 시각에, 이 장소에 서로가 있을 것 같다는 기대감만으로 만나게 된다면 그게 바로 포컬 포인트가 되는 것이죠. 어찌 보면 로맨틱해 보이기까지 한 이 개념은 훗날 우리가 알고 있는 '게임 이론'을 설명하는 데 중요한 역할을 했을 뿐 아니라 지금까지도 심리학, 정치학, 경제학, 건축학 등 수많은 분야에서 각기 다른 형태로 활용되고 있습니다. 그리고 이 단어의 아버지인 셸링은 포컬 포인트가 만들어지기 위한 전제 조건으로 두 가지를 제시하고 있죠.

두 사람 모두에게 분명한 것이어야 하고,

또 그 스스로 독자성을 가진 것이어야 한다.

저는 이 개념이 정치, 사회 등 다양한 분야를 넘어 브랜딩에도 영향을 미칠 수 있다고 생각합니다. A를 브랜드를 만드는 사람으로, B를 브랜드를 소비하는 사람으로 생각해보면 딱 맞아떨어지거든요. 브랜드란 만드는 사람과 소비하는 사람 모두에게 분명한 가치를 전달할 수 있어야 하고, 더불어 브랜드 그 자체로도 다른 것들과 차별화되는 독자성을 가져야 하기 때문이죠.

이 조건들이 충족된다면 브랜드와 소비자는 마치 낯선 곳에서 길을 잃어도 운명적으로 다시 만날 수 있는 로맨틱한 관계로 발전할 수 있다고 봅니다.

── 브랜드라는 이름으로

몇 년 전 어느 커뮤니티에 아주 재미있는 글이 하나 올라온 적 있었습니다. 조던 마니아로 알려진 지드래곤이 일명 '벅스 버니'라 불리는 조던 8 제품을 신고 콘서트에 등장한 장면이 담긴 게시글이었죠. 그런데 이 글 바로 아래 한 장의 사진과 함께 이런 댓글이 달렸습니다.

이 외국인 농구 선수도 우리 지디 오빠랑 똑같은 신발 신었네요!

사진의 주인공은 다름 아닌 시카고 불스 시절 마이클 조던이었습니다.

한참을 웃었지만 한편으로는 충분히 납득가는 상황이었습니다. 아마 저에게 칼 벤츠Karl Benz가 벤츠를 타고 있는 장면을 보여줬다면 '그 옛날 어느 부잣집 할아버지셨나 보군' 했을 테고, 장 르네 라코스테Jean René Lacoste가 악어 로고 박힌 PK 셔츠를 입고 테니스 치는 모습을 보여줬다면 '오! 패션 좀 아는 선수인가?' 했을 수도 있죠. 누군가의 이름을 걸고 시작한 브랜드들은 시간이 흐르며 자연스레 브랜드가 사람을 대체하는 현상이 생길 수밖에 없기 때문입니다. 어쩌면 브랜드의 창시자들은 그 광경을 더 흐뭇하게 바라볼 수도 있을 테고요.

하지만 저는 한 사람의 이름을 내건 브랜드 중에서 제일 영향력이 큰 브랜드를 꼽으라고 하면 단연코 '조던JORDAN'의 이름을 외칠 것 같습니다. 세상에 존재하는 무수히 많은 스포츠 스타 브랜드 중에 상업적으로 가장 성공한 브랜드일 뿐 아니라 수십 년이 지난 지금까지도 마이클 조던이란 인물에서 파생된 가치관을 고스란히 담아내고 있으니까요.

농구 선수로 조던을 기억하는 사람에게는 여전히 코트 위를 누비던 황제의 위엄으로, 또 2000년대 이후 브랜드로 조던을 접한 사람에게는 스트리트 스포츠 룩의 대표 주자로 다가가고 있는 이 브랜드. 조던은 이렇게 다양한 이미지들 사이에서 어떻게 고객들과의 포컬 포인트를 만들어가고 있는 걸까요.

그럼 지금부터는 제 나름의 시각으로 의역해낸 조던이란 브랜드의 이야기를 한번 펼쳐보도록 하겠습니다.

── 우리는 그것을 '조던'이라고 부르기로 했다

현재는 나이키 산하의 독립 브랜드가 된 조던은 사실 지금의 나이키가 존재할 수 있도록 하는 데 가장 큰 영향을 미친 브랜드입니다. 저만하더라도 어린 시절 가졌던 간절한 꿈 중 하나가 '점프맨' 로고가 새겨진 검은색 조던 농구화를 신어보는 거였거든요. 불과 열 살 남짓한 꼬맹이에게도 조던은 곧 나이키고 나이키는 곧 조던이라는 인식을 강하게 심어준 것 보면 이 둘의 관계가 어느 정도였는지를 예측할 수 있을 겁니다.

NBA 우승 6회, 정규 시즌 MVP 5회, 통산 32,292 득점 등 조던의 활약을 완성형으로 설명하는 단어들은 헤아릴 수 없이 많지만 사실 어린 시절의 조던은 그리 실력이 출중한 선수가 아니었다고 합니다. 친형 래리의 반만큼이라도 잘할 수 있으면 좋겠다는 생각에 형의 등 번호 45번의 절반인 23번을 유니폼에 새겼을 정도니까요.

하지만 극악스러운 승부욕을 지녔던 조던은 끈질긴 노력으로 대학 시절 이미 완벽에 가까운 선수로 성장했고, 1984년 드래프트 3순위에 지명되며 드디어 시카고 불스에 입단하게 됩니다.

그런데 이 거대한 신인을 노리고 있던 건 비단 시카고 불스 하나만은 아니었나 봅니다. 바로 창업한 지 10년을 갓 넘긴 나이키라는 스포츠 브랜드가 조던에게 바짝 다가서고 있었거든요.

나이키는 아직 정식 경기에도 뛰지 않은 그에게 회사의 운명을 거는 엄청난 배팅을 하게 되는데요. 당시 나이키가 보유하고 있던 여유 자금 50만 달러를 모두 털어 이 신인 선수와 단독 계약을 성사했기 때문이죠.

하지만 정작 조던은 나이키를 썩 마음에 들어 하지 않았습니다. 그 당시만 해도 비교적 작은 규모에 속하던 나이키 대신 세계를 호령하던 아디다스나 리복 같은 회사들과 스폰서십을 맺고 싶어 했거든요. 부모님의 설득에 밀려 겨우 사인을 하긴 했지만 데뷔 이후에도 그는 여전히 나이키에 큰 애정을 갖지 못한 상태였습니다.

그러던 중 리그 첫해인 1985년 시즌, 조던은 자신을 위해 제작된 시그니처 모델 '에어 조던 1'을 신고 믿기지 않을 만큼의 맹활약을 펼칩니다. 그렇게 전 세계 사람들의 머릿속에는 마이클 조던이라는 선수와 함께 빨간색과 검은색이 조합된 강렬한 농구화 에어 조던이 각인되죠. 이후 나이키 제품은 청소년과 젊은 층을 대상으로 날개 돋친 듯 팔려나가기 시작했고 회사 주가는 고공 행진을 이어갑니다. 조던이 비로소 나이키를 인정하고 스스로 에어 조던이 된 순간도 바로 이때이고요.

　그런데 이 에어 조던 1의 탄생에는 놀라운 뒷이야기가 있습니다. 에어 조던 1과 함께 조던의 상징과도 같은 '점프맨' 로고를 디자인한 인물이 바로 나이키의 수석 디자이너 피터 무어^{Peter Moore}라는 사람이었는데요. 사실은 그가 나이키를 견제할 목적으로 아디다스로부터 파견된 산업 스파이였단 사실이 밝혀졌기 때문이죠. 나이키를 망칠 속셈으로 내놓은 디자인들이 지금은 전 세계인들을 나이키 매장 앞으로 줄 세우게 만드는 디자인이 된 것입니다. (더 재미있는 것은 훗날 아디다스로 복귀한 무어가 아디다스의 상징인 '삼선' 로고도 디자인했다는 겁니다. 아마 이 사람은 뭘 해도 대충 하는 법이 없었나 봐요.)

─── 마이클 조던을 넘어선 페르소나

에어 조던은 마이클 조던이 데뷔한 1984년을 시작으로 약 39년 동안 31개에 달하는 공식 모델 제품군을 출시했습니다. 세부 모델과 한정판, 컬러 조합 등을 합치면 수백 개는 거뜬히 넘어가고요. 이제는 익숙해진 '리셀러', '오픈런' 등의 단어를 만드는 데 큰 공(?)을 세운 것도 바로 조던 시리즈였음을 부정하긴 어렵습니다.

이제는 전설이 되어버린
조던의 첫 번째 에어 조던 시리즈입니다.
시카고 불스의 상징이었던 빨간색과 검은색의 조합이
지금은 조던의 상징으로도 여겨지고 있죠.

하지만 저는 조던이라는 브랜드를 보면 늘 궁금한 점이 있었습니다. 앞에서도 설명했듯이 특정 영역에서 활약한 인물을 베이스로 하는 브랜드들은 어느 정도 시간이 지나면 이름만 남고 그 인물에 대한 이미지는 옅어지기 마련이거든요. 우리가 아는 대다수의 명품 브랜드들만 봐도 그렇죠. 아니면 아예 브랜드 자체를 그 사람이 활약하던 시대 속에 봉인하여 클래식한 정체성을 공고히 하는 방향으로 관리하곤 하니까요.

그런데 조던만큼은 여타 브랜드들과 다릅니다. 마이클 조던이 은퇴하고도 한참 뒤에 태어난 세대들이 여전히 그의 가치관을 함께 공유하고 있거든요. 즉 조던의 활약을 보고 자란 세대와 그렇지 않은 세대가 점프맨 로고를 보고 비슷한 두근거림을 느낀다는 얘깁니다. 그렇다고 당시의 향수를 자극하거나 클래식한 가치만을 들이밀지도 않습니다. 조던은 늘 그 시대의 가장 핫한 스트리트 패션의 중심에 서 있고 때로는 한발 앞서 새로운 변화를 이끌어내기 때문이죠.

이런 현상이 가능한 이유로 저는 조던의 브랜드 페르소나를 가장 먼저 꼽습니다. 조던은 마이클 조던이란 사람을 토대로 하고 있지만, 크게 보면 '인물을 넘어서는 한 차원 더 높은 브랜드 페르소나'를 만들었다고 생각하거든요.

이 이야기를 본격적으로 하기에 앞서 예전에 봤던 재미난 장면을 하나 말씀드릴까 합니다. 미국의 유명 스탠딩 코미디언 케빈 하트^{Kevin Hart}가 자신의 공연에서 이런 에피소드를 풀어놓은 적이 있었거든요.

> 내가 투어 공연을 다니던 때였어. 난 공항 라운지에 앉아 잡지를 보고 있었지. 근데 덩치 큰 흑인 두 명이 내 맞은편에 앉아서 자기들끼리 격렬히 토론 중인 거야. 가만히 들어보니 농구 얘기더라? 핵심은 르브론 제임스가 더 잘하냐 코비 브라이언트가 더 잘하냐 하는 거였어. 처음엔 농담처럼 시작한 대화가 점점 심각해지더니 나중엔 탑승구로 걸어가는 내내 서로를 죽일 듯이 노려보며 언쟁하는 거야.
> 근데 웃긴 게 뭔 줄 알아? 그 녀석 둘 다 조던을 신고 있었어. 무슨 말인지 알겠지? 녀석들은 페라리를 타고 가면서 치타가 빠르냐 재규어가 빠르냐 싸웠던 거라고.

과장과 유머가 섞인 얘기지만 저는 이 코멘트가 참 많은 것을 말해주고 있다고 생각합니다. 만약 누군가 조던 브랜드의 페르소나가 무엇이냐고 묻는다면 저는 딱 한 단어, '워너비^{wannabe}'라고 대답할 것 같거든요.

사실 마이클 조던 이후로 농구뿐 아니라 각종 스포츠 분야에서는 유명 스타들을 상징으로 한 시그니처 브랜드들이 쏟아져 나왔습니다. 하지만 그 어느 것 하나도 조던의 아성에는 도전장조차 내밀지 못했죠. 이는 마이클 조던을 능가하는 걸출한 스타가 없어서라기보다 조던 브랜드가 지향하는 가치가 뛰어난 차별성을 가졌기 때문으로 볼 수 있습니다.

사람들은 마이클 조던에 열광하는 수준을 넘어 누구나 그와 같은 사람이 되고 싶어 했습니다. 어린 시절 별 볼일 없던 소년이 자신의 노력만으로 왕좌의 자리에 오르는 과정, 별 중의 별들만이 모였다는 프로 무대에서도 매 시즌 자신의 한계를 깨뜨려가는 근성, 어디로 튈지 모르는 독특한 개성의 팀원들을 모아 '원 팀'으로 만드는 리더십 등 조던이 만들어낸 유산과 흔적들을 고스란히 닮고 싶어 했던 거죠. 그러니 브랜드로서 조던의 페르소나는 '마이클 조던과 같은 인생을 살고자 하는 야망가들' 그 자체로 보는 게 더 적절하다고 생각합니다.

한편 미국 힙합 문화에서도 조던은 빼놓을 수 없는 브랜드 중 하나로 꼽힙니다. 많은 래퍼들의 노래 가사에서 '어린 시절 꿈꾸던 조던 시리즈를 지금은 집을 꽉 채울 정도로 많이 가지고 있지'라는 스웨그 넘치는 내용들이 자주 등장하거든요. 그리고 실제로 그들은 돈 주고도 쉽게 구하지 못하는 한정판 조던 시리즈를 신고 무대에 오릅니다. 자신의 노력과 성공을 증명하는 장치로, 또 어린 시절 꿈꾸던 모습을 이룬 스스로에 대한 찬사로 조던을 내세우고 있는 것이죠.

그러니 조던이라는 브랜드는 마이클 조던의 삶을 워너비로 살아온 누군가가 또 다른 마이클 조던이 되어가는 과정을 생생하게 보여주는 하나의 다큐멘터리와도 같습니다. 그 워너비가 자연스레 이동하면서 또 꿈 많은 어떤 이에게 새로운 조던이 되는 것이죠. 세대를 넘어서도 변치 않는 열망과 두근거림을 전할 수 있는 이유는 다름 아닌 여기에 있는 게 아닐까 싶습니다.

—— 때론 아래로, 때론 옆으로

페르소나의 이동을 보여주는 대표적인 사건은 또 있습니다.

2018년 프랑스 프로축구 리그의 명문 구단인 파리 생제르맹PSG이 자신들의 유니폼 메이커로 조던을 선택한 것이었죠. 다시 말해 세계 최고의 몸값을 자랑하는 축구 선수들이 각자의 가슴에 마이클 조던의 심볼을 얹고 경기장을 누비게 된 것입니다.

축구 유니폼 위의 농구 선수 로고라니, 이는 스포츠 팬들은 물론이고 마케팅 업계에도 신선한 충격을 안겨주었습니다. 당시 매체들은 그 뒷배경에 대해 많은 분석을 내놓았는데요. 나이키가 전통적인 브랜드들이 강세인 유럽 시장을 공략하려고 짠 치밀한 전략이다라는 의견부터 비교적 농구가 비인기 종목이라 여겨지는 서유럽에서 농구화 매출을 끌어올리기 위한 포섭이다까지 엄청난 추측성 기사들이 연달아 터졌습니다. 심지어 콧대 높은 프랑스인들답게 조던의 점프맨 로고가 파리의 에펠탑 모양과 닮았기 때문이라는 소문까지 나돌 정도였으니까요.

하지만 나이키가 내놓은 대답은 이 모든 예상을 무색하게 만들기에 충분했습니다.

조던이라는 브랜드가 농구라는 스포츠 안에만 있어야 한다고 생각하는 건, 마치 커피가 오직 이탈리아에만 존재해야 한다고 여기는 것과 같아요. 세상의 수많은 스포츠 선수들이 마이클 조던을 존경하고, 수많은 청소년들이 조던이라는 브랜드를 동경합니다. 공을 손에 쥐느냐 발로 차느냐, 그곳이 나무 코트 위냐 푸른 잔디밭이냐는 의미가 없어요. 우리가 공유하는 건 조던의 정신과 문화니까요.

-나이키 유럽 사업부 부사장 에릭 쾨노^{Eric Cuenot}의 인터뷰 중에서

이런 측면에서 보자면 조던은 세대를 넘나드는 수직적 이동뿐 아니라 종목과 영역 또한 자유롭게 넘나드는 수평적 이동이 가능한 브랜드인 것 같아요. 실제 마이클 조던이 잠시 농구계를 떠나 야구 선수로 활약하거나 은퇴 이후 프로골퍼로 입문하는 등 다양한 횡보를 보여준 요인도 있겠지만, 가장 중요한 사실은 경계의 구분 없이 모든 분야에서 존경을 받았다는 것이니 말입니다.

그러니 사람들은 축구 선수들이 조던 유니폼을 입고 그라운드를 누벼도 이질감보다는 새로운 기대감에 더 사로잡히는 것일지도 모르죠. 쾨노 부사장의 말처럼 우리가 향유하고 싶어 하는 건 이미 광범위하게 퍼져 있는 조던의 정신과 문화니까요.

—— 반드시 만날 수 있다는 기대

그럼 다시 포컬 포인트 이야기로 돌아가 보겠습니다. 혹시 제가 글 초반에 이 포컬 포인트가 만들어지기 위해서는 두 가지가 필요하다고 했던 것 기억하시나요? '두 사람 모두에게 분명한 것이어야 하고, 또 그 대상이 독자성을 가져야 한다는 것'이었죠.

솔직히 저는 브랜드 페르소나를 설명하기 위해 이보다 더 정확한 정리는 없는 것 같아요. 페르소나를 다른 말로 표현하면 '특정 대상이 가지는 하나의 인격'이라고 할 수 있는데요. 새로운 인격을 만들어 이를 브랜드와 소비자 각각의 인식 속에 심어주는 일은 두 사람이 포컬 포인트에서 만나게 하는 것만큼이나 어려운 거거든요. 그러니 브랜드 페르소나를 만든다는 건 일종의 '기대를 설계하는 일'이라고도 할 수 있습니다.

타인의 기대를 만들어가는 데 있어 특정한 룰이 존재할 수는 없겠지만 저는 개인적으로 'WE DON'T'라 이름 붙인 이 방법이 꽤 의미 있는 접근법이 된다고 생각합니다.

이건 제가 픽사 편을 통해서 설명드린 '생각의 여집합'과도 일맥상통하는 내용인데요. 일반적으로 페르소나를 만들 때 쓰는 '~할 것이라 기대되는 행동들' 대신, 우리의 페르소나가 '절대로 하지 않을 것 같은 일'들을 먼저 떠올려보면서 이를 하나씩 지워가는 방식이라 할 수 있습니다. 이 과정을 반복하다 보면 오히려 우리가 만들고자 했던 그 인격의 이상형이 훨씬 또렷하게 보이는 것 같더라고요.

만약 제가 조던의 브랜드 매니저였다면 어땠을까요? 마찬가지로 저는 브랜드로서의 조던이 절대 하지 않을 것 같은 일들을 먼저 써 내려갔을 것 같습니다.

어쩌면 '영역이나 경계를 구분하는 데 집착하지 말 것', '누군가를 따라가거나 추격하는 자세를 취하지 않을 것', '새로운 변화를 받아들이는 데 인색하게 굴지 말 것', '어떤 일이 있어도 적당함과는 타협하지 않을 것' 등의 항목이 'WE DON'T' 리스트를 채웠을지도 모르죠.

뭔가 저만의 특별한 방법인 것처럼 소개했지만 가만히 생각해보면 당연한 일입니다. 우리가 사랑하는 사람과 연락이 두절된 상태에 놓였다면, 상대방이 절대로 가지 않을 것 같은 장소와 절대로 하지 않을 것 같은 행동들을 기반으로 예상 범위를 좁혀갈 테니까요. 그 과정 속에서 우리 둘 모두에게 특별한 의미로 존재하는 포인트를 하나씩 집어낼 수 있는 거겠죠.

제가 자주 하는 말 중에 '좋은 브랜드란 만든 사람의 가치관과 소비하는 사람의 가치관이 일치하는 브랜드다'라는 표현이 있는데요. 서로가 실제로 마주한 적도 없고 또 직접 이야기를 나눠본 적도 없지만 상품이나 서비스 혹은 브랜드 자체를 놓고 비슷한 감정과 생각을 공유할 수 있다는 게 더없이 기쁘고 행복하기 때문입니다. 그러니까 적어도 저에게 브랜딩이란 우리와 소비자 사이에 의미 있는 포컬 포인트들을 지속적으로 만들어가는 일인 것이죠.

언젠가 이 이야기를 했더니 사람들의 반응이 참 재미있었습니다. 어떤 사람은 남자친구와 가장 자주 만나는 장소가 저녁 7시의 강남역 11번 출구라 거기가 자신의 포컬 포인트라고 했고, 또 어떤 사람은 여자친구가 제일 좋아하는 게 일요일 오후 늦게 동네 호수 공원을 산책하는 거니 그곳이 유일한 포컬 포인트라고 했죠. 상대방도 똑같은 시간과 장소를 떠올린 것이 맞는지는 확인할 길이 없었지만 각자의 기억에 의존하며 타인의 기대를 예측해가는 그 과정이 퍽 인상적이었습니다.

그러고 보면 누군가와 관계를 형성한다는 것 자체가 '둘 사이에 분명하고도 독자적인 경험들을 만들어가는 일'이 아닐까 싶네요. 그리고 그 속에 담긴 두근거림이 서로를 더 끈끈하게 만들어주는 것 같고요.

이번 글은 기대에 관한 이야기를 해봤으니 글을 끝맺기에 앞서 마이클 조던이 남긴 수많은 어록 중 제가 가장 좋아하는 말 하나를 여러분께 소개할까 합니다.

어떤 일을 시작하기 전에는 스스로 그 일에 대한 기대를 갖는 게 중요하다. 그것이 내가 원하는 곳에, 나를 데려다 놓을 테니까.

누군가는 기대를 하면 실망만 남을 뿐이라며 손사래를 치겠지만 저는 조금 생각이 다릅니다. 결과가 실망스러울지언정 애초에 기대조차 없었다면 우린 그 과정마저도 즐겁게 추억할 수 없을 테니 말이죠.

2021년 넷플릭스에 공개된 마이클 조던의 자전적 다큐멘터리 〈마이클 조던: 더 라스트 댄스〉는 저로 하여금 여러 감정이 떠오르게 하는 작품이었습니다. 예상했던 것보다 더 거칠고 목표 지향적이며 동료를 극한으로 몰아넣기까지 하는 조던의 모습이 여과 없이 담겨 있었기 때문이죠. 솔직히 낯설기도 하고 때때로는 너무하다 싶은 생각도 들었습니다.

그러던 중 조던과 비슷한 시기에 활약했던 농구 선수 매직 존슨Magic Johnson의 인터뷰 장면을 보게 됐습니다.

"저는 마이클이 18번 연속으로 슛을 실패한다고 해도 아마 그를 끝까지 지켜볼 것 같아요. 왜냐면 19번째는 우리가 이제껏 단 한 번도 보지 못한 위대한 슛이 나올 거라는 걸 알고 있거든요."

생각해보면 팀 스포츠를 하는 선수들이야말로 서로 간의 포컬 포인트가 정말 명확해야 할 겁니다. 동료의 위치를 짐작만으로 판단해 패스를 보내야 하는 경우도 있고 우리 편이 받아줄 거라는 믿음 하나로 콤비 플레이를 펼치는 경우도 있으니까요.

때론 포악하고 거침없는 조던이었지만 그럼에도 불구하고 동료들에게는 그가 절대로 하지 않을 것 같은 'HE DON'T' 리스트가 하나 있었나 봅니다. 다름 아닌 '결코 우리를 패배하게 두지 않는다'라는 그 유일한 기대 말입니다.

11

'따로 또 같이' 간다는 것

포르투닷
Porto.

업무에서든 일상생활에서든 가끔은 양립할 수 없는 말들과 마주칠 때가 있습니다. '밝은 어둠'이라든지 '차가운 따뜻함'처럼 문학적인 표현에서나 가능한 단어들도 있고 '멀리서 보아야 아름답다'와 '가까이 보아야 예쁘다'처럼 정반대의 시각을 보여주는 말도 있죠. 물론 어느 장단에 춤을 춰야 할지 헷갈릴 때도 있긴 합니다만 저는 이렇게 극과 극의 관점을 연결해주는 경험이 이따금씩 저 자신을 환기해준다고 생각합니다. 어울리지 않는 것들의 조합, 함께할 수 없는 것들의 공존을 들여다보는 건 각각의 존재들을 좀 더 깊이 이해하는 계기가 되기도 하니까요.

한편 다른 사람에게는 큰 문제가 되지 않지만 유독 나에게만 그런 어색함을 주는 단어도 있습니다. 제게는 '도시 브랜딩'이라는 말이 대표적이었죠. 언뜻 보면 '그게 뭐 이상할 게 있나?' 싶으시겠지만 저는 생각하면 할수록 '도시'라는 개념과 '브랜딩'이라는 개념이 서로 어울리지 않는 사이처럼 보이더라고요.

브랜딩이라는 건 특정한 목적 아래 다양한 요소를 기반으로 우리를 규정하고 표현할 수 있는 가치들을 정립하는 활동으로도 해석할 수 있는데, 도시처럼 수많은 사람이 매일 각자의 삶을 살아가는 공간을 브랜딩한다는 게 진짜 존재할 수 있는 개념인지 의구심이 생겼기 때문입니다.

게다가 도시를 브랜딩한다면 과연 그 대상을 어디까지 적용할 수 있는지도 애매하긴 마찬가지였죠. 그냥 그럴싸한 슬로건 하나 내걸거나 아기자기한 로고 디자인 하나 만드는 것으로 도시의 정체성을 대변하기는 불가능하거든요.

그러니 저는 '아이 러브 뉴욕'이나 '판타지 도쿄'처럼 성공했다고 평가받는 사례들도 도시 자체를 브랜딩했다기보다는 그 도시의 특정한 이미지를 차용한 캠페인으로 보는 것이 더 정확하다는 입장입니다. 어떤 식으로든 브랜드의 좋은 점을 바라보려고 노력하고 브랜딩이란 활동에 즐겁게 다가가려는 저이지만, 유독 도시 브랜딩과는 거리감을 유지하고 있었던 이유도 이 때문이지 않을까 싶어요.

── 뜻밖의 교감

오해라는 건 한 꺼풀씩 벗겨나가기도 하지만 가끔은 아주 사소한 것을 계기로 눈 녹듯이 녹아내리기도 하는 법인가 봅니다.

    2015년에 방콕을 방문했을 때였어요. 더위를 피해 방콕 시내의 한 대형 쇼핑몰로 들어갔는데 벽면 타일에 신기한 광고가 하나 붙어 있었습니다. 그래픽도 아니고 이모지도 아닌 희한한 문양들이 알록달록하게 이어 붙은 타일 한가운데로 '포르투닷Porto.'이라는 단어 하나만이 덩그렇게 올라가 있는 광고였죠.

    궁금한 마음에 검색해보니 포르투갈의 대표적인 관광지 포르투를 홍보하는 광고 같더군요. 세련된 디자인을 바탕으로 명료하게 말을 걸어오는 게 인상적이긴 했지만 사실 워낙 이런 종류의 광고들이 많다 보니 그때는 별로 대수롭지 않게 생각하고 넘겼습니다. 게다가 지구 반대편인 방콕에서 포르투갈의 도시를 홍보하다니 이건 또 무슨 시도인가 싶은 생각도 들었죠.

    그런데 몇 달 후 항공권 가격 비교 사이트를 이용하던 중 어딘가 낯익은 배너 광고 하나가 제 눈에 띄었습니다. 하얀 바탕 위로 꼬불꼬불한 아이콘들이 하나둘씩 움직이더니 금세 광고 영역을 가득 채우더라고요. '내가 이 디자인을 어디서 봤더라…' 하고 기억을 더듬을 때쯤 배너 중앙으로 익숙한 텍스트가 떠올랐습니다. 네. 바로 '포르투닷'이라는 글자였죠. 그리고 이번에도 어떤 설명 문구 하나 없이 기하학적인 디자인과 텍스트 타이틀만으로 저와의 대화를 끝내버렸습니다.

    와! 이쯤 되니 정말 궁금해지더군요. 이게 포르투의 어느 여행사나 항공사 광고인지 아니면 포르투 관광청에서 진행하는 홍보 캠페인인지, 그것도 아니라면 포르투 관련 정보를 제공하는 어느 사이트의 마케팅인지 파헤쳐보지 않고는 못 견딜 지경이 되었죠.

그렇게 저는 또 며칠을 시험 공부하듯 포르투닷에 대해서 알아보기 시작했습니다. 사실 도시 브랜딩이라는 단어에 대해 어느 정도 선입견이 있었던 만큼 처음부터 큰 기대를 가지고 접근하지는 않았죠. 그런데 하나씩 정체를 알아갈수록 기존에 제가 가진 고정관념에 금이 가는 소리가 들리더라고요. 무엇보다 그동안 저 스스로 풀지 못해 매듭이 꼬인 상태로 던져놨던 문제들이 하나씩 해결의 실마리를 찾아가는 느낌이었습니다.

왜 별로 친하지 않은 사람이라도 함께 차를 타고 꽤 먼 거리를 가다 보면 서로 주고받는 대화 속에서 의외의 교감을 하게 되는 순간이 있잖아요. '도시'와 '브랜딩' 사이를 제대로 잇지 못하고 있던 제게 포르투라는 도시가 그 역할을 해줄 것 같은 기대가 생긴 셈이죠.

그래서 포르투닷에 관한 이야기는 그동안 의구심을 품고 있었던 물음들에 대해 제가 직접 답하는 방법으로 한번 풀어가 보면 어떨까 해요. 개인적으로 양립하기 어렵다고 생각했던 개념들이 실제로는 서로를 얼마나 잘 떠받쳐주고 있었는지, 그렇게 바라보기 시작한 건 어디서부터였고 어떤 단계를 거치며 제 생각을 돌려놓았는지 자문자답해보는 거죠.

── 도시 브랜딩에 있어
공통의 목표를 갖는 게 과연 가능할까?

'포르투닷'은 포르투시로부터 도시 이미지 구축에 대한 브랜딩을 의뢰받은 '에두아르도 아이레스 스튜디오^{Eduardo Aires Studio}'라는 디자인 크리에이티브 회사가 완성한 프로젝트입니다. (프로젝트 당시에는 'White Studio'란 이름을 사용했으며, 이 글에서는 편의상 'EA 스튜디오'라고 줄여서 부르도록 하겠습니다.)

사실 포르투시는 작지 않은 고민을 하나 안고 있었습니다. 매년 포르투로 유입되는 관광객이 증가하고 도시 경관과 먹거리, 문화 등에 대해서도 좋은 입소문이 나고 있지만 포르투를 하나로 묶어줄 특별한 이미지가 없었기 때문이죠. 그도 그럴 것이 포르투는 무려 2,000년의 역사를 가진 도시거든요. 거기다 해상 무역의 거점으로 군림해온 만큼 드나드는 사람의 숫자도 엄청나고 도시 자체가 가진 스토리나 특산물도 많은 편입니다.

포르투에 대해 깊이 알지 못하는 사람이라도 와인에 브랜디나 꼬냑을 섞은 포트와인은 한 번쯤 들어보셨을 거고, 식당이나 카페 등 어디서나 쉽게 만날 수 있는 에그타르트도 유명하죠. 수많은 축구 스타를 배출한 FC 포르투 구단도 빼놓을 수 없고, 중세 시대에 착용하던 망토를 지금까지 교복으로 채택하고 있는 포르투갈의 대학 문화도 흥미로운 지점 중 하나입니다. (실제로 해리포터 시리즈를 쓴 조앤 K. 롤링이 포르투 대학의 교복에서 영감을 받아 호그와트 학생들의 복장을 설정했다고 알려져 있죠.)

하지만 이렇게 소스가 풍부하다는 사실이 꼭 장점으로만 작용하는 것은 아닙니다. 저도 브랜딩 일을 하고 있지만 담아내야 할 가치가 많고 꿰어야 할 구슬이 많은 상태일수록 그렇지 않을 때보다 몇 배는 더 힘들거든요.

게다가 포르투는 뉴욕의 자유의 여신상이나 파리의 에펠탑처럼 랜드마크가 되는 상징물도 없고, 잘츠부르크의 모차르트나 바르셀로나의 가우디처럼 도시 전체를 대표하는 인물도 없으니 포르투시로서도 고민이 깊을 수밖에 없었던 거죠. 하나로 묶기엔 손에 들린 게 너무 많고, 하나만 다루자니 손에서 놓아야 하는 게 너무 많은 딜레마에 직면한 겁니다.

그런데 좋은 결과물은 좋은 클라이언트가 만든다고 했던가요. EA 스튜디오에 도시 브랜딩을 의뢰하며 포르투시가 요청한 사항은 매우 명확했습니다. 쉽지 않은 과제라는 사실에는 모두가 공감했지만 적어도 무엇이 문제이고 무엇이 필요한 상태인지는 꿰뚫고 있었던 셈이죠.

도시와 시민을 하나로 묶을 수 있어야 함.

외부에서 바라볼 때 우리를 대표할 수 있는 상징적 이미지가 필요함.

허황된 것을 새로 만들기보다 우리가 가진 것을 표현해내야 함.

정체되거나 고정되거나 폐쇄되어 있는 것은 안 됨.

생동감 있고 활기차며 매일 숨쉬고 자라나야 함.

물론 저도 이 요청 사항을 보고 이런 생각이 들었습니다. 어쩌면 EA 스튜디오가 이 프로젝트를 따낼 수 있었던 것은 다른 회사들이 모두 두 손 두 발 들고 포기했기 때문은 아닐까 하고요. 차라리 이런 과제라면 새로운 도시 하나를 만드는 게 더 빠를 수도 있죠.

2,000년을 이어온 역사 도시와 그 속에서 현대인의 삶을 살고 있는 시민들 그리고 매일매일 새로 유입되는 관광객과 사업가들을 모두 묶어 하나의 관점에서 브랜딩한다? 이때까지만 해도 도시 브랜딩에 대한 저의 의구심이 완전히 사라진 것은 아니었습니다. 그래서 포르투시와 EA 스튜디오가 벌인 일들을 처음부터 끝까지 하나하나 살펴보기로 결심했죠.

—— 수백만 명의 삶을 하나의 가치로 표현해낼 수 있을까?

우선 EA 스튜디오는 '묶을 것'을 찾기 위해 고심했습니다. 포르투를 중심으로 넘쳐나는 콘텐츠들을 공통적으로 엮어내려면 그에 걸맞은 도구가 필요하다는 생각에서였죠. 남들이 이미 선점하지 않은 것 중에 우리를 잘 드러낼 수 있는 도구, 동시에 어떤 이야기도 담아낼 수 있는 플랫폼 같은 도구를 고르는 데 집중한 겁니다.

그러던 중 EA 스튜디오는 포르투의 건축 장식 중 하나인

'아줄레주^azulejo'에 주목하게 됩니다. 아줄레주란 포르투 어디에서나 흔히 찾아볼 수 있는 전통 건축 양식으로 일종의 '모자이크 타일'이라고 생각하면 쉽습니다. 손바닥 남짓한 사이즈의 흰색 타일이나 세라믹 판에 푸른색 잉크로 그림을 그린 후 벽면에 부착하는 방식인데, 약 600년 넘게 이어져온 포르투의 전통 중 하나죠. 성당이나 학교 같은 유서 깊은 건물은 물론이고 해변을 따라 조성된 담벼락에서도 이 아줄레주를 흔히 발견할 수 있습니다.

EA 스튜디오는 포르투를 한데 묶어줄 최고의 도구는 바로 이 아줄레주라고 확신했습니다. 아줄레주 작업에는 조각 하나하나를 이어붙이는 이른바 '타일 바이 타일^tile by tile' 기법이 사용되는데요. 각각의 타일에 녹아든 다양한 그림이 이어져 하나의 커다란 일관성을 만들어내는 게 이 방식의 핵심이기 때문이죠. 모든 것을 다 담을 수는 없고, 그중 딱 하나만 고를 수도 없다면 그냥 이 자체를 포르투의 아이덴티티로 삼아버리자는 놀라운 결정을 한 것입니다.

그런 다음 EA 스튜디오는 포르투 시민들을 대상으로 설문조사를 진행합니다. '당신의 포르투는 무엇인가요?'라는 아주 심플한 질문 딱 하나만 가지고 말이죠. 그런데 시민들의 대답은 정말이지 아줄레주 타일만큼이나 자유롭고 다양했습니다.

포르투를 대표하는 클레리구스 성당부터 도시를 가로지르는 도루강과 루이 1세 다리, 포르투갈에서 가장 오래된 서점이라는 렐루 서점 같은 명소들이 '나의 포르투'라고 대답하는 사람들도 있었고, 지역 대표 맥주인 슈퍼복^{Super Bock}이나 서민의 음식으로 불리는 프란세지냐 샌드위치를 외치는 사람도 있었죠.

포르투라는 거대한 그림 속에 함께 담겨 있지만 그림을 이루는 타일 하나하나를 들춰보면 그 안에는 또 나만이 이해하고 기억하는 포르투가 존재하고 있었던 겁니다.

이런 일련의 과정을 모두 살펴본 EA 스튜디오는 비로소 이 프로젝트가 어떻게 나아가야 하는지 정확히 감을 잡게 되죠. 그리고 EA 스튜디오의 창립자이자 CEO인 에두아르도는 포르투 시청에서 진행한 첫 프로젝트 회의에서 이런 말로 프레젠테이션을 시작합니다.

지난 몇 주 동안 제가 한 일 중 가장 어리석었던 것은 포르투가 무엇인지 정의해보겠다고 나선 일입니다. 대신 요 며칠간 가장 잘한 일을 꼽으라면 그게 어리석은 짓이라는 걸 깨달은 일이라고 할 수 있겠네요.

왜냐고요? 모든 사람에게는 자기만의 포르투가 있기 때문입니다. 그리고 그 한 개 한 개의 조각이 모여서 또 하나의 포르투를 만들죠. 그러니까 이 프로젝트는 각자의 포르투^{for each Porto}를 이어 붙여, 모두의 포르투^{for every Porto}를 만드는 일이 될 겁니다.

—— 만인을 위한 메시지를 만드는 게
정말 의미가 있을까?

프로젝트는 빠르게 진행됐습니다. 우선 시민들이 '나의 포르투'라고 대답한 장소, 음식, 물건 등을 추려 70여 개의 심플한 아이콘을 제작하는 것에서부터 시작했죠. 그리고 이 아이콘들을 모두 아줄레주 디자인으로 사용할 수 있도록 디자인 언어를 통일했습니다. 하나의 아이콘을 단독으로도 사용할 수 있지만 다른 아이콘들과 이어 붙여 자신만의 그림을 만들 수 있도록 한 것이죠. 그러니 제가 방콕에서 보았던 옥외 광고나 항공권 사이트에서 만난 배너 광고 역시 서로 다른 아이콘들을 조합해 또 하나의 새로운 아줄레주를 완성한 그림이었던 겁니다.

그리고 포르투시와 EA 스튜디오는 이 아이콘들이 도시 안의 커다란 공간부터 깨알 같은 요소에까지 다양하게 적용될 수 있도록 사용처를 무제한에 가깝게 확장합니다. 트램 열차 외부를 포르투닷 아이콘들로 래핑하거나 수백년 된 기존의 아줄레주 위로 새로운 아이콘 스티커를 붙이는 과감한 시도도 망설이지 않았죠. 육교 외부 난간과 학교 교실의 유리창, 가로등과 공용 컵 디자인에도 접목했고, FC 포르투 팀이 기념일마다 착용하는 특별 유니폼에도 이 아줄레주를 활용했습니다.

단순히 자극적이기만 한 디자인이었다면 여러 번 반복되는 데서 오는 피로감이 있었겠지만 포르투닷의 디자인은 공간과 용도에 따라 '따로 또 같이' 갈 수 있다는 장점 덕분에 일상 속 즐거움으로 자리 잡는 데 성공했습니다. 더불어 지금까지도 계속해서 아이콘이 추가되고 변형되며 새로운 디자인들이 탄생하고 있죠. 원래 존재해왔던 문화 위로 또 다른 문화가 한 겹 한 겹 덧입혀지게 함으로써 매일 조금씩 다른 포르투를 만나도록 해주는 겁니다.

또 한 가지 놀라운 건 포르투시는 도시를 홍보하기 위한 별도의 슬로건을 만들지 않았다는 사실입니다. '포르투닷Porto.'이라는 명칭도 도시 이름에 마침표 하나를 찍은 게 전부거든요. 그리고 어떤 광고나 마케팅 소재에도 별도의 텍스트는 삽입하지 않습니다. 웬만한 도시나 국가들이 멋진 문구와 단어로 자신을 포장하려고 애쓰는 것과는 전혀 다른 방향인 것이죠.

이는 포르투에 대해 특정한 메시지를 전달해주기보다는 당신이 느끼고 경험하고 기억하는 '그 자체가 포르투'라는 의미를 담기 때문이라고 합니다. 즉 '무슨 설명이 필요한가? 지금 그곳이, 그것이 포르투인데!'라는 뜻인 거죠. 그러니 이 메시지를 전달받은 사람은 포르투에 도착하는 순간부터 이런 생각을 하게 될지도 모릅니다.

지금부터 나도 포르투의 한 조각이 되는 거야!

라고 말이죠.

도시 곳곳에 녹아 있는 '포르투닷' 요소들은
이제 포르투를 방문하게 만드는 또 하나의 이유가 되었습니다.

── 서로 다른 것들을 양립하게 할 수 있을까?

눈치채셨겠지만 지금까지의 질문들에 대한 답은 모두 'YES'입니다. 그렇다고 연신 고개를 끄덕이며 수긍만 하고 있을 수는 없죠. 이제 도시 브랜딩이란 개념에 대해 그동안 제가 가졌던 오해와 선입견을 반납해야 하는 일이 남았으니까요. 뭐 세상일이라는 게 오해도 했다가 또 어떤 기회로 풀리기도 했다가 그런 거라지만 저는 이 포르투닷을 보며 제법 뜨끔한 느낌이 들었습니다.

'도시 브랜딩도 제대로 된 해법을 찾을 수 있는 분야구나' 하는 깨달음과 동시에 '반대되는 개념이라고 해서 양립할 수 없는 것은 아니구나' 하는 생각이 한꺼번에 밀려왔기 때문이죠.

사실 무엇인가를 기획하는 사람들에게 서로 다른 가치를 한 번에 요구하는 것은 늘 예민한 문제입니다. '심플하지만 화려하게 해주세요'라는 마냥 웃을 수만은 없는 우스갯소리처럼 두 마리 토끼를 다 잡고 싶어 하는 마음들이 항상 존재하거든요.

저 역시 이런 상황과 마주할 때마다 어느 하나에 집중해서 좀 더 뾰족한 결과물을 만들자고 설득하는 편이었죠. 늘 밸런스가 잘 잡힌 브랜드나 기획물을 꿈꾸면서도 한편으로는 이도 저도 아닌 어중간한 결과가 초래될까 봐 불안한 마음이 지워지지 않았던 겁니다.

정말 솔직히 말하자면 이 포르투닷의 사례를 보고 나서도 한동안은 반신반의하던 시절이 있었습니다.

만약 포르투갈에 아줄레주 같은 아이템이 없었다면? 과거에 어설프게 브랜딩을 시도했다가 실패한 유산들이 고스란히 남아 있었다면? 유연하게 변화하고 확장하는 이른바 플렉서블^{flexible} 디자인이 트렌드가 아니었다면? 하는 물음들이 계속 머리를 맴돌며 '이 사례는 전략의 승리일까 행운의 얻어걸림일까' 하는 질문을 던지게 했기 때문이죠.

── 당신 거기 있어 줄래요?

그런데 이런 제 마지막 의구심마저 깔끔하게 청소해준 계기가 있습니다. 그날은 우연한 기회로 심리학 박사님이 계신 모임에 참석하게 된 날이었죠. 도로에서 경찰차를 만나면 괜히 운전대를 바로 잡게 되듯이 심리학 박사님과 이야기한다고 하니 뭔가 더 포커페이스를 유지하고 싶어지더군요. 말 한마디도 더 조심해야 할 것 같았고요. 그렇게 제 마음을 들키지 않으려 아등바등하는 와중에 모임에 자리한 한 분께서 이런 고민을 털어놓았습니다.

선생님, 저는 남자친구랑 닮은 구석이 하나도 없어요. 성격부터 취향, 관심사, 가치관까지 너무 다른데 또 그래서 사랑하지 않는 건 아니거든요? 많이 싸우는 편도 아니고요.

근데 이렇게 다른 저희가 계속 오래 관계를 유지할 수 있을까요?
나중에 가서 엄청 크게 싸우면 어쩌죠?

저런 이야기를 먼저 치고 나가면 나는 다음 순서에 어떤 질
문을 할 수 있을까 당황하는 사이에 박사님께서 이런 대답을 들려
주셨습니다.

사람들은 보통 사이가 좋다라는 말을 화학적인 관계로만 해석해
요. 저 사람과 내가 마치 같은 원소로 구성되어 있고 좋은 화학 반
응을 할 수 있어야만 '친하다', '사이가 좋다'라고 생각하거든요.
그런데 저는 물리적인 측면에서 좋은 관계를 유지하는 것도 그만
큼 중요한 문제라고 봐요. 즉, '우린 다르잖아. 그러니까 화학적으
로 결합하기가 어렵다면 물리적으로 서로 한 번씩 주고받자'라는
마인드가 필요한 거죠.
절대 거창한 게 아니에요. 예를 들어 여자친구는 떡볶이가 먹고
싶은데 나는 된장찌개가 먹고 싶어요. 그렇다고 된장 떡볶이나 떡
볶이 찌개를 만들 수는 없지 않겠어요? 그땐 떡볶이 한 번, 다음에
된장찌개 한 번이 국룰이죠. 그러니 서로 다른 것을 무조건 화학
적으로 묶으려 하면 안 돼요. 그건 균형이 아니에요. 우주가 균형
을 이룰 수 있는 건 성분도 다르고 환경도 다른 별들이 각자의 존
재를 인정해주면서 따로 또 같이 맞춰가기 때문이니까요.

포커페이스가 웬 말인가요. 박사님의 대답을 듣는 순간 헤드뱅잉에 가까운 끄덕거림을 이어가버린 걸요. 어찌나 제 맘에 와서 콱 박히던지 실례를 무릅쓰고 그 자리에서 메모 앱을 꺼내 박사님의 말씀을 적어 내려갔습니다. 질문한 사람은 따로 있지만 마치 그 대답은 제게 필요한 맞춤형 답변같이 느껴졌거든요.

사실 정확히 얘기하면 박사님의 말씀은 제게 공감이기에 앞서 지적이나 다름없었던 것 같습니다. '가능성을 열어두자', '밸런스를 잘 잡자', '다양성을 존중하자'라고 매일 스스로 외치면서도 저도 모르는 사이 화학적인 결합에만 몰두하고 있었단 걸 알게 되었거든요. 서로 다른 두 가지가 쉽게 섞일 수 없는 것이라면, 또 적절한 화학작용을 통해 새로운 가치로 탄생할 수 없다면 '양립 불가'라고 규정해버린 제 자신이 부끄러워지기까지 했습니다.

── 나의 아줄레주

생각해보면 포르투닷도 화학적 결합보다는 물리적 결합을 선택한 올바른 예에 가깝습니다. 그 수많은 가치들을 한 솥에 욱여넣고 끓이려 했다면 어느 부분은 설익고 또 어느 부분은 바싹 타버린 브랜딩이 되었을지도 모르죠. 대신 개인의 것은 개인의 것으로, 함께한 것은 함께한 것으로 두고 각각의 선명함을 번갈아가며 짚어준 전략이 제대로 작동한 것이라고 봅니다.

저는 양립하기 어려운 가치들을 대할 때도 이런 관점으로 바라봐야 한다고 생각해요. 이 둘을 섞으면 맛이 흐려지거나 색이 이상해지지 않을까를 걱정하기에 앞서 우선 그 각각의 대상을 더욱 온전하게 마주하는 게 중요한 것 같거든요. 그렇게 개별 대상을 이해하고 인정하는 과정이 존재해야 이들을 함께 연결해볼 수 있는 포인트 역시 발견할 수 있는 거라고 보고요.

그러니 빨간색과 흰색을 섞어 분홍색을 만드는 것뿐 아니라 빨간색과 흰색이 자기 위치에서 자연스레 존재감을 드러낼 수 있게 좋은 판을 깔아주고 이어주는 것 또한 균형일 수 있겠다 싶습니다. '양립兩立'이란 말뜻처럼 각자의 자리에 단단히 서 있도록 서로를 리스펙트해주는 거죠.

그래서 저는 포르투닷의 도시 브랜딩을 교훈 삼아, 또 심리학 박사님이 들려주신 이야기를 발판 삼아 극과 극을 살펴보는 새로운 재미에 빠졌습니다. 글의 서두에 말씀드린 것처럼 한자리에 모여 있을 수 없을 것 같은 단어들의 의미를 다시 들여다보기도 하고, 대립되는 가치를 잘 풀어낸 브랜드들을 열심히 파헤쳐보기도 하거든요. 그러다보면 어떤 것들은 화학적으로 결합해 케미를 폭발시킨 것들이 있는 반면 어떤 것들은 한 지붕 두 가족처럼 살아가고 있음을 발견하게 되죠.

당연히 무엇이 더 낫다, 어떤 방법이 옳다라고 규정할 수는 없습니다. 여전히 화학적으로든 물리적으로든 결합하기 어려운 개념들이 무수히 많은 게 사실이고요.

다만 우리에게 생각의 옵션이 늘어난다는 것은 일을 함에 있어서도 인생을 살아감에 있어서도 꽤 유용하고 즐거운 일인 것 같아요. 늘 한 가지 방법밖에 없다고 생각하다가 다른 식으로도 문제를 풀 수 있다는 걸 알게 되면 신선한 충격과 함께 또 하나의 눈이 생기는 느낌을 받는 것처럼 말이죠.

그리고 이건 저만의 관점이긴 한데, 저는 '나라는 사람도 수많은 아줄레주로 만들어져 있다'고 생각하면 한결 마음이 편해진다고 봅니다. 왜 가끔 우리가 자신을 옥죄게 되는 것도 결국 내 안에서 양립할 수 없는 가치들이 서로 부딪히기 때문이잖아요. 그때마다 꼭 하나를 선택하려 하거나 어떻게든 합을 이루는 방향을 고민하다 보니 시야는 더 좁아지게 되고요.

하지만 한 개인 역시 수많은 나날 동안 셀 수 없이 많은 타일에 그림을 그려가는 존재라고 생각하면 뭔가를 결정해야 한다는 압박에서 벗어나 그 각각의 가치와 경험들을 스스로 존중하게 되는 것 같아요. '그래. 이것도 하나의 나일 수 있고, 저것도 또 하나의 나일 수 있지'라는 생각으로 말이죠. 때문에 거창한 좌우명 없이도 나라는 존재에 마침표 하나 꽝 찍어 나다움을 완성할 수 있게 하려면 나를 둘러싼 것들과 '따로 또 같이' 가는 방법을 아는 게 참 중요한 것 같습니다.

말이 나온 김에 저도 제 아줄레주들을 다시 한번 훑어봐야 겠네요. 괜히 그럴싸한 목표를 만들고 그 안에 나를 매몰시키며 살고 있는 것은 아닌지, 내 안의 다양한 조각들이 서로 사이좋게 지낼 수 있는 가능성을 닫아놓고 있는 건 아닌지 저 자신에게 솔직하게 물어봐야겠습니다.

예전에 한 중식당에서 의도치 않게 옆 테이블의 대화를 들은 적이 있었습니다. 아마도 한 분은 새로 팀에 합류하게 된 분인 것 같았고 다른 한 분은 그 팀의 팀장님인 것 같았어요. 두 분이 이런저런 이야기를 나누던 중에 새로 오신 것으로 보이는 분이 이런 말을 꺼내시더군요.

"하루빨리 팀에 녹아들 수 있도록 열심히 해보겠습니다."

그러자 팀장님인듯한 분이 이렇게 답하셨죠.

"에이. 천천히 녹아들어도 괜찮아요. 오히려 녹아들기 전에 새로운 눈으로 우릴 좀 봐줘요. 우리 팀이 뭐가 좋고 뭐가 나쁜지, 이전에 일하던 곳과는 어떤 게 다른지 생각나는 대로 말해주셔도 돼요. 그래야 우리도 새 사람을 모신 의미가 있죠."

인사치레였는지 모르겠지만 저는 그분의 말이 새삼 신선하게 들리더라고요. '팀에 녹아드는 것도 좋지만 당신도 당신의 역할과 색깔을 잘 유지해주세요'라고 말하는 것 같았으니까요. 저런 태도로 새로운 사람을 맞이하는 것 또한 좋은 접근과 시도일 수 있겠다는 생각이 들었습니다.

(물론 그 말이 끝나자마자 탕수육 위로 소스를 들이부으시는 걸 보고는 좀 당황했지만요. 참고로 전 '찍먹'이거든요. 담백한 탕수육 그 자체의 맛도 즐길 줄 알고 소스에 콕 찍어서도 맛있게 먹을 줄 아니까 어쩌면 찍먹파야말로 '따로 또 같이'의 참맛을 아는 사람들이 아닐까요?

아, 당연히 이 역시도 탕수육을 대하는 저만의 아줄레주이긴 합니다.)

12

캐릭터를
추출한다는 것

크리드
CREED

'프루스트 효과'라는 것이 있습니다. 프랑스 작가인 마르셀 프루스트의 이름을 딴 이 용어는, 그가 1910년대 출간한 대하소설 《잃어버린 시간을 찾아서》 덕분에 유명해진 개념입니다.

이 책에는 주인공이 마들렌 조각을 홍차에 적시는 순간 갑자기 자신의 어린 시절을 생생히 떠올리게 되는 장면이 나오는데요. 이를 계기로 어떤 냄새로 인해 특정한 기억이 호출되는 현상을 프루스트 효과라고 부르게 된 것이죠.

사람은 누구나 각자가 좋아하는 냄새가 있습니다. 비가 내린 뒤 촉촉해진 땅이 틔우는 옅은 흙냄새를 좋아하는 사람도 있고 코끝이 쨍할 정도로 추운 겨울날 버스 정류장 앞에서 풍겨오는 어묵 국물 냄새를 좋아하는 사람도 있죠. 저는 특이하게도 아무것도 그려지지 않은 새하얀 스케치북에서 나는 냄새를 좋아합니다. 약간의 나무 향과 또 약간의 기름 향이 섞여 올라오는 그 냄새가 의외로 포근하게 느껴지더라고요. (어쩌면 학창 시절 책상에 엎드려 잘 때 스케치북을 자주 펴놓고 자서 그런지도 모르겠습니다…)

그런데 냄새는 크게 두 가지로 나눌 수 있다고 해요. 이렇게 맡자마자 본능적으로 기분 좋음을 느끼는 냄새가 있나 하면 앞서 말한 프루스트 효과처럼 특정한 기억으로 연결되는 냄새가 있는 거죠.

재미있는 것은 인간이 느낄 수 있는 여러 감각 중 기억과 가장 밀접한 감각이 바로 후각이라는 사실입니다. 사람의 두뇌에는 냄새를 분석하는 후각 신경구라는 부분이 있는데요. 신기하게도 이 후각 신경구가 위치한 곳이 우리의 기억을 다루는 편도체와 해마 아주 가까운 곳이기 때문입니다. 그러니까 냄새가 주는 정보가 우리 뇌를 거쳐 갈 때는 잠들어 있던 기억을 하나둘씩 깨우고 지나가는 셈이죠.

이런 이유를 일찌감치 간파한 마케팅 업계는 오래전부터 냄새를 이용한 광고와 브랜딩을 시도했습니다. 버스나 지하철이 던킨DUNKIN' 매장 근처에 가까워지면 차내에 고소한 베이글 향이 퍼지도록 자동 디퓨저를 설치한 사례도 있었고, 한때 북미 시장을 호령했던 패션 브랜드 아베크롬비 앤 피치Abercrombie & Fitch는 아예 전 세계 매장에서 똑같은 향기가 날 수 있도록 매장용 조향 시스템과 전용 향수를 개발하기도 했었죠.

모든 감각을 동원해 특정한 인식을 심어주는 과정 역시 브랜딩이라고 한다면, 이 과정에서 기억을 지배하는 강력한 수단인 후각이 빠질 리가 만무한 겁니다.

─── 위대한 향기의 시작

그럼 여기서 관점을 조금 바꿔보겠습니다. 어떤 제품이나 서비스를 브랜딩하기 위해 냄새를 이용하는 것과는 반대로 냄새 자체를 브랜딩해야 하는 경우라면 어떨까요? 수단과 목적이 반대가 되는 이 상황에서는 어떤 대상을 이용할 수 있는지 또 그것들로 무엇을 할 수 있는지가 문득 궁금해집니다.

이쯤 되면 다들 예상을 하고도 남으시겠지만 '향수'라는 영역이 바로 그런 영역입니다. 개인적으로 향수야말로 브랜딩의 끝을 달리는 카테고리가 아닐까 생각하는데요. 제품이라고는 하지만 사실상 케이스로 된 용기를 벗어나는 순간은 무형의 물질이라고 해도 과언이 아닌 데다 또 그것이 누구의 몸에, 어느 부위에, 심지어 어떤 체온에 닿느냐에 따라 아주 조금씩 향이 달라지기도 하기 때문입니다.

그러니 브랜딩적인 시각으로 바라보자면 '미완성의 상태로 태어나 사용을 거듭하며 완성형이 되어가는 것' 혹은 '그 브랜드를 좋아하는 사람들을 하나로 묶는 공동체 의식 대신 지극히 나다움을 떠올리게 하는 개인화의 산물'이 바로 향수일 수 있겠다는 생각마저 듭니다.

자, 그럼 지금부터는 이 낯설고도 특별한 향수에 대한 이야기를 한번 시작해보겠습니다. 그리고 이 이야기를 이끌어가게 도

와줄 브랜드는 오랜 역사를 자랑하는 영국의 니치 향수 브랜드 '크리드CREED'입니다.

크리드의 역사는 1760년 제임스 헨리 크리드James Henry Creed가 '하우스 오브 크리드'라는 이름의 작은 부티크를 열면서부터 시작됩니다. 처음에는 부유한 귀족들을 위해 비스포크 정장이나 맞춤형 가죽 장갑 같은 제품들을 주로 판매했는데 이때 가죽에 향을 덧입히기 위한 목적으로 아주 소량의 향수를 제작했다고 알려져 있습니다.

우수한 품질과 고급스러운 디자인으로 지역 상류층에게 사랑받던 크리드는 1781년 자신들의 운명을 바꾸는 사건 하나와 마주하게 되는데요. 당시 대영제국의 국왕이었던 조지 3세가 우연히 크리드가 만든 가죽 장갑을 보게 되었고 그 장갑에서 나는 향에 매료되고 말았던 것이죠. 조지 3세는 곧장 제임스 크리드에게 자신만을 위한 향을 만들어달라고 요청했고, 제임스는 국왕이 맡았던 가죽 향의 기억을 재구성해 그에게 가장 어울릴 수 있는 향수를 개발합니다. 크리드의 공식적인 첫 향수 '로열 잉글리시 레더'는 그렇게 탄생하게 된 것이죠.

이후 크리드는 영국 왕실의 공식 향수 작위를 받으며 유럽 전역으로 입소문이 퍼지기 시작합니다. 특히 이때부터는 기존에 판매하던 의류, 잡화보다 맞춤형 향수에 대한 주문이 물밀듯이 쏟아지게 되는데 이 수요에 대응하기 위해 1800년대 중반에는 하우스 오브 크리드를 아예 파리로 이전하게 되죠.

　　제임스로부터 사업을 물려받은 아들 헨리는 본격적으로 맞춤형 향수 만들기에 매진하기 시작합니다. 그는 나폴레옹 3세의 아내 유제니 황후를 비롯해 빅토리아 여왕, 오르세 백작, 엘리자베스 여왕 등 당대 최고의 인물들을 위해 세상에 하나뿐인 향수를 만드는 데 혼신의 힘을 다했습니다. 향수의 베이스가 되는 원료는 늘 최고급만을 고집했고, 디테일한 조향을 위해 온도와 습도를 조절할 수 있는 당시로서는 획기적인 실험실을 직접 설계하기도 했죠. 또 사람들의 몸과 옷에 닿으면 향이 어떻게 달라지는지를 연구하기 위해 직원들과 함께 의학과 재료학을 공부하기도 했습니다.

── 나를 타인에게 보내는 법,
　　타인을 나에게로 오게 하는 법

그런데 이 과정에서 크리드만의 놀라운 전통이 하나 생겨납니다. 오랫동안 특정인을 위한 향수를 제작해오던 그들은 좋은 향수를 만들기 위해서는 향뿐만 아니라 그 향을 사용할 사람 자체를 탐구해야 한다는 사실을 깨달은 겁니다. 제임스가 조지 3세를 위한 향수를 만들 때 그가 매료된 가죽 향의 기억을 복원했듯이 누군가의 머릿속 깊숙한 곳에 있던 기억과 욕망을 발굴해내는 노력이 필요했던 것이죠.

이를 위해 크리드는 두 가지의 매우 흥미로운 작업을 합니다. 하나는 향수를 사용할 사람을 분석하기 위해 의뢰인에게 수많은 질문을 던지며 그들의 기억을 밖으로 끄집어내는 거였죠. 평소 본인을 편안하게 만드는 것들에는 무엇이 있는지, 가장 희열을 느끼는 순간은 언제인지, 어떨 때 의지가 샘솟고 또 어떨 때 만족감을 느끼는지 등을 적게는 수십 가지, 많게는 백여 가지 질문으로 만들어 심리학자에 버금갈 만큼 상세히 탐구했다고 합니다. 18세기의 보수적인 환경 속에서도 '이것과 비슷한 느낌의 향수 하나 만들어주쇼' 같은 의뢰는 제아무리 높은 사람의 주문이라도 정중히 거절했다는 기록이 있을 정도입니다.

하지만 크리드의 노력은 여기서 그치지 않았습니다. 의뢰인에 대한 분석이 끝나면 다음 단계로 그 의뢰인을 둘러싼 주변인들을 인터뷰하는 작업을 시작했거든요. 그를 속속들이 알고 있는 가까운 주변인부터 그저 존재만 흐릿하게 알고 있는 먼 관계의 사람들까지 매우 폭넓은 인터뷰가 진행되었다고 하는데, 이는 의뢰인 스스로가 생각하는 자신과 타인이 바라보는 자신이 얼마나 일치하는지를 보기 위함이었다고 합니다.

이렇게 하우스 오브 크리드에서는 나와 내 주변에 존재하는 작은 기억의 조각들까지 모조리 수집하고 나서야 조향을 시작할 수 있었습니다. 다른 사람들이 나에 대해 느끼는 감정을 숨기거나 왜곡하지 않으면서 동시에 내가 바라는 이상적인 모습을 떠올리게 하는 향이야말로 정말 '그 사람다운 향'이라고 생각했던 것이죠.

'향수는 나를 타인에게 보내는 방법이자, 타인을 나에게로 오게 하는 방법'이라는 제임스 크리드의 신념이 고스란히 녹아든 향수를 만든 겁니다.

—— 오직 나만의 향을 추출할 수 있다면

이러한 크리드의 아이덴티티는 무려 260년을 훌쩍 넘는 시간 동안 이어졌습니다. 그 가운데 윈스턴 처칠, 존 F. 케네디를 비롯해 모나코 왕비였던 그레이스 켈리, 영국의 다이애나 황태자비의 개인 향수를 제작하기도 했죠.

그중 가장 유명한 걸작으로 칭송받는 제품은 아마 오드리 헵번을 위해 만든 향수 '스프링 플라워'가 아닐까 합니다. 강렬한 핑크색병 위로 그녀가 〈로마의 휴일〉에서 매고 나온 쁘띠 스카프 모양의 리본을 단 이 제품은 오드리 헵번이 평생에 걸쳐 주문한 향수로도 잘 알려져 있으니까요.

사실 크리드는 1970년에 이르러 대중화된 상품을 내놓기 전까지는 철저히 개인 맞춤형 향수만을 제작했기 때문에 당대 유명했던 의뢰인들이 크리드에 대해 어떤 평가를 내렸는지 공식적인 사료로 남은 게 별로 없습니다. 다만 그들에게는 몇 가지 공통점이 있었는데 '한 번 주문한 크리드 향수는 아주 오랫동안 수차례에 걸쳐 재주문이 이루어졌다는 점' 그리고 '크리드라는 이름보다는 자신을 위해 붙여진 이름으로 향수를 불렀다는 점'이 대표적이라고 전해집니다.

　그리고 세계에서 가장 유명한 향수 전문 콘텐츠 기업인 '퍼퓸 소사이어티'의 공동 창업자 로나 맥케이^{Lorna McKay}는 그들이 크리드에 열광한 이유를 이렇게 설명하기도 했죠.

　인생을 살면서 나로 대표되는 향기를 가진다는 것은 상상 이상의 의미예요. 누군가 어떤 냄새를 맡고서 나를 떠올려준다고 생각해보세요. 감동적이고 영광스럽지 않나요? 크리드는 그 일을 가능하게 한 겁니다. 단순히 향수를 만든 것이 아니라 한 인간이 가진 고유한 향을 추출해낸 것이죠.

　향기에 대해 새로운 시각이 열린 것은 딱 저 말을 듣는 순간이었던 것 같아요.

　인간이 가진 고유한 향을 추출한다.

　어쩌면 문학적 수사에 그칠지 모르는 이 문장을 한편으로는 향수가 아닌 다른 분야에도 적용해볼 수 있지 않을까 하는 생각이 들더라고요.

　원래 향기란 냄새의 일종인 건 다들 알고 계시죠? 냄새 중

1956년 모나코 왕비가 된 그레이스 켈리를 위해
레이니어 왕자가 직접 주문 제작한 향수 '크리드 플뢰르시모'입니다.
지금도 '그레이스 켈리 향수'란 애칭으로 훨씬 더 유명하죠.

에서도 꽃이나 섬유, 향수 등에서 나는 좋은 냄새만을 일컬어 향기라고 부릅니다. 하지만 꼭 향기라고 불리지 않아도 살아 숨쉬는 모든 것에는 자신만의 냄새가 있습니다. 브랜드에도 생명력이 있다고 믿는 저는 각각의 브랜드 역시 고유한 냄새를 지니고 있다고 생각하고요.

그럼 여기서 자연스레 한 가지 질문이 따라붙죠. 과연 어떻게 해야 각자가 지닌 혹은 각 브랜드가 지닌 고유의 냄새를 추출할수 있을까요? 그리고 굳이 향수를 만들 게 아니라면 그렇게 추출한 각자의 향은 또 어디에 어떻게 써야 맞는 걸까요?

—— 사람의 향기를 빌리다

어쩌면 저는 그 답도 크리드에서 배울 수 있다고 생각합니다.

저는 누군가의 향기를 발굴해낸다는 것은 그 사람의 캐릭터를 추출하는 것과도 같다고 보거든요. 즉 크리드가 자신만의 향수를 의뢰한 수많은 사람들에게서 '그 사람다움'을 끄집어낸 것처럼 한 인물을 깊숙이 들여다보는 노력이 때로는 좋은 결과물을 가져다줄 때가 있는 거죠.

그래서 저는 무엇인가를 새로 만들고 브랜딩해야 하는 작업이 있다면 그 목표를 특정한 인물에 대입해보는 것도 매우 좋은 방법이라고 생각합니다. 사실 맨땅에서 하나씩 차곡차곡 쌓아올려야 하는 작업은 보통 어려운 게 아니잖아요. 특히 그중에서도 가장 애먹는 부분은 목표가 선명하지 않을 때나 혹은 다양한 이해관계자들이 각자 다른 목표를 떠올리고 있을 때죠. 그러니 이를 한데 모으고 더 또렷하게 만들어주기 위해 한 인물의 캐릭터를 빌려오는 것은 매우 적절한 도구 사용법이기도 합니다.

다정한 느낌이 났으면 좋겠고, 또 많은 사람이 좋아할 만한 거면 좋겠고… 그러면서도 좀 차별화된 포인트는 뚜렷했으면 하는데… 자연스러우면서도 한 방이 있는… 뭐 그런 거 없을까요?

아마 이와 비슷한 요구를 들어보신 분들이 꽤 많을 거라고 생각합니다. 저 사람과는 전생에 무슨 악연이었길래 나에게 이렇게도 힘든 과제를 안겨주는 것일까라는 생각을 저도 여러 번 해봤죠.

하지만 입장을 바꿔 생각해보면 그 사람 역시 최대한 자세하게 자신이 원하는 것을 설명하고 싶었을 겁니다. 다만 아무 밑그림이 없는 상태에서 떠오르는 대로 말하려다 보니 밸런스를 맞추고 조화를 고려할 틈이 없었던 거겠죠. 때문에 어쩌면 우리가 해야 할 일은 그 틈을 열어주는 것일지도 모르겠습니다. 그들이 틈새로 스며드는 빛을 따라 천천히 어두운 동굴을 빠져나올 수 있게끔요.

그래서 언젠가부터 저는 과제의 방향성을 논하는 대화 사이사이에 이런 물음을 하나씩 끼워 넣습니다.

혹시 사람으로 치면 누구와 비슷한 느낌일까요?

네. 이 질문을 던지면 초반에는 대개 당혹해하는 분들이 많죠. 그도 그럴 것이 갑자기 제품이나 브랜드 혹은 공간을 사람에 비유한다는 게 결코 쉬운 일은 아니거든요. 반대로 특정인에게서 어떤 구체적인 느낌을 뽑아낸다는 것 역시 익숙지 않을 수 있고요.

그러나 조금만 인내심을 가지고 구체적인 모델링을 거듭하다 보면 듣는 분들도 공감하고 함께 집중해줄 때가 많습니다. 이를 설명하는 데 있어 캐릭터의 선택지가 다양하다면 훨씬 더 접근이 쉬워지고요.

캐릭터로 보자면 유재석 님 같은 느낌을 원하시는 걸까요?
편하고 재미있고, 누구나 좋아하는 만인의 인물이면서도 뭔가 자기만의 갖춰진 세계가 있는 그런 느낌이요.
아니면 성시경 님이나 윤종신 님 스타일에 더 가까울 수도 있을 것 같아요. 음악인이라는 뿌리는 딱 서 있고 그걸 중심으로 다방면에 재능과 역량을 발휘하는 캐릭터인 거죠. 대중성과 전문성 사이의 완급 조절을 참 잘하는 사람들이요.

재미있는 것은 이때부터 사람들 각자의 기억 안에 자리한 데이터베이스가 활성화된다는 사실입니다. 그저 어떤 느낌이면 좋겠다고, 막연하고 단편적으로만 존재하던 요구사항들이 특정한 캐릭터의 향을 맡는 순간 선명하고 구체적인 경험으로 떠오르는 것이죠.

게다가 묻는 사람과 답하는 사람이 함께 공유하고 있는 캐릭터가 있다면 서로의 목표를 하나로 통일시키는 데도 훨씬 유리합니다. '우리 진짜 멋지고 신나는 거 한번 만들어봐요'라는 식의 말보다 '우리 브랜드가 비틀스처럼 60년이 넘어도 여전히 사랑받는 그런 클래식이면 좋겠어요'라는 주문이 명확한 지향점을 설계해줄 수 있는 것처럼요.

── 무엇과 결합하고 무엇을 해체할까

가끔은 이보다 한 단계 더 깊이 들어가 캐릭터를 추출해볼 수도 있습니다.

혹시 여러분은 향수를 만드는 조향사들이 어떤 식으로 향기를 대하는지 알고 계신가요? 한 문장으로 설명해본다면 '연결과 해체를 반복하는 것'이라고 할 수 있습니다. 우리가 볼 땐 그냥 특정한 향을 가진 재료들을 적절히 고르고 배합해서 새로운 향수를 하나 뚝딱 만든다고 생각하지만 실제로는 각각의 향들을 전부 해체해서 서로 붙였다 떼었다를 수없이 반복하는 것이죠.

A라는 물질이 가진 냄새의 성분을 모두 분리해 그중 하나를 B라는 물질과 연결해보고, 그렇게 C라는 물질이 되면 또 이걸 완

벽하게 다듬기 위해 D를 더하고 E를 빼는 식입니다. 그러니 조향의 세계 역시 새로운 인격을 하나 만드는 일과 맞닿아 있다고 해도 전혀 이상할 게 없죠.

이처럼 무엇인가를 특정한 캐릭터에 비유하고 대입하는 수준을 넘어, 그 캐릭터를 잘 분석하고 해체한 다음 다른 캐릭터와 결합해보는 시도도 얼마든지 할 수 있습니다.

왜 가끔 토크쇼를 보다 보면 출연한 배우들을 향해 진행자가 이런 질문을 던질 때가 있죠.

혹시 앞으로 도전해보고 싶은 장르나 배역이 있으신가요?

그럼 배우들은 굉장히 진지한 고민에 빠집니다. 평소 액션이나 스릴러 영화에서 표독한 악역을 도맡았던 배우라면 한 번쯤 로맨틱하고 사랑스러운 멜로 연기에 도전해보고 싶다고 답하죠. 반대로 바늘 하나 들어갈 틈 없이 완벽한 캐릭터를 연기해온 배우들은 그동안의 이미지를 내려놓고 깨지고 망가지는 코믹한 역할을 맡고 싶다고 말하기도 합니다. 자신이 가지고 있는 기본적인 캐릭터에서 무엇을 해체하고 무엇과 결합하고 싶은지, 이를 통해 대중들이 자신의 어떤 모습을 발견하고 기억해주었으면 하는지 그 바람이 고스란히 담겨 있는 답변들이죠.

마치 그 옛날 제임스 크리드에게 향수를 의뢰하던 사람들이 자기다움을 표현하고 싶은 욕망과 또 한편으로는 본인이 추구하는 이상을 드러내고 싶은 욕망, 두 가지 모두를 담은 향기를 원했던 것과 같습니다. 그러니 우리도 제품이나 서비스, 브랜드를 기획해야 하는 어떤 순간과 맞닥뜨렸을 때 특정한 캐릭터들을 연결하고 해체하며 방향 설정을 해볼 수 있는 거죠.

말이 나온 김에 연습 한 번 해볼까요? 동화처럼 몽환적이고도 기이한 연출로 유명한 팀 버튼 감독이 동양을 배경으로 한 작품을 만든다면 어떤 느낌을 줄 수 있을까요? 마이클 잭슨이 여전히 살아 있었다면, 그래서 그래미 어워즈 시상식에서 BTS와 한 무대에 섰다면 어떤 곡을 가지고 어떤 퍼포먼스를 선보였을까요? 〈킹덤〉의 김은희 작가가 달콤한 연애소설을 쓴다면, 백종원 선생님에게 요리를 제외한 다른 주제의 콘텐츠를 제안한다면 우리는 그들에게서 어떤 향을 남기고 또 어떤 향을 추가해야 할까요?

한편으로는 이런 질문이 다소 허무맹랑하게 들리지 모르겠지만, 저는 어떤 인물이 가지는 캐릭터를 레고 조립하듯 마음껏 떼었다 붙이는 과정 속에서 우리가 만들고 싶은 대상이 더 큰 생명력을 가질 수 있다고 믿습니다. 또 그 생명력은 고유의 진하고 깊은 향을 뿜어낼 거라고 보고요.

그런 의미에서 저는 '프루스트 효과'를 잇는 '크리드 효과'라는 용어가 통용되기를 바라봅니다. 어떤 냄새로 인해 특정한 기억이 호출되는 현상이 프루스트 효과라면, 어떤 냄새로 인해 특정한

'누군가'가 떠오르는 현상은 크리드 효과라고 불러도 괜찮을 것 같거든요. 200년이 훌쩍 넘는 세월 동안 크리드를 사랑해온 수많은 인물들이 자신의 향을 발굴하고, 담고, 퍼뜨리고, 기억하게 하는 데 공을 쏟은 이유 역시 마지막 순간까지 누군가의 머릿속에 오래 머물고 싶어서였는지 모르니까요.

이쯤 되니 왜 향기 뒤에는 항상 '남긴다'라는 표현이 따라붙는지 알 것도 같습니다. 설사 아주 오랜 시간이 지났더라도 또 예전의 그 쨍한 향기 그대로는 아니더라도, 누군가가 부르면 언제든 다시 기억의 문을 열고 나올 만큼의 적당한 양은 남겨놓을 수 있어서 그런 건 아닐까요?

그렇다면 좋은 향기를 많이 남길 수 있는 것이야말로 성공한 브랜딩이자 성공한 삶이라고 할 수도 있겠네요. 누군가의 기억을 차지한다는 것만큼 영광스럽고 감사한 일도 없으니 말입니다.

보통 향수는 탑 노트, 미들 노트, 베이스 노트로 구분됩니다.
향수를 뿌리자마자 제일 먼저 맡을 수 있는 향기를 탑 노트, 어느 정도 알코올이 날아간 뒤 서서히 발향이 시작될 때 나는 향을 미들 노트, 그리고 가장 마지막까지 은은하게 남는 잔향을 베이스 노트라고 하죠.
하지만 저는 꼭 향수뿐 아니라 각자의 냄새를 지닌 우리들에게도 탑 노트와 미들 노트 그리고 베이스 노트가 있다고 생각해요. 처음 그 사람을 대했을 때의 느낌과 서로 간의 적당한 낯설음이 증발하고 났을 때의 느낌, 그리고 오랜 시간 함께해야 비로소 맡을 수 있는 그 특유의 향과 멋이 있으니까요.

그러니 한 번쯤은 '나는 어떤 향을 가지면 좋을까' 고민해보는 것도 꽤 괜찮은 일인 것 같습니다. 탑 노트는 살짝 강렬할지 몰라도 시간이 흐를수록 묵직하고 듬직한 향을 선물할 수 있는 반전 있는 사람일지, 아니면 발향이 시작되는 미들 노트부터 진짜 내 모습을 보여줄 수 있는 슬로 스타터에 해당되는 사람일지 상상해보는 거죠.

아! 거기에 크리드처럼 멋진 이름을 붙여봐도 좋고요. 혹시 아나요. 그 이름을 떠올리고 기억하다 보면 진짜 그 향을 가진 사람이 될지도요.

13

유연한 결을
갖는다는 것

로디아
RHODIA

저는 '결'이라는 단어를 참 좋아합니다.

특히 '생각의 결이 같다'거나 '우리는 결이 비슷한 사람이야'라는 말을 들으면 왠지 다른 단어를 써서 표현했을 때보다 그느낌이 더 진하고 생생하게 다가오는 것 같거든요. 사실 예전에는 그냥 막연하게 '결'이라는 단어가 주는 편안하고 따뜻한 이미지를 좋아했었는데 어느 날 우연히 책을 보다 '결'에 관한 설명을 읽고는 제가 왜 그 단어를 좋아하는지 보다 구체적으로 실감할 수 있었습니다.

책 내용에 따르면 결이라는 것은 방향의 의미가 크다고 합니다. 에너지는 보통 힘이 작용하는 포인트와 크기, 방향으로 이루어져 있는데 어떤 두 대상이 같은 방향으로 움직인다면 당연히 반대로 움직일 때보다 에너지가 훨씬 덜 드는 것이죠. 그러니 결이 비슷한 사람과 함께한다는 건 바람이 부는 방향에 몸을 싣는 것처럼 큰 힘을 들이지 않고도 서로의 생각과 마음을 나눌 수 있다는 얘기이기도 합니다. (반대로 결이 다른 사람과 있을 때 정신적, 육체적 에너지가 많이 소모된다고 느낀 것도 영 근거 없는 것은 아니었네요!)

예전에 방송인 강호동 님께서 라면에 대한 자신만의 철학(?)을 풀어놓는 장면을 본 기억이 있습니다. 강호동 님은 가장 배고플 때 첫 번째로 떠오르는 음식이 라면이라고 하더라고요. 그중에서도 제일 좋아하는 라면은 구수하고도 삼삼한 맛을 자랑하는 '안성탕면'이라고 합니다.

함께 출연한 패널분이 이유를 묻자 '모든 재료를 받아줄 수 있는 도화지 같은 라면이기 때문'이라는 멋진 비유를 하셨죠. 햄과 돼지고기를 넣으면 부대찌개 같은 라면이 되고, 쌈장 한 스푼에 파와 마늘을 넣으면 진한 뒤장찌개 같은 라면이 된다는 겁니다. 첨가되는 재료에 따라 각각의 맛과 특색이 발현될 수 있도록 좋은 밑받침이 되어주는 라면이라서 유독 애정이 간다는 얘기였죠.

그런 의미에서 본다면 안성탕면은 꼭 한 가지 결만을 고집하는 캐릭터가 아닌가 봅니다. 오히려 상대가 어떤 방향으로 움직이더라도 그 대상과 진행 방향을 맞추고 속도를 조절할 줄 아는 유연한 결을 가진 제품인 거죠. 자기 자신만으로도 충분히 존재감을 발휘하지만 또 어떤 것들과도 이질감 없이 쉽게 어울릴 수 있는 능력은 (설사 라면 한 봉지라고 해도) 분명 부러움의 대상이 될 수밖에 없습니다.

그런데 저는 브랜드에도 이런 유연한 결을 가진 브랜드들이 있다고 생각합니다. 브랜드란 자고로 자기다움의 산물이라는 것을 여러 차례 강조했지만 그 자기다움이라는 것이 꼭 자체발광으로만 실현되는 것은 아니니까요. 누군가로부터 전해 받거나 혹은 어떤 대상으로부터 반사되어서 오는 에너지를 흡수해 더 또렷하고 선명한 자기다움을 완성할 수도 있다고 봅니다.

—— 모든 것을 담아내는 노트

저는 각종 지류나 필기류를 포함한 이른바 '스테이셔너리stationery' 브랜드들에 관심이 많습니다. 평소에 읽고, 쓰고, 모으고, 정리하는 것을 즐기는 탓도 있겠지만 이 문구류 브랜드들이야말로 기능과 감성, 그 사이 어디쯤에 존재하는 포인트를 제대로 짚어내야 오랫동안 사랑받을 수 있다고 보거든요. 게다가 마치 자동차나 운동용품처럼 그 대상이 기본적으로 가진 능력치 위에 사용자 개인의 경험치가 더해져 브랜드의 쓰임새를 완성한다는 것이 무척 매력적이기 때문이기도 합니다.

그중에는 수백 년을 이어오는 전통의 브랜드들도 있고 짧은 기간 안에 자신들만의 포지션을 확보한 신진 브랜드들도 있지만 개인적으로는 로디아RHODIA라는 노트 브랜드를 정말 좋아합니다. 우리나라에는 비교적 덜 알려져 있지만 유럽과 북미에서는 아주 오랜 시간 동안 수많은 예술가들로부터 사랑받아온 대표적인 노트이기도 하죠.

특히 고급스러운 질감의 종이를 사용하면서도 무척 실용적이고 견고한 외형을 가진 덕분에 활동적인 작업을 하는 사람들에게 아주 두터운 팬덤이 형성되어 있습니다. 거기에 로디아의 시그니처라고 할 수 있는 진한 주황색 바탕에 올려진 굵은 검은색 로고는 새로운 자극과 영감을 불러일으키는 데도 좋은 촉매제가 되어주죠. 덕분에 로디아 노트 마니아로 알려져 있는 패션 디자이너 폴 스미스Paul Smith는 이런 재치 있는 농담으로 로디아에 대한 사랑을 표현하기도 했습니다.

몰스킨을 쓰는 사람을 보면 저 사람은 책상에 앉아 일하는 사람이겠군이라는 예측을 하게 되죠. 그런데 로디아를 쓰는 사람을 보면 저 사람은 대체 어떤 일을 하는 사람일까? 하는 궁금증부터 생겨요. 저 노트에 북극에서 관측한 오로라 정보가 담겨 있을지, 거대한 나이로비 사막의 지도가 그려져 있을지 도무지 알 수가 없으니까요.

로디아는 1934년 프랑스 리옹에 사는 앙리 베리악Henry Verilhac과 로버트 베리악Robert Verilhac 형제에 의해 탄생한 스테이셔너리 브랜드입니다. 처음에는 종이를 생산하는 페이퍼 메이커 회사이자 아주 작은 단위의 가족 사업으로 출발했죠. 당시 그들의 공장이 론

Rhône강 유역에 위치하고 있었기 때문에 '론강 주변의 사람들'이란 뜻의 '로다니언스'를 줄여 로디아라는 이름을 붙였습니다. 로디아 로고에 들어가 있는 커다란 가문비나무 두 그루는 형제가 우애 있게 회사를 끌어갔으면 좋겠다는 염원을 담아 앙리의 아내 안토니아가 즉석에서 그려준 그림을 지금까지 사용하고 있죠.

사람들이 로디아를 좋아하는 이유는 각기 다르겠지만 그중 공통적으로 꼽는 것이 바로 종이 재질입니다. 로디아가 사용하는 종이는 벨럼Vellum 페이퍼라고 불리는 최고급 양피지 중 하나인데요. 일반적으로 화학처리를 통해 생산되는 종이와는 달리 천연재료와의 배합으로 만들어진 벨럼 페이퍼를 사용하기 때문에 표면의 거친 속성이 거의 없는 것이 특징이죠. 덕분에 글을 쓸 때도 잉크 번짐을 최소화할 수 있고 어떤 필기류의 펜촉도 무난하게 받아 줄 수 있는 장점이 있습니다.

이로 인해 1997년 프랑스 최대 제지회사인 클레르퐁텐Clairefontaine에 인수되고 난 뒤에도 로디아는 그들만의 기술력과 제품력을 인정받아 독자 라인업을 더욱 확장해올 수 있었죠. 게다가 오히려 모기업인 클레르퐁텐에서 생산되는 종이들에 수많은 영향을 준 것 역시 로디아의 존재감을 드러내는 중요한 역사 중 하나입니다.

이렇듯 로디아의 스토리는 무엇 하나 자극적인 부분 없이 모든 것이 순둥순둥하게 강물 흐르듯 흘러온 것처럼 보입니다.

하지만 그들이 절대 타협하지 못하는 것이 하나 있었습니다. 바로 '사용성'이었죠. 사실 1800년대 후반까지만 해도 대부분의 노트는 주로 문학이나 철학을 다루는 학자들을 대상으로 제작되고 있었습니다. 여전히 유럽 각국의 문맹률이 절반을 훌쩍 넘던 시절에 종이에 글을 쓰는 사람은 직업적 특성이 분명한 사람들이기 때문이었죠.

그러던 중 베리악 형제는 노트가 훨씬 많은 사람에게 폭넓게 사용되면 좋겠다는 희망을 품습니다. 꼭 글을 쓰지 않더라도 그림을 그리거나 숫자를 써넣거나 하다못해 자기만 알아볼 수 있는 기괴한 도식을 만든다고 해도 어딘가는 기록되어야 할 필요성이 있다고 본 것이죠.

그래서 그들은 가로로 된 노트에 세로줄을 긋기 시작합니다. 노트가 체스판처럼 격자무늬를 가지고 있으면 상하좌우 구분 없이 원하는 대로 사용할 수 있을 뿐 아니라 필요할 땐 각종 측량 정보를 정확히 표기할 수 있을 거라 생각한 거죠.

그렇게 로디아는 이른바 모눈종이라고 불리는 그리드^{grid} 방식의 노트를 내놓으며 단숨에 대중들의 주목을 사로잡습니다. 그리고 그들의 예상대로 과학자부터 건축가, 예술가, 디자이너, 사진가에 이르기까지 각양각색의 직업인들에게 '로디아'라는 이름을 각인시키고야 말죠.

—— 각자의 결을 따라 써 내려간 이야기

조금 엉뚱한 연결일 수도 있겠지만 저는 강호동 님의 라면 지론을 들으며 제일 먼저 연상된 브랜드가 바로 로디아였습니다. '자기 자체만으로도 빛나지만 또 다른 어떤 것들과도 유연하게 결을 맞출 수 있는 도화지 같은 브랜드'가 로디아 노트일 수 있겠다 싶었거든요.

다양한 콘텐츠, 다양한 사용성을 넘어 다양한 사람들까지 품을 수 있다는 것도 대단하지만 또 그 대상이 아주 기본적이고도 쉽게 접할 수 있는 아이템인 노트라는 사실이 더 매력적이었던 것 같습니다.

그런데 이런 관점은 저만의 비약은 아니었던 것 같아요. 그동안 제가 만나본 로디아 팬들 중에는 비슷한 생각을 하고 계신 분들이 많았거든요. 그래서 이번 편에서는 저로 하여금 로디아를 더 특별하게 만들어준 에피소드 몇 가지를 소개해 드릴까 합니다.

더불어 그 이야기에 등장하는 분들이 로디아라는 노트 위에 무슨 생각을 쓰고 있는지, 또 로디아를 기반으로 다른 어떤 브랜드들을 연결하고 담아내고 있는지도 함께 알려드리려고 해요. 그러니 여러분은 마치 안성탕면 레시피를 구경하는 느낌으로 따라와 주시면 어떨까 싶네요. 저 사람은 어떤 재료를 넣어서 어떤 스타일의 라면을 완성했나라는 시각으로 말이죠.

"더 붙잡아놓고 싶으니까"

저에게 가장 처음 로디아라는 브랜드를 알려준 친구가 한 명 있습니다. 대학시절 문예창작과 수업을 들을 기회가 있었는데 그때 알게 된 인연이 지금까지 이어져오게 되었거든요. 이 친구는 현재 여러 권의 단편소설을 낸 작가이면서 작은 카페의 주인이자 문화해설사로도 활동하고 있는데, 제게는 모든 것을 수집하고 기록하는 '기록광'으로 기억되어 있죠.

한번은 친구와 이야기를 나누다가 '사람은 왜 기록하는가'라는 꽤 철학적인 주제가 화두로 떠오른 적이 있었습니다. 당연히 '잊어버리지 않기 위해서'라는 단순한 대답을 기대했던 제게 친구는 전혀 다른 시각으로 접근해오기 시작했죠.

기억하고 싶어서 남기느냐라고 물으면 사실 꼭 그렇지도 않아. 기록하고 절대 다시 들여다보지 않는 것도 많으니까. 대신 나는 기록하는 그 순간이 참 좋아. 펜을 꺼내고 노트를 펴서 내 손으로 직접 써 내려가는 행위 말야.

그러니까 난 오히려 그 찰나의 경험이나 생각을 다시 한번 음미하기 위해 기록하는 셈이지. 왜 와인 좋아하는 사람들이 그런다며. 마실 때 바로 목구멍으로 넘기지 않고 입안에서 한동안 머금다가 또 혀로 뱅글뱅글 돌리다가 때론 호로록거리면서 최대한 머물게 하잖아. 내겐 기록하는 것이 다 그런 의미야. '내 곁에 조금 더 있어 주세요!' 하는 거.

기록이란 단어로부터 연상되는 것들은 늘 '쓰다', '보관하다' 같은 것들이었는데 친구 녀석 덕분에 '머물게 하다'라는 뜻밖의 키워드가 하나 추가되었습니다.

그러네요. 어쩌면 저 역시도 '절대 까먹으면 안 되겠다'는 생각에 기록하는 것들이 있나 하면 또 어떤 것들은 딱히 중요하지 않아도 그저 내 손으로, 내 눈으로 직접 확인하고 싶어서 남기는 것들이 있었던 것 같습니다. 친구의 접근법에 따르면 그건 마치 놓치기 싫은 순간을 위해 조금이라도 시간이 느리게 흘러가게끔 하려는 작은 몸부림 같은 것이었는지도 모르겠네요.

그리고 친구의 다음 멘트는 이런 생각에 화룡점정을 찍어주었죠.

내가 로디아 노트를 쓰는 이유도 비슷해. 나는 원래 펜에 더 관심이 많았어. 만년필도 꽤 모았고 값이 나가는 볼펜들도 많이 써봤거든. 근데 로디아를 쓰고 나서는 아예 관점이 바뀌었어. 노트가 더 매력적으로 느껴지는 거야. 이놈은 진짜 어떤 펜이라도 다 기분 좋게 받아주니까. 심지어 만년필로 써도 내 글씨체를 온전하게 살려주거든.

그러니 예전에는 뭔가를 꼭 써야 하는 순간에야 노트를 꺼냈는데 지금은 로디아를 먼저 펼쳐놓고 그제서야 생각을 시작해. 뭘 써볼까… 뭘 담아볼까… 그러다 보면 별것 아니어도 내가 더 붙잡아놓고 싶은 걸 찾게 되더라고.

저는 유연한 결을 갖는다는 게 이런 의미인 것 같습니다. 누군가에게 조금 더 머무를 수 있는 시간을 내어주는 것이요.

결이 꼭 맞는 대상을 만난다면 시작부터 순풍에 돛단 듯 찰떡궁합을 자랑하겠지만 세상에 그런 사람만 존재하는 것은 아니잖아요. 그럴 땐 '난 그 방향 아닌데'라고 버티고 서 있을 게 아니라 내 마음이 허락하는 영역까지는 서로의 방향을 조금씩 틀어가며 함께하는 시간을 늘려가는 것도 괜찮은 방법이라고 생각합니다. 결이 맞는 사람을 발견하고 펜을 들기보다는 내가 먼저 노트를 펼치고 있어도 좋고요. 그러다 보면 더 붙잡고 싶은 것들이 자연스레 나에게 담길 수도 있는 거겠죠.

"같지만 다르니까"

몇 해 전 출장을 다녀오던 비행기 안에서의 일입니다. 저는 여행이나 출장을 갈 때도 각기 다른 사이즈의 로디아 메모 패드를 몇 권 챙겨가는 편이거든요. 그날도 비행기 안에서 책을 읽으며 필요한 내용을 조금씩 로디아에 메모하고 있었는데 갑자기 옆자리에 앉은 영국 손님이 제게 말을 걸어오기 시작했습니다.

로디아 노트를 쓰시네요! 저도 같은 걸 가지고 있어요.

그러고는 색깔은 다르지만 저와 똑같은 사이즈의 메모 패드를 들어보였습니다. 따지고 보면 대중적인 상품을 여러 사람이

동시에 사용한다는 게 무엇 하나 신기할 게 없는 일이지만 또 그렇게 우연히 옆자리에 앉은 사람이 나와 같은 제품을 가지고 있다는 건 반가운 마음이 앞서는 일이더라고요.

그래서 저도 답례로 로디아에 대한 칭찬을 이어갔습니다. 노트 퀄리티가 좋다, 물에 젖지 않는 방수 커버가 있어서 실용적이다, 한 장씩 뜯을 때도 말끔하게 뜯어진다 같은 이야기들을 풀어냈죠. 그런데 이 분은 제게 하나 더 보여줄게 있다고 하며 대뜸 자신의 라이카^{Leica} 카메라를 꺼내보였습니다. '나는 그건 없는데…'라는 생각에 당황하고 있을 때쯤 이런 이야기를 해주더군요.

저는 크리켓이라는 스포츠를 다루는 잡지들에 사진을 제공하는 프리랜서 사진가예요. 다른 카메라는 다 수화물로 싣고 이 라이카 하나 달랑 매고 탔죠. 저도 로디아를 너무 좋아하지만 당신과 사용하는 방법이 조금 다르긴 해요. 가끔 글을 쓰거나 메모를 하기도 하지만 저는 사진을 찍기 전에 이 라이카의 색감을 맞추는 용도로 로디아 메모 패드를 들고 다니거든요.

이 화사한 주황색 커버를 중심으로 테스트용 사진을 몇 장 찍다 보면 금세 감을 찾을 수 있어요. 옛날에는 팬톤 컬러칩을 여러 개 가지고 다녔는데 어느 순간부터는 로디아가 그 역할을 대신하고 있죠. 이 모눈종이 속지를 펼쳐놓고 이리저리 렌즈를 돌려보다 보면 화각을 잡는데도 그만이고요.

와! 세상에 같은 물건을 이리도 다른 용도로 사용할 수 있구나 하는 생각에 감탄사가 절로 튀어나오더군요. 글 쓰는 것을 좋아하지만 사진 쪽에는 전문 지식이 없는 저와, 반대로 사진에는 정통하지만 노트를 글 쓰는 용도로 즐겨 사용하지 않는 사람의 대화가 하나의 매개체로 이뤄진다는 게 정말 신기할 따름이었죠.

이 얘기를 건넸더니 그분은 더 흥미로운 답변을 내놓았습니다.

> 노트note라는 단어에 메모하다는 뜻만 있는 것은 아니잖아요. 거기엔 주목하다라는 뜻도 있으니까 우리는 이 로디아를 각자의 쓰임새에 맞게 잘 활용하고 있는 거예요. 당신은 생각을 적어 내려가는 용도로, 나는 이 카메라로 주목할 대상을 찾는 용도로 말이죠.

이렇게 또 하나 배우게 되나 봅니다. 같은 대상을 놓고 전혀 다른 쓰임새를 발견할 수 있는 것도, 동일한 단어 안에서 두 번째, 세 번째 의미를 찾아가며 생각의 폭을 넓혀가는 것도 얼마든지 가능하다는 사실을요.

그러니 아주 작은 단서로 나와 결이 같겠거니, 다르겠거니 하며 섣부른 판단을 내리는 것보다 다른 결을 쿨하게 인정함과 동시에 작은 공통점이라도 하나씩 발견해보는 게 좋겠다는 생각입니다. 그래서인지 저 역시 로디아를 사용하는 사람을 발견하면 반가

이 작고 평범해 보이는
노트 한 권이 받아줄 수 있는 이야기는
실로 무궁무진합니다.

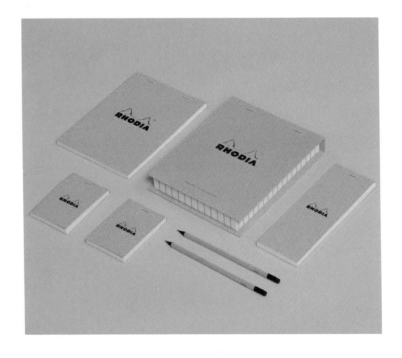

움과 동시에 이런 물음이 떠오르곤 해요.

저 사람의 로디아는 어떤 용도일까? 나와 무엇이 비슷하고 또 무엇이 다를까?

"쉽게 흔들리지 않아야 하니까"

예전에 살던 집 옆 건물에 작은 가죽 공방이 하나 있었습니다. 비교적 한적한 동네였는데도 지나다 보면 늘 공방에는 작업에 몰두하고 있는 사람들이 한두 분쯤은 계시더라고요. 그렇게 매번 눈으로만 구경하다가 하루는 저도 그 공방에 방문할 일이 생겼습니다. 가지고 있던 여권 케이스의 가죽이 뜯어져 수선이 필요했거든요. 이참에 공방도 구경하고 작업하고 계신 분들이 어떻게 가죽 제품을 만드는지도 힐끔거려봐야겠다 싶었죠.

그런데 정작 공방에 들어선 순간 제 시선은 다른 곳에 빼앗겼습니다. 공방 한쪽을 차지하고 있는 코너에 로디아 노트가 색깔별로, 크기별로 열 맞춰 자리하고 있는 걸 보고 말았거든요. 게다가 몇몇 메모 패드는 공방에서 직접 제작한 멋스러운 가죽 커버가 덧입혀진 커스텀 버전이었습니다. 그 순간 여권 케이스를 수선하러 온 목적은 온데간데없고 또다시 로디아를 취재하러 온 특파원의 심정으로 바뀌었죠.

아, 사실 저흰 공식 수입사나 판매처는 아니에요. 저희 공방에 작업을 배우러 오신 분들을 위해서 일종의 교재처럼 로디아를 사용하고 있거든요. 초반에는 펜 케이스나 키홀더 같은 작은 액세서리 위주로 만들어보게끔 하다가 조금 익숙해지면 지류 제품들을 다뤄요. 커버를 만들기도 하고 직접 다이어리를 제작하기도 하고요. 근데 이때 어떤 종이를 쓰느냐가 생각보다 꽤 중요해요. 실수할 걸 감안해서 너무 싸구려 종이를 쓰면 아무리 공예를 잘해도 퀄리티가 살지 않고, 반대로 너무 독특한 재질의 종이를 사용하면 가죽과 어울리지 않는 경우가 많죠.

대신 로디아는 정말 정직한 제품이에요. 로디아를 베이스로 지류 제품을 만들면 저희가 코칭하기가 너무 쉽거든요. 어느 부분이 잘못되었는지 어떤 스킬을 더 키워야 하는지 눈에 딱 보이니까요. 그러니 가죽공예 하는 사람들한테는 일종의 리트머스 시험지 같은 역할을 해주는 게 로디아예요.

사장님의 말씀을 듣고 나니 예전에 어디선가 로디아에 대해 읽었던 정보가 기억나더군요. 우리가 보기엔 세상 평범해 보이는 것이 종이 한 장인데 사실 이 종이를 크기에 맞게 자르고 묶어내는 공정이 상상 이상으로 까다롭다고 합니다. 그래서 종이의 절삭면을 아주 매끄럽고 균일하게 관리하는 것이 매우 힘든 일 중 하나로 꼽히죠.

하지만 로디아는 이 분야에서 우수한 기술력을 가진 덕분에 노트의 종이가 수십만 장 포개져 있어도 균일한 수평감을 유지할 수 있다고 합니다. 이로 인해 가죽 커버를 씌우든 구멍을 뚫어 스프링을 꿰든 아니면 철심으로 된 스테이플을 박아 고정하든 간에 쉽게 뒤틀리거나 부풀지 않고 본래의 형태를 오랫동안 간직하는 것이 특징이죠. 즉 본인 스스로가 가지고 있는 탄탄함과 견고함이 있기 때문에 그 위에 입혀지는 여러 작업물에도 믿음이 생길 수 있는 겁니다.

── 부드러운 한 장, 탄탄한 한 권 같은 삶

혹시 주변에 그런 사람 한 명쯤 있지 않나요? 이 사람 저 사람 이야기 다 잘 들어주고, 공감도 많이 해주고, 또 필요한 조언도 아끼지 않지만 늘 겸손하고 이성적인 사람이요. 정말 신기한 게 그런 분들은 누구와도 편하게 결을 잘 맞추면서도 또 본인 깊숙한 곳에는 결코 쉽게 흔들리지 않는 단단한 심지가 있는 느낌입니다. 마치 땅속 깊이 뿌리를 내린 덕분에 바람에 흔들리는 잔가지 정도야 유연하게 다룰 줄 아는 것처럼도 보이고요.

    글의 전반에 걸쳐 '결'에 대한 이야기를 해왔지만 저는 제일 중요한 것이 바로 이거라고 생각합니다. '나 자신에게 기본이 되는 것, 나 자신을 지탱해주는 것'을 가장 훌륭한 상태로 유지하려는 노력이요. 그래야 여러 사람과 다양한 결을 맞추더라도 그게 옳은지 그른지를 잘 판단할 수 있기 때문이죠. 내 중심이 없는 상태로 다른 무엇과 결을 함께하려는 건 그저 휩쓸려가는 것 그 이상도 이하도 아니니까요.

그래서 최근엔 '나는 얼마나 유연한 결을 가지고 있는 사람일까'란 생각을 자주합니다. 내 취향과 생각만 고집한 채 결이 다른 것들은 모두 걸러내고야 마는 꼰대도 되고 싶지 않고, 반대로 나를 잡아주는 뿌리 없이 타인의 결을 따라 매번 방향 전환만 하며 살고 싶지도 않거든요.

그러니 어렵더라도 앞서 소개한 에피소드들에서처럼 같지만 다른 것들을 쿨하게 인정할 줄 알고, 그중에서 조금이나마 내 곁에 오래 머금고 싶은 것들에 애정을 가지면서, 결과적으로 이들을 잘 포용할 수 있는 나만의 밑바탕을 만들어가려는 노력을 해야 하는 거겠죠.

여러분은 어떠신가요? 어쩌면 무엇인가를 쓰기 위한 '펜'과 같은 삶에만 집중하고 계시지는 않았나요? 그럼 가끔은 다른 펜들을 품고 받아줄 수 있는 '노트' 같은 자세를 취하는 것은 또 어떨까요?

누군가가 여러분에게 자신만의 이야기를 들려주고 싶은 순간이 있다면 그건 분명 여러분이 매력적인 결을 가진 사람이라는 얘기일 테니까요. 한 장 한 장은 섬세하고 부드러운 촉감을 자랑하지만 이를 묶어 탄탄하고 견고한 한 권의 노트로 엮어낼 수 있는 삶도 꽤나 멋진 인생임이 분명합니다.

아름다운 운하를 자랑하는 이탈리아의 베네치아는 연간 2,000만 명의 여행객이 몰리는 대표적인 관광도시입니다. 그런데 베네치아가 이렇게 매력적인 관광지가 될 수 있었던 이유에는 골목길도 큰 몫을 했다고 해요. 베네치아는 단위 면적당 골목이 가장 많은 도시로도 유명한데, 덕분에 100명의 사람이 오면 100가지 각기 다른 경험을 가지고 돌아가는 중요한 콘텐츠를 확보하고 있는 셈이거든요. 이처럼 저는 '쓰임의 가능성'이 큰 대상들이 참 매력적인 것 같습니다. 안성탕면이든 로디아 노트든 베네치아든 무엇인가를 내 품 안에 받아줌으로써 새로운 기회를 얻게 되는 과정이 아주 멋지다고 생각하거든요.

그래서인지 혹시라도 살면서 제 브랜드를 만들게 되는 날이 온다면 '유연한 결을 가진, 쓰임의 가능성이 많은' 그런 브랜드를 만들고 싶다는 마음입니다. 아, 그러려면 우선 저부터가 그런 사람이 되어야겠군요. 이래서 브랜딩은 만만치 않은가 봐요. 저 먼 곳까지 생각이 뻗어가다가도 결국 다시 나 스스로를 갈고 다듬는 일로 돌아오게 하니까 말이죠.

14

다른 철학을
담아낸다는 것

와사라
WASARA

그 뜻을 제대로 이해하고 나면 뻔한 것조차 다시 돌아보게끔 만드는 요소들이 있습니다. 그럴 땐 마치 누군가 내 옆에 나란히 앉아 익숙해져 있던 자세를 하나씩 고쳐주며 제대로 된 사용법을 알려주는 느낌이 들죠.

제게는 차경借景이란 개념이 꼭 그랬습니다. 단어가 의미하는 그대로 '경치를 빌려 사용한다'는 것인데 창을 통해 바깥 풍경을 집 안으로 끌어들이거나 집이 곧 풍경의 일부가 되도록 하는 방법을 말합니다. 특히 우리 한옥이야말로 이 차경을 십분 활용한 건축 양식 중 하나인데요. 한옥에 유난히 창과 문이 많은 이유도 시간과 계절에 따라 다이내믹하게 변해가는 바깥 모습을 하나의 풍경화처럼 걸어놓고자 했던 선조들의 감성이 잘 반영되어 있기 때문입니다.

이 개념을 알고 나서는 창을 통해 밖을 바라봐야 하는 순간이 오면 저도 모르게 서너 걸음 물러나게 되더라고요. 창에 바짝

다가가서 바라보는 것도 물론 좋지만 내가 속해 있는 공간을 머금은 채로 바깥 풍경과 소통해보는 것 역시 참 매력적이니까요. 창이 액자가 되고 자연이 그림이 된다는 말을 피부로 느낄 수 있는 방법인 것이죠.

그런데 저는 '차경'이란 단어가 더 큰 울림을 줄 수 있었던 것은 '빌리다'라는 표현을 사용했기 때문이라고 생각합니다. 만약 누군가 제게 '어때? 이렇게 창문 너머로 보니까 진짜 한 폭의 그림 같지 않니?'라고 했으면 그냥저냥 시큰둥한 반응을 했을 것도 같거든요.

하지만 '저 멋진 풍경을 잠시 빌려와 제가 좀 감상하고 돌려드리겠습니다'라고 말하는 순간 창문이 가지는 역할과 의미가 몇 배는 더 중요해지는 느낌이죠. 게다가 경치를 소유하고 점유한다는 발상보다 훨씬 겸손하고 친화적인 태도를 보여줄 수도 있고요.

이처럼 같은 사물과 행위를 놓고도 어디에 초점을 맞춰 어떤 이야기부터 내어놓을지가 곧 인식을 설계하는 과정이라고도 보여집니다. 그리고 이것이야말로 브랜딩에서 가장 중요한 요소라고 할 수 있겠죠. 생수 한 병을 브랜딩하더라도 우리가 바라본 물은 어떤 의미를 가지는 것인지 정의해보고 또 우리만이 들려줄 수 있는 이야기부터 시작하는 게 곧 차별화의 출발이기도 하니까요. 그래서 저는 특정 카테고리에 브랜드들이 넘쳐나 혼란스럽다는 반응을 보이는 분들이 있으면 가끔 이렇게 말씀드리기도 합니다.

그래도 그중 하나 정도는 내가 듣고 싶었던 이야기를, 내가 듣고 싶었던 방법으로 말하는 브랜드가 있을 거예요. 그리고 비교 대상이 많을수록 나에게 꼭 맞는 브랜드를 찾게 될 확률도 높아지지 않을까요?

── 조금씩, 천천히, 하지만 다르게

저도 요 몇 년 사이 특별히 더 관심을 가지고 지켜보는 브랜드 군이 있습니다. 바로 친환경 브랜드들이죠. 사실 친환경과 관련한 분야는 마냥 흥미롭게만 바라볼 수 없기 때문에 좀 각별한 애정이 생기기도 합니다. 이제는 불편을 감수하고서라도 우리가 사는 방식을 바꿔가야 하는 순간이 왔고, 그와 관련한 고민들이 제품이나 브랜드로 이어지는 걸 보면 한편으론 감동이 다른 한편으로는 묵직한 경각심이 들기 때문이죠.

세상엔 친환경 관련 브랜드가 정말 많습니다. 거기다 브랜딩까지 잘하는 곳들도 이제는 셀 수 없이 많고요. 천연 소재를 사용함과 동시에 동물실험 퇴출에도 적극 앞장서고 있는 '러쉬LUSH'도 있고, 기후 변화를 바로잡는다는 목표 아래 탄소 배출 저감을 실천하는 운동화 브랜드 '올버즈allbirds' 같은 곳도 있죠. 설명이 필요 없을 정도로 유명해진 리사이클링 가방 브랜드 '프라이탁FREITAG'과 아예 지구를 위해 사업을 한다라고 사명을 정한 '파타고니아

Patagonia'도 빼놓을 수 없는 친환경 브랜드입니다.

하지만 지금부터 제가 설명드릴 브랜드는 이들과는 조금 다른 방식으로 친환경을 이야기하는 브랜드라고 할 수 있습니다. 앞서 소개한 브랜드들이 문제의식과 실천, 영향력 등을 내세워 강한 어조로 우리에게 말을 걸고 있다면 이 브랜드는 아주 천천히, 나긋나긋하고 부드럽게, 하지만 단단하고 깊이 있게 대화를 시도하기 때문이죠. 그러니 또 이런 방식으로 친환경을 해석해보고 싶었던 사람에게는 좋은 대안이 될 수 있는 브랜드임이 분명합니다.

제가 소개하고자 하는 브랜드는 일본의 친환경 그릇 브랜드 '와사라WASARA'입니다.

와사라는 오랫동안 디저트 및 제과 산업에 몸담아온 '케이치로 이토Keiichiro Ito'라는 인물이 2008년에 설립한 브랜드로, 론칭 초기부터 업계와 고객들에게 높은 관심을 받으며 빠른 속도로 존재감을 확산한 브랜드입니다.

특히 뛰어난 디자인과 특유의 세련된 질감은 엄청난 입소문을 퍼뜨리며 와사라가 단번에 명품급 제품으로 자리매김할 수 있게 해주었고, 식기에 관해서라면 누구보다 보수적인 유럽 시장에도 빠르게 파고들어 호평을 자아냈죠.

그런데 재미있는 사실은 이 그릇이 다름 아닌 일회용 그릇이라는 사실입니다. 아니 친환경을 이야기한다고 해놓고서는 일회용이 웬 말이냐 하시는 분들도 있겠지만 와사라는 우리 머릿속에 있는 그 일회용 그릇들과는 태생도, 기능도, 철학도 모두 다른 브랜드입니다.

와사라는 애초에 퇴비성 물질로 만들어진 그릇입니다. 와사라의 원재료는 크게 3가지로 나눌 수 있는데요. 번식력과 성장 속도가 뛰어나 무한한 소재로 취급되는 '갈대'와 '대나무' 그리고 사탕수수에서 설탕 원액을 추출하고 남은 찌꺼기인 '바게스'라는 천연 물질이 그 원료입니다.

덕분에 별다른 코팅 작업도 거치지 않고 화학 처리 중 나오는 불순물 또한 없기 때문에 폐기 후 20퍼센트 정도는 퇴비성 물질로, 나머지는 다시 흙으로 돌아가게 되죠. 더불어 이들 소재는 목재 펄프보다 훨씬 부드럽고 유연해서 생산 시 사용되는 에너지양도 일반 종이 생산량의 15분의 1 수준에 그칩니다.

그러니 와사라가 하고 있는 활동을 간단히 정리해보자면 고갈 걱정이 없는 소재를 잠시 빌려 그릇의 형태로 바꿔 사용한 다음, 다시 자연으로 돌려주는 일이라고 할 수 있겠죠. 다른 브랜드들이 '자연 훼손을 반대한다', '리사이클링을 통해 폐기물을 줄인다', '유해한 요소를 발생시키지 않는다'처럼 '우리는 하지 않겠습니다'는 메시지를 던지고 있다면, 와사라는 '잠시 빌려 사용하고 다시 가져다 놓는다'는 철학을 전달함으로써 '우리는 이런 방법을 택했습니다'라는 자세를 취하는 셈입니다.

── 모든 것을 순리대로

와사라는 평화, 순환, 화합 등을 표현할 때 쓰이는 단어 '와ゎ'에 그릇을 뜻하는 일본어 '사라さら'를 붙인 다음 이를 영어로 표기해 완성한 이름입니다. 아예 브랜드 이름에서부터 자연과의 화합을 추구하는 그릇이라는 사실을 나타내고 있는 것이죠.

특히 와사라 브랜드를 총괄하고 있는 '미치요 타나베Michiyo Tanabe'는 와사라의 이름을 정할 당시 전 세계 어느 지역의 사람이 부르더라도 발음하기 쉬운 이름을 찾기 위해 고민했다고 회상합니다. 자연스러운 생태계 사이클을 자신들의 제품에 녹여낸 것처럼 브랜드 이름 또한 자극적이지 않고 모난 부분 없이 불리기를 바랐기 때문이죠.

하지만 와사라가 많은 사람에게 사랑받을 수 있었던 가장 큰 이유 중 하나는 누가 뭐래도 디자인입니다.

저는 이 와사라 그릇을 홍대 앞의 어느 아이스크림 가게에서 처음 발견했습니다. 수제 젤라또를 파는 꽤 유명한 가게였는데 2010년대 초반에 우연히 방문했다가 정말 깜짝 놀라고 말았거든요. 당시 그 가게는 아이스크림을 담아주는 용기를 직접 고를 수 있도록 해주었는데요. 제 앞 손님이 들고 있던 용기가 너무나 특이하고 예뻐 보였던 겁니다. 언뜻 봐서는 매끈한 도자기 같기도 하고 또 어떻게 보면 전통 한지의 질감이 느껴질 것도 같은 우아하고 단정

한 그릇이었죠. 그래서 아이스크림 고르는 것도 뒷전으로 미루고 점원 분께 대체 저 그릇이 무슨 그릇이냐고 물었던 게 기억납니다. 그리고 '와사라'라는 이름 세 글자를 똑똑히 기억하고 돌아왔죠.

실제로 와사라도 이런 자신들의 정체성을 매우 잘 알고 또 효과적으로 활용하고 있습니다. 사실 와사라가 미국, 유럽 등지에서 인기를 끌게 된 것은 다름 아닌 파티 문화 덕분이었거든요. 친환경과 파티라니 이 역시 썩 친해 보이지 않는 구성이지만 와사라는 이 지점에서부터 자신들의 역할이 출발한다는 것을 간파하고 있었습니다.

파티 문화가 발달한 서구권에서는 여러 명이 모여 음식을 먹을 때마다 플라스틱과 비닐백 등 일회용 제품의 사용이 급격하게 늘어나곤 합니다. 반대로 격식을 차린 연회나 홈 파티의 경우 일회용 그릇은 비교적 석게 사용하지만 식사에 사용한 접시를 세척하는 데 많은 양의 물과 세제가 사용되죠. 어떤 식이 되었든 간에 파티를 한 번 하고 나면 환경에 좋지 않은 영향을 주는 요소들이 여기저기서 쏟아져 나오는 상황인 겁니다.

와사라는 이 지점을 잘 포착했습니다. 그리고 일회용 그릇이 놓이는 환경과 그 쓰임새를 면밀히 분석해서 일회용 접시를 일회용 접시처럼 보이지 않도록 하는 프로젝트를 시작하죠. 격식 있는 자리에서는 유리나 세라믹을 대체해도 어색하지 않을 만큼 세련돼야 하고, 캐주얼한 자리에서는 너무 진지하고 어렵게 다가가지 않도록 하는 게 그들의 디자인 목표가 된 것입니다.

와사라는 이 문제에 대한 해결책 역시 자연에서 발견합니다. 마침 이때는 현재 와사라의 크리에이티브 디렉터를 맡고 있는 '오가타 신이치로Ogata Shinichiro'가 막 합류한 시점이기도 했는데요. 일본 전역의 이솝 매장과 안다즈 호텔의 공간을 기획하며 명성을 떨치던 그는 와사라의 철학에 단번에 매료되어 한배를 타기로 결심하죠.

일본의 자연환경과 전통문화에 깊은 관심을 두고 있던 오가타는 아주 우연한 기회에 와사라의 디자인 모티브를 발견하게 됩니다. 야외에서 스케치 작업을 하던 중 자신이 돌멩이로 눌러둔 종이 냅킨들이 산들바람에 조금씩 펄럭이기 시작하는 장면을 보게 되었거든요. 그리고는 그 자리에서 '자연이 만들어낸 우아한 곡선'을 테마로 지금의 와사라 그릇 형태의 기초를 만들어내죠. 언뜻 보면 특별할 것 없는 단순한 모양의 그릇이지만 모서리나 테두리 일부분에 굴곡을 넣어 마치 바람의 풍화 작용에 의해 자연스레 쌓이고 깎인 듯한 디자인을 선보인 겁니다.

이러한 형태는 기능면에서도 탁월해서 얇은 종이 그릇을 여러 장 포개어놓아도 손쉽게 떼어낼 수 있고, 한 손으로 들고 음식을 먹을 때도 내용물의 무게에 의해 그릇이 변형되는 현상을 최소화해준다는 장점이 있습니다. 덕분에 세계 여러 나라, 여러 곳에서 좀 감각적이다 싶은 파티가 열릴 때면 이 와사라 용기가 빠지지 않고 등장하게 되었죠. 디자인도 탁월하고, 브랜드에 담긴 스토리도 훌륭하며, 작게나마 환경을 위해 무언가를 할 수 있도록 만들어

이 접시에 음식을 담아내다 보면
아주 잠깐은 와사라의 철학과 이야기를
빌려보는 경험을 할 수 있죠.

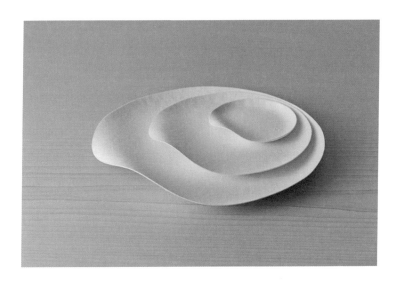

주는 제품을 마다할 이유는 없으니까요. '지구상에서 가장 아름다운 친환경 그릇'이라는 그들의 슬로건이 그저 허울에 머물지 않는 것도 이 때문일 겁니다.

── 다르게 말을 건다는 것의 의미

하지만 저는 와사라와 같은 사례를 단편적으로만 이해하는 것에는 조금 반감이 생깁니다. '그래 뭐든 일단 예쁘게 만들고 봐야지'라든가 '제아무리 친환경이라도 그럴싸한 스토리가 있어야 해. 아니면 안 먹혀' 같은 식의 단순한 접근은 참으로 안타깝거든요. 그들의 말도 영 틀린 것은 아니지만 그건 마치 좋은 브랜드들의 실체와 본질은 보지 못하고 그림자만 쫓아가는 것과 다를 바 없기 때문입니다.

앞에서도 설명했듯이 저는 와사라가 그 수많은 친환경 브랜드들 사이에서 자신만의 존재감을 드러낼 수 있었던 이유는 남들과는 다른 방식으로 말을 걸어왔기 때문이라고 생각합니다. 그렇지만 이게 실제로 제품을 만들고 브랜딩하는 사람의 입장에서는 정말 막막하고 어려운 일이죠. 너무 다른 화두를 꺼내자니 그건 고객들의 기대에 어긋나는 일인 것 같고, 적당한 선에서 차별화를 꾀하자니 결국 남들을 뛰어넘을 묘책이 없을 것 같은 진퇴양난이 반복되니까요.

풀기 어려운 난제에 개인적인 생각을 보탠다는 것은 늘 두렵고 부담스러운 일이지만 그래도 이 기회를 빌어 제가 가지고 있는 관점과 그 관점을 통해 발견한 방법들을 한번 소개해드리면 어떨까 싶습니다.

마음 같아선 '브랜드 차별화의 N가지 법칙'이라고 속 시원히 설명해드리고 싶지만 세상에 그런 법칙은 존재하기 어렵다고 믿는 저이기에 이번에도 그저 여러분과 대화하듯 이야기하는 방법을 택해보겠습니다. 어떻게 해야 다른 시각에서, 다른 생각을 만들어내고 이를 바탕으로 다르게 말을 걸 수 있는지에 대한 이야기를 말이죠.

내 그릇에 담긴 철학은 어느 정도 크기일까?

브랜드 하나를 살펴보다 보면 '철학'이란 단어와 자주 만나게 됩니다. 제품 철학, 디자인 철학, 운영 철학, 고객 철학 등등 브랜드를 만들고 가꾸는 사람들이 어떤 원칙과 사명으로 자신의 기준점을 만들어가는지를 엿볼 수 있기 때문이죠.

그런데 저는 이 철학이라는 것을 너무 거창하게 생각하지는 않았으면 좋겠습니다. 꼭 위대한 소명이나 가치관을 가지고 있어야만 사랑받는 브랜드를 만들 수 있는 것은 아니거든요. 세상에는 그냥 그 브랜드의 주인이 하고 싶은 대로 만들고 펼쳐놨을 뿐인데 팬들은 안달하며 달려드는 브랜드도 있고, 어느 시점이 되면 예전에 가졌던 생각들을 버리고 아예 새로 태어나는 수준의 변화를 꾀하는 브랜드도 있습니다. 그런데도 아무도 그들에게 '당신 브랜드는 왜 철학이 없죠?'라고 묻지 않죠. 오히려 자신들이 알아서 그 브랜드를 해석하고 받아들이는 것을 더 흥미롭게 여길지도 모릅니다.

대신 저는 어떤 이야기를 하기에 앞서서 우리 이야기가 담길 곳의 크기를 가늠해보는 것이 중요하다고 생각합니다. 우리 앞에 준비된 그릇이 아주 큰 담론들도 떡하니 받아줄 만한 크기의 무쇠솥인지 아니면 한 사람을 설득하기에 적당한 정도의 대접인지를 판단해보는 거죠. 그런 다음 그에 걸맞은 철학과 가치관을 담아내는 게 오히려 훨씬 현실적이고 현명할 수 있다고 봅니다.

와사라의 메시지가 통할 수 있었던 것은 일회용기라는 카테고리에서 딱 와닿을 수 있는 정도의 이야기를 했기 때문입니다. 와사라는 언제나 자신들의 제품을 기반으로 '자연의 순환 과정'을 소개하는 방식을 택하는데요. 이는 환경에 나쁜 영향을 주지 않는 재료를 채취하고 이를 최소한으로 사용한 다음 다시 흙으로 돌려보내는 과정이 가장 자연스러운 흐름이라는 것을 인식시켜주기 위함입니다.

그러니 저만하더라도 '아, 기존의 일회용품들은 이 흐름에 하나도 부합하지 않는 부자연스러운 것들이었구나' 하는 생각을 하게 되더라고요. 만약 너무 거창한 이야기를 했거나 반대로 단편적인 장점만을 다뤘다면 그들이 던지는 메시지에 제대로 공감하기가 어려웠을 겁니다.

　이처럼 적어도 브랜드에 있어 철학이라는 건 과한 욕심보다는 우리가 전달할 수 있는 수준의 가치를 담아내는 과정이라고 보는 게 맞습니다. 가끔씩 아직 받아들일 준비도 되지 않은 우리에게 자신들의 브랜드가 얼마나 위대한 가치를 추구하는지 어필하려는 경우도 자주 보는데요. 그때마다 물 한 모금 마시려고 컵을 댔다가 폭포수처럼 쏟아지는 물세례에 옷이 다 젖는 것 같은 느낌을 받을 때도 있습니다.

　따라서 남과 다른 이야기를 하겠다고 더 깊고, 심오하고, 독특한 철학을 찾는 데 몰두하기보다는 우선 우리 앞에 놓인 그릇들을 제대로 이해하는 것이 먼저겠다는 생각입니다.

혹시 내게 이렇게 말해줄 수 있나요?

얼마 전에 친구와 함께 주스 매장에 들렀을 때입니다. 음료를 기다리는 동안 매장을 이리저리 둘러봤는데 한 쪽 벽면을 크게 차지한 코르크 보드 위로 해당 브랜드의 친환경 정책을 홍보하는 게시물들이 쭈욱 붙어 있더라고요. 딱 봐도 뭔가 강렬한 메시지들을 전하며 소비자의 행동 변화를 촉구하는 문구들이 담긴 것처럼 보였죠. 그런데 그때 물끄러미 게시물을 바라보던 제 친구가 이런 말을 했습니다.

　나는 저런 캠페인에 대체로 다 동의하는 데 말야… 조금만 다정하게 말해줬으면 좋겠어. 저렇게 막 윽박지르듯이 환경을 보호하라고 하면 가끔은 내가 지구를 파괴하고 있는 빌런이 된 것 같이 느껴지거든.

그래서 제가 대답했죠.

그렇게 좋게 말하면 아무도 안 들어서 그런 게 아닐까? 이제는 정신 차리지 않으면 안 될 때가 온 거잖아. 저래야 비닐봉지 한 장이라도 덜 쓰지.

별걸 다 요구한다고 얘기하는 제게 친구가 전한 다음 대답은 의외로 묵직한 임팩트가 있었습니다.

야, 사람은 다 달라. 계속 밀어붙이기만 하면 그냥 될 대로 돼라 싶어서 다 놓아버리는 부류가 있다고. 그런 사람들한테는 또 그들을 설득하기 위한 화법이 필요한 거 아냐.

대화의 맥락상으로는 '넌 왜 나한테 승질(?)이냐'로 받아쳐야 맞는 건데 순간 멈칫하게 되더라고요. 생각해보면 그럴 법도 하죠. 특히 이렇게 개개인의 마음을 움직이고 행동을 유발하는 캠페인들은 그냥 일방적으로 메시지만 전달한다고 해서 해결되는 건 아니니까요. 적어도 목표한 액션을 이끌어내려면 조금 어렵더라도 상대에 맞게, 상황에 맞게 대화를 신청하는 게 옳다고 봅니다.

그래서 저는 특정한 카테고리 안에서 새로운 브랜드를 만들고자 할 때는 다른 니즈들을 세세하게 파악해보는 것도 중요하지만 '아직도 듣고 싶은 이야기를 제대로 못 들은 사람이 있는지' 혹은 '원하는 방법으로 듣지 못한 경우가 있는지'를 살펴보는 게 굉장히 의미 있는 접근법이라고 봅니다.

살다 보면 가끔은 메시지 자체보다 메신저에게서 더 위로를 받고 용기를 얻는 경우가 있잖아요. 저 사람이 들려주는 이야기와 말투라면 그 대상에 한 발 더 다가갈 마음이 생기기도 하고요.

저 역시도 와사라의 그런 말투에 더 이끌렸던 것 같습니다. 아직 친환경에 대해 이해도도 낮고 엄청난 실천력을 갖추지도 못한 저지만, 와사라 제품을 쓸 때만큼은 내가 무엇을 하고 있는지 그 결과가 어떻게 이어지는 것인지 명확하게 그려지더라고요. 저를 명문대에 보내줄 만큼의 일타강사는 아닐지언정 작게나마 공부의 재미와 의미를 알려주는 친절한 선생님을 만난 기분이었죠.

그래서 저는 인식을 새로 디자인하거나 특정한 영향력을 발휘해야 하는 브랜딩 프로젝트를 할 때는 항상 이 고민에서 출발해보곤 합니다. '이 문제를 해결하기 위해서는 어떤 솔루션이 필요할까? 그리고 그 솔루션은 어떤 메신저가 어떤 화법으로 이야기해줘야 할까?'라고 말이죠. 세상의 사랑 노래가 다 꼭 발라드여야 할 필요는 없잖아요. 힙합이든 락이든 상대방의 마음을 움직일 수 있다면, 그리고 내가 정말 잘할 수 있는 방식이라면 그걸 택하는 게 맞다고 봅니다.

되감기 하고 싶어지는 브랜드

건축가는 아무것도 창조하지 않는다.
단지 실재를 변형transform할 뿐이다.

건축계의 노벨상이라고 불리는 프리츠커상을 수상한 포르투갈 건축가 알바로 시자Alvaro Siza의 말입니다. 그는 건축을 자연과 지형의 연장선이라 믿고, 자연과의 화합을 이루고자 간단 명료하게 건물을 짓는 것으로 유명합니다. 실제 시자의 건축물을 보면 마치 하얀색 도화지를 접거나 휜 다음, 핀으로 살짝 고정만 해둔 느낌이 나거든요. (그리고 저는 그의 건축물들이 마치 와사라 그릇과도 닮은 것 같더라고요!)

저는 남들과 다르게 말을 걸고, 남들과 다른 철학을 담아내는 모든 과정이 실제로는 '변형'의 과정일 뿐이라고 생각합니다. 억지로 새로운 걸 짜내고 애써 좋은 의미를 갖다 붙인다고 해결될 문제는 아니라고 보거든요. 대신 다들 비슷비슷하게 준비해온 재료를 각자 어떤 식으로 변형해가느냐에 따라 그게 자기 결과물이 되고 자기 철학으로 자리 잡는다고 봅니다. 그러니 우리만의 철학을 세우고 담는다는 것은 훌륭한 재료를 찾기 위해 골몰하는 게 아니라 좋은 레시피를 개발하기 위해 노력하는 거라고 봐야 할지도 모르죠.

그래서 브랜딩이 잘된 제품이나 서비스들은 늘 결과물로부터 그 과정을 유추해보고 싶은 열망을 불러일으키는 것 같아요. 대체 어떤 과정을 거쳤길래 이 재료로 이런 결과를 만들어낼 수 있었는지, 또 그 시작은 어떤 마음과 태도에서 비롯되었는지 거슬러 올라가 보지 않고는 못 배기게 만드는 힘이 있는 거죠. 마치 매력적인 사람을 만나면 그 사람이 살아온 인생은 어떤 삶이었는지 궁금해지는 것과 비슷합니다.

더불어 '우린 이런 멋진 가치관을 가지고 있다고요'라고 외치는 것보다 우리를 좋게 바라본 누군가가 그 뒷이야기를 궁금해하며 하나하나 질문해올 때, 막힘없이 정확하게 대답하는 과정에서 진짜 우리 철학이 드러난다고 생각합니다. 그렇게 브랜드를 만든 사람과 쓰는 사람이 이뤄낸 작은 합의들이 모여 그 브랜드를 떠받치는 거라고 보고요.

각자 음식을 준비해서 모여야 하는 홈 파티가 있으면 저는 와사라 그릇을 주문해서 챙겨가곤 합니다. 제가 '그릇도 좀 준비해갈게'라고 하면 처음엔 다들 놀라 손사래를 치지만 막상 와사라를 보여주면 신기해하고 좋아하더라고요. 그리고 그런 타이밍에서 작은 이야기들을 시작하면 와사라라는 브랜드도, 그들이 담고 있는 철학과 가치관도 잘 전달할 수 있죠. 친구들이 관심을 가지며 물어오는 질문에 제가 답할 수 있는 것들을 하나씩 알려주다 보면 왠지 좋은 일을 한 것 같은 기분도 들고요.

사실 잘 찾아보면 여러분 각자에게도 그런 브랜드가 하나씩 있을지 모릅니다. 남들이 그냥 별 생각 없이 지나쳤던 브랜드더라도 여러분이 직접 소개해주고 권해준다면 다른 이야기처럼 다가오게 되는 그런 브랜드들 말이죠.

그렇게 여러분만의 그릇에 브랜드를 잘 담은 다음 또 여러분만이 해줄 수 있는 화법으로 대화를 건넨다면 받는 사람의 기쁨도 몇 배로 커지게 되는 것 아닐까요? 풍경을 잠시 빌려 내 창문에 걸어놓고 감상하는 것처럼 가끔은 브랜드 하나를 빌려 내 관점과 철학에 잠시 걸어둘 수도 있는 거니까요. 대신 그 대화를 기억하는 분들의 머릿속엔 단순히 브랜드만 남아 있지는 않을 겁니다. 분명 그 브랜드를 정성스럽게 대접해준 여러분의 모습이 더 생생하게 기억될 테니 말이죠.

어쩌면 제가 이 책을 쓴 이유 중 하나도 바로 이것일 수 있겠다 싶네요. 비교적 남들에게 덜 알려져 있는 브랜드든, 수없이 많이 다뤄지고 평가되어진 브랜드든 간에 제가 느끼고 받아들인 것을 제 경험과 버무려 한 그릇 담아낼 수 있다는 것. 아마 거기서부터 출발하지 않았나 싶습니다.

간혹 주변 친구들 중에 그냥 검색해보기만 해도 나올만한 정보들을 굳이 나에게 묻거나, 자기가 결정해놓은 사항에 대해서도 꼭 내 의견을 재차 확인하는 친구들이 있죠. 뭐 그 친구의 성격일 수도 있겠으나 때로는 그런 요청을 이렇게도 한번 생각해볼 수 있을 것 같아요. '저 친구는 지금 나를 통해 이 이야기가 듣고 싶다' 혹은 '나를 통해 확인하고 또 확신하고 싶어 한다'라고요.

남 귀찮게 하는 걸 세상 싫어하는 저도 아주 가끔은 그럴 때가 있거든요. 누군가를 통해서 그 사람의 생각과 향이 입혀진 경험을 공유받고 싶을 때요.

그러니 '네가 말해주니 그럴싸하게 들린다', '네가 먹고 있으니 맛있어 보인다', '네가 가진 걸 보니 나도 사고 싶어진다'는 말을 들으셨다면 축하드립니다. 당신은 좋은 이야기를 좋은 그릇에 담아 좋은 태도로 내놓을 줄 아는 사람일 확률이 높을 테니까요.

15

모든 문을
연다는 것

카우스
KAWS

가끔 저는 이런 생각을 해봅니다. 지금 우리가 사는 시대는 훗날 어떤 시대로 기억되고 또 해석될까 하고 말이죠.

　큰 역사의 덩어리로 보자면 IT 산업의 급격한 발전으로 그 수혜를 입기 시작한 첫 시대로 기억될 수도 있을 테고, 조금 어두운 시각을 들이밀자면 몇백 년, 몇천 년 넘게 아날로그로 존재해왔던 수많은 것들과 굿바이를 선언한 시대로 기록될 법도 하죠. 흥미로운 건 어떤 기준과 영역을 가늠좌로 두느냐에 따라 희비가 엇갈리고 다양한 해석이 나온다는 사실입니다.

　그럼 그 가늠좌 위에 브랜딩이나 마케팅을 올려놓는다면 무슨 일이 벌어질까요? 이 역시도 어떤 매체와 어떤 트렌드와 어떤 요소를 배치하느냐에 따라 천차만별로 달라지겠지만, 오늘날의 브랜딩과 마케팅 흐름을 감안한다면 우리가 이른 바 '콜라보레이션collaboration의 시대'에 살고 있다고도 볼 수 있을 것 같습니다.

　지금처럼 장르와 영역을 불문하고 다양한 협업이 펼쳐진

시대는 없었을 테니까요. 거장과 거장의 만남이라고 불릴 수 있는 협업부터 편의점 진열대를 가득 채운 콜라보 상품들까지. 재미난 시도를 통해 작은 의미라도 발견할 수 있다면 서로 기꺼이 손을 잡는 것이 요즘의 문화이자 사고방식이 아닐까 싶거든요.

예전에 한 스니커즈 브랜드 유튜브 채널에서 '대체 왜 이렇게까지 콜라보레이션이 핫할까'라는 주제로 이야기 나누는 것을 본 적이 있는데요. 그때 한 패널 분이 이렇게 대답한 게 기억납니다.

왜 내가 아는 사람들 중에서도 서로 연결해주고 싶은 사람들이 있잖아요. 얘랑 쟤는 아직 만난 적이 없지만 나는 쟤네 둘이 붙어 있으면 뭔가 좋은 일이 생길 거 같은 예감이 드는 거죠. 나중엔 둘이 한자리에 있는 것만 봐도 내가 막 뿌듯할 거 같은 그런 기분?
저는 콜라보도 똑같다고 생각해요. 꼭 뭔가 합작해서 대단한 걸 내놓지 않아도 돼요. 그냥 둘이 같이 있는 장면을 보고 싶은 열망인 거죠.

거기에 또 다른 패널 분은 이런 답변을 얹기도 했습니다.

저는 콜라보를 한마디로 정의한다면 썸이라고 생각해요. 정식으로 사귀는 게 아니라 그냥 서로 호감을 가지고 밥 먹고 영화 보고 그런 사이 말이에요. 팬들도 그걸 더 좋아해요. 어느 브랜드가 어디를 인수했다 이런 건 그렇게까지 관심 가지지 않거든요. 근데 콜라보는 다르죠. 저 두 브랜드가 만나면 무슨 일이 벌어질까, 서로가 서로를 어떻게 풀어낼까 이런 게 다 초미의 관심사니까요.

저는 두 패널 분의 대답에 모두 공감합니다. 서로 썸을 타는 것이든 아니면 그저 둘이 한 공간 안에 존재하는 것이든 간에 콜라보레이션의 핵심은 '저들이 만났다'라는 데서 오는 놀라움과 '그다음은 무슨 일이 벌어질까?'라는 기대감일 테니까요. 그래서 이건 개인적인 기준이긴 하지만 저는 콜라보레이션의 흥망성쇠를 결정하는 제일 중요한 물음은 딱 하나라고 봅니다.

그래서 궁금한가? 안 궁금한가?

── 지금 이 시대의 브랜드

어느 정도 예상하셨겠지만 이번 글에서는 콜라보레이션에 관한 이야기를 풀어볼 예정입니다. 아마 실제로 마케팅이나 브랜딩을 하고 계신 분들이라면 요즘 어디 어디가 참 잘한다더라 어느 어느 제품이 뜬다더라 하면 그 브랜드와 어떻게라도 엮어서 콜라보를 해보고 싶은 마음이 한 번쯤 있으셨을 겁니다.

하지만 그럴 때마다 우리 앞을 가로막는 질문들이 있죠. '만약 저기랑 콜라보가 성사된다고 해도 저쪽 좋은 일만 시키는 거면 어쩌지?'라든가 '제품으로 보나 브랜드로 보나 우리가 너무 밀리는 거 같은데… 이거 정말 해야 되는 걸까?' 같은 물음이 스멀스멀 고개를 드니까요. '같이 하면 재밌겠다!'라며 야심차게 벌인 일이 결국 나와 우리 존재를 다시금 돌아보게 만드는 역할을 하는 겁니다.

그런데도 함께 콜라보레이션을 하기 위해서는 대기표를 끊고 무작정 기다려야 할 만큼 콧대 높은 브랜드들이 있습니다. 뭐 그중엔 두말할 필요 없이 막강한 파워를 자랑하는 브랜드도 있지만 저는 콜라보레이션이라는 단어를 들으면 늘 이 브랜드가 떠오릅니다.

아, 그런데 그전에 한 가지 설명이 필요하겠군요. 지금부터 소개할 이 대상을 브랜드라고 볼 수 있는지에 대해서 의문을 가지는 분들도 있을 것 같거든요. 하지만 저는 이 브랜드야말로 우리가 사는 현재의 시대를 설명해주는 데 더없이 훌륭한 사례라고 생각합니다.

지금부터 여러분과 함께 알아볼 브랜드는 아트 토이로 전례 없는 존재감을 드러내고 있는 '카우스KAWS'입니다. 아마 이름만 들어서는 '카우스가 뭐지?'라는 물음이 떠오를 수도 있지만 대부분 어디선가 한 번쯤은 이 아트 토이와 마주쳤을 확률이 높습니다.

미키마우스를 닮은 몸매에 머리는 해골 모양을 하고 있고, 눈에는 커다란 X자 두 개만이 덩그러니 자리하고 있는 그 친구가 바로 카우스의 대표 캐릭터 '컴패니언Companion'이거든요. (거디다 큰 지막한 뼈다귀 두 개가 익살스럽게 해골 머리를 관통하고 있죠.) 두 손으로 얼굴을 가린 채 고뇌에 찬 듯 앉아 있는 포즈의 카우스 토이도 유명하고 뭔가 크게 혼난 다음 어깨를 축 늘어뜨린 모습의 캐릭터도 익숙하실 겁니다. 심지어 2018년에는 거대한 풍선으로 제작되어 석촌호수 위에 누워 있기까지 했죠.

그런데 아트 토이 마니아들 사이에서는 이런 슬픈 농담이 있습니다.

카우스 한정판을 구하는 것에 비하면 나이키 한정판은 아이들 장난 수준이다.

나이키 럭키드로우에 매번 응모하시는 분들이 들으면 화가 날 법한 이야기일 수도 있지만 영 틀린 말은 아닙니다. 한정판으로 제작된 카우스 아트 토이들은 부르는 게 값인 수준을 넘어서 웬만한 사람은 줄 설 기회도 잡기 힘들다고 정평이 나 있거든요.

또 내로라하는 세계적인 셀럽들이 이 카우스 아트 토이의 마니아이기 때문에 그 가치는 나날이 상승 중입니다. 퍼렐 윌리엄스나 저스틴 비버, 드레이크, 카일리 제너도 카우스의 엄청난 빅팬으로 알려져 있고 예술에 조예가 깊기로 유명한 지드래곤이나 BTS의 멤버 RM도 카우스를 향한 애정을 아낌없이 드러내고 있으니까요.

이런 인기 때문인지 글로벌 미술 전문 매체인 아트시^{Artsy}가 스위스, 홍콩, 영국 등 세계 아트페어 45개를 분석해 내놓은 결과에서 카우스는 압도적인 점수로 미술품 구매 수요 1위를 차지했습니다. 쉽게 말하면 지금 현대미술 씬에서 가장 핫한 대상이 카우스고 가장 영향력 있는 브랜드가 카우스라는 이야기죠.

── 예술가이거나 이단아이거나

카우스는 미국 뉴저지 출신의 디자이너이자 예술가인 브라이언 도넬리$^{Brian\ Donnelly}$의 활동명입니다. 그러니까 우리에게 익숙한 아트 토이 '컴패니언'은 사실 카우스의 캐릭터 중 하나로 보는 것이 정확합니다. 그리고 카우스는 컴패니언 캐릭터에 쓰인 주요 요소들을 활용해서 회화나 설치미술, 팝아트 등 수많은 영역에서 자신의 작품들을 선보이고 있고 이들 모두 세계적으로 엄청난 사랑을 받고 있죠.

1974년생인 브라이언은 그래픽 디자이너로서 정석과도 같은 길을 걷습니다. 미국의 명문 디자인 학교인 뉴욕 스쿨 오브 비주얼 아트^{SVA}를 졸업한 그는 월트 디즈니 소속의 스튜디오 중 하나인 점보 픽처스$^{Jumbo\ Pictures}$에서 애니메이터로 일을 시작하거든요. '101 달마시안', '다리아', '더그' 같은 명작 애니메이션 시리즈가 그의 손을 거쳐 탄생했죠.

하지만 그는 낮에는 애니메이터로 일했지만 밤이 되면 거리로 나가 그래피티를 그렸습니다. 여느 그래피티 아티스트들처럼 담벼락이나 가게 출입문, 지하철 전동차 등이 그의 캔버스이자 훌륭한 먹잇감이었고요. 그리고 이때쯤 그는 이미 컴패니언 캐릭터의 원형이 되는 X자 눈과 해골 머리 등의 심벌을 완성하고 자신의 닉네임을 KAWS로 정합니다. 사실 이 이름에는 아무런 의미도 없다고 하는데요. 그저 카우스의 4글자 알파벳이 미학적으로 좋은 밸런스를 가진다고 생각해서 만든 이름이라고 합니다. (처음엔 브라이언조차 이 이름을 뭐라고 불러야 할지 몰라 커스, 코우즈 등 희한한 발음으로 불렀다고 알려져 있죠.)

그런데 평소 그와 함께 그래피티를 그리던 배리 맥기^{Barry McGee}라는 친구가 어느 날 브라이언에게 놀라운 사실을 하나 털어놓습니다.

브라이언! 나한테 뉴욕의 버스 정류장과 공중전화 부스의 광고판들을 열 수 있는 스켈리톤 키^{skeleton key}가 있어.

이 말을 들은 브라이언은 광란의 호르몬에 사로잡히고 말았죠. 여기서 '스켈리톤 키'란 일종의 마스터키라고 생각하면 쉬운데요. 버스 정류장이나 공중전화 부스에 있는 광고판에 광고물을 부착하기 위해 열고 잠그는 자물쇠의 마스터키가 그의 손에 들어온 겁니다. 수만 개에 달하는 뉴욕의 광고 포스터들이 카우스의 도화지로 탈바꿈하는 순간이었죠.

이들은 인적이 드문 새벽 시간에 몰래 광고 포스터들을 떼온 다음 자신들의 카우스 캐릭터를 덧입히거나 익살스러운 소재들을 그려 넣음으로써 기존의 작품들을 재해석했습니다. 그러고는 동이 트기 전에 다시 가서 그 포스터들을 광고판에 끼워 넣었죠.

뉴욕시는 하루아침에 발칵 뒤집혔습니다. DKNY, 조르지오 아르마니, 캘빈 클라인, 게스 등 1990년대 당시 최고의 인기를 구가하던 모든 광고판이 카우스의 장난에 놀아나게 됐거든요. 오죽했으면 뉴욕의 옥외 광고를 전담하던 광고대행사들 사이에서는 '우리도 카우스 당했어^{We were KAWSed too}'라는 유행어가 생겨날 정도였으니까요.

하지만 대중들의 반응은 정반대였습니다. 다들 카우스의 작업에 완전히 열광했거든요. 카우스의 작업물이 끼워진 광고판들은 이른바 명소가 되어 사람들이 일부러 찾아와 사진을 찍고 응원의 메모를 남기는 사태가 벌어졌습니다. 일부 포스터는 누군가에 의해 도난을 당하기도 했고 암시장에서 재판매 되는 일까지 있었죠.

그중에서도 약 25년이 지난 오늘날까지 카우스의 가장 유명한 작품(?)으로 평가받는 포스터가 하나 있는데요. 바로 당대 최고의 탑 모델이던 크리스티 털링턴^{Christy Turlington}이 출연한 캘빈클라인의 언더웨어 광고입니다. 무채색 톤의 광고 포스터 위로 마치 뱀처럼 똬리를 튼 초록색 카우스 캐릭터는 그들이 사용하는 디자인 언어를 가장 잘 드러내는 작업물이기도 했죠.

이를 계기로 카우스는 팝아트 씬에 혜성처럼 나타난 아이돌이 되었고 점점 예술가로서도 인정받기 시작합니다. 그러던 중 1999년에 일본의 패션 회사인 '바운티 헌터Bounty Hunter'의 제안으로 카우스의 2D 작업물을 3D 피규어로 탈바꿈하는 프로젝트를 진행하게 되는데요. 이때 탄생한 게 바로 우리가 잘 아는 컴패니언 캐릭터입니다. 늘 누군가의 작업물에 몰래 숨어들어 존재감을 과시하던 카우스가 자신의 생명력을 스스로 보여주게 되는 역사적인 사건이었죠.

—— 합을 맞춰 문을 여는 과정

이때부터 카우스의 콜라보레이션 인생은 본격적으로 꽃피기 시작합니다. 이제 카우스가 누군가를 찾아다니지 않아도 다른 사람들이 줄서서 카우스의 문을 두드리기 시작했거든요. 또 여기에 그치지 않고 콜라보를 위한 팬덤까지 형성됩니다. 아까 소개해드린 스니커즈 채널의 패널 분들처럼 '이 브랜드와 같이 콜라보해주세요!', '이 캐릭터에도 카우스를 입혀주세요!'라는 요구가 빗발쳤기 때문이죠. 덕분에 카우스는 이름만 들어도 두근대는 대상들과 놀라운 협업들을 만들어냅니다.

심슨, 아톰, 스타워즈, 스누피, 세사미 스트리트, 스펀지밥 같은 캐릭터와 콜라보한 작품들을 내놓거나 나이키, 슈프림, 꼼데가르송, 사카이, 베이프, 유니클로 등과 협업해 독자 라인업 상품을 출시하기도 하죠. 거기에 셀 수 없이 많은 공간에 카우스 아트 토이를 설치하고 수많은 프로젝트에 카우스 캐릭터를 등장시킵니다. 카우스 탄생 20주년을 맞던 2018년에는 홍콩의 크리에이티브 스튜디오인 '올라이츠리저브드AllRightsReserved'와 협업해 카우스 아트 토이를 우주로 쏘아올리는 행사까지 진행했으니까요.

그런데 여기서 궁금한 점이 하나 생기지 않나요? 세상에 뛰어난 아티스트가 꼭 카우스만 있는 것도 아니고 또 오래 사랑받는 캐릭터가 컴패니언뿐인 것도 아닌데 어떻게 카우스는 모든 브랜드가 함께 콜라보레이션하고 싶어 하는 브랜드가 된 것일까요? 아니 그보다 더 신기한 건 어째서 어느 브랜드나 캐릭터와 붙어도, 어떤 장소나 공간에 놓여 있어도 뛰어난 호흡을 자랑하며 매번 성공적인 콜라보를 성사시키는 걸까요?

일각에선 그저 카우스의 재능과 영향력에서 그 답을 찾으려 하고 또 한쪽에서는 친근하면서도 뭔가 좀 색다른 게 매력이라며 다소 뻔한 답을 내놓고 있지만 저는 카우스가 이토록 오래, 여러 영역에서 사랑받을 수 있는 이유를 조금 다른 각도에서 한번 들여다보려고 합니다.

제가 아까 카우스가 그래피티를 그리던 시절에 대해 소개한 일화 기억나시죠? 친구 배리가 가지고 있던 스켈리톤 키를 이용해 뉴욕의 광고판을 자유롭게 열고 닫던 시절의 이야기 말이에요. 그런데 이 스켈리톤 키라는 게 그 원리를 들여다보면 참 흥미로운 점이 많더라고요.

보통 열쇠 구멍 안의 잠금장치는 여러 개의 실린더로 구성된 조합입니다. 이 구멍에 열쇠를 넣으면 열쇠대에 나 있는 독특한 모양의 홈들이 각각의 실린더를 밀어 올려 마치 금고 번호와도 같은 높낮이 조합을 만들죠. 그리고 이 높낮이 조합이 미리 입력된 것과 꼭 들어맞으면 잠금장치가 '탁' 하고 해제 되는 매우 간단한 원리입니다.

그런데 이른바 마스터키라고 불리는 스켈리톤 키는 이 각각의 높낮이 조합에 모두 대응이 가능하도록 만들어진 열쇠입니다. 정확히 말하면 대표적인 조합들을 꿰뚫는 하나의 라인을 집어넣은 다음 부족한 조합은 따로 채워 넣고 조절해 자물쇠를 푸는 방식이죠.

저는 카우스가 뉴욕의 광고판들뿐 아니라 각 브랜드들과의 접점을 뚫을 때도, 이를 통해 사람들에게 공감을 전달할 때도 스켈리톤 키를 사용했다고 봅니다.

세상엔 사물이든 사람이든 무엇인가에 대해 분석해놓은 자료들이 너무도 많지만, 사실 누구나 자기 마음속에 복잡한 조합들이 하나씩 있잖아요. 남들이 해석해주지 못하거나 심지어 나 스스로도 발견하지 못하고 있는 조합도 있고요. 그러다 우연히 내 마음에 잘 들어맞는 콘텐츠나 브랜드를 만나면 나도 모르는 사이 스르륵하고 잠금장치가 풀려버리는 경험들이 한 번쯤은 있으셨을 겁니다.

카우스는 그 지점을 정말 잘 활용한 브랜드라고 생각해요. 솔직히 말해 지구상 어느 브랜드도 '만능열쇠'를 만들 수는 없습니다. 세상 모두를 만족시키는 브랜드라는 건 존재할 수도 없을 테고요.

하지만 마치 스켈리톤 키의 구조처럼 중심을 꿰뚫는 하나의 라인을 만들어주고 나머지 부족한 조합은 각자의 상상과 감상으로 채울 수 있도록 해준다면 어떨까요? 그건 분명 얘기가 달라지는 문제일 겁니다. 실제로는 열쇠가 자물쇠를 여는 것이 아니라 열쇠와 자물쇠가 합을 맞춰 잠금을 푸는 것처럼 브랜드도 자신들의 이야기를 집어넣은 다음 그 대상과 합을 맞추는 과정이 필요한 것이니까요.

─── 공존을 위한 밸런스

우선 카우스가 어떻게 사람들의 마음을 꿰뚫는 하나의 라인을 만들었는지부터 얘기해볼까요?

많은 사람이 이야기하는 카우스의 매력 중 하나는 바로 '대중성'입니다. 스스로를 예술 테러리스트라 칭하며 각종 사회 비판적 메시지를 던지는 뱅크시Banksy보다는 훨씬 가볍고, 평범한 소재에 비비드한 컬러로 일관하는 여타 팝아트들에 비해서는 분명한 차별점을 가진다는 게 평단의 해석이기도 하죠. 어렵지 않으면서도 지루하지 않은 그 극강의 밸런스를 잡아내는 데 성공한 셈입니다.

이러한 밸런스는 콜라보레이션을 하기에 매우 유리한 조건을 제공해줍니다. 사실 콜라보라는 건 서로의 단점을 커버해주는 형식으로 이뤄지는 건 아니거든요. 오히려 각자가 지닌 장점과 존재감이 더욱 부각될 수 있는 시너지를 내거나 그 자체만으로 화제성을 불러일으킬 수 있을 때 콜라보의 의미가 발생하죠.

때문에 대중적인 밸런스를 가지고 있는 브랜드는 다른 것들과 함께할 수 있는 접점이 엄청나게 넓은 존재라고도 볼 수 있습니다. 왜 사진을 찍을 때도 이른바 '궁극의 필터'라고 불리는 필터들이 있잖아요. 어떤 사진을 찍더라도 이 필터를 끼워 넣으면 어색하지 않고 기본은 채워줄 수 있는 그런 느낌 말입니다.

저는 카우스도 그 역할에 있어 탁월함을 보인다고 생각합니다. 감각적이고 예술적이면서도 동시에 상업적인 측면에서 역시 막강한 파급력을 자랑하니까요. 콜라보레이션을 하고 싶은 사람의 입장에서는 그저 저 브랜드가 핫해서 같이 하고 싶다가 아니라 카우스가 먼저 스켈리톤 키의 중심을 풀어주면 그다음은 우리가 해볼 수 있는 것들이 더 많아질 수 있겠다는 기대감을 갖게 되는 겁니다.

반면 카우스는 팬들의 마음을 움직이는 그 각각의 개별 조합을 푸는 방법도 잘 알고 있습니다. 조금 전 설명한 것처럼 그 개별 조합이란 사실 받아들이는 사람의 입장에서 스스로 해석하고 조금씩 조절해갈 수밖에 없는 영역인데요. 카우스는 이 영역에 대한 가능성을 무한히 확장해나가는 브랜드라고도 할 수 있기 때문입니다.

컴패니언 캐릭터를 비롯해 카우스 작품들에서 나타나는 가장 큰 공통 요소는 두 개의 X자 눈입니다. 어쩌면 카우스만의 아이덴티티라고도 할 수 있죠. 그런데 사실 이 X 표시는 카우스가 대중들이 각자 자신의 생각과 감정을 대입할 수 있도록 남겨놓은 미지의 영역이기도 합니다.

이와 관련해서는 카우스가 직접 자신의 의견을 밝히기도 했는데요. 단순해 보이는 아이콘 뒤의 숨은 의도는 생각보다도 더 심오했습니다.

수학에서든 기호학에서든 X는 임의의 상태를 뜻하잖아요. 전 어릴 때부터 그게 좋았어요. 단정 짓지 않은 것, 완성되지 않은 것, 변화가 가능한 것을 의미하니까요. 그래서 저는 그걸 눈에다 붙여버렸어요. 무엇인가를 투영하는 눈에다 X자를 그려 넣으면 그 안에 어떤 우주라도 담을 수 있으니까요.

이전에도 얘기했듯이 저는 늘 만든 사람의 의도대로 소비되어지는 것이 좋은 브랜드의 요건 중 하나라고 생각하는데요. 그런 의미에서 보자면 카우스의 의도는 완벽하게 들어맞았다고 할 수 있겠네요. 사람들은 이른바 이 X자 눈에 엄청나게 열광하거든요. 그리고 실제로 카우스가 함께 콜라보한 캐릭터들의 경우에는 기존의 모습과 분위기를 거의 그대로 보존해두고서 캐릭터의 눈만 카우스의 X자로 바꾼 사례가 꽤 많습니다.

그런데도 카우스의 존재감은 그야말로 빛을 발하죠. 평소 익숙히 알고 있던 모습에서 작은 변주를 일으킨 그 부분이 우리 마음의 빗장을 완전히 열어버렸으니까요.

사실 이 방법은 카우스가 오래전 뉴욕의 광고판을 휩쓸고 다니던 시절부터 즐겨 사용한 작업 스타일입니다. 보통의 그래피티는 기존의 작업물을 완전히 덮어버리거나 이를 부정하는 메시지로 도배함으로써 자신들의 위상을 드높이는 방식을 취했습니다. 하지만 카우스는 불법적인 행위를 저지르는 그 순간에도 어울림과 공존을 택하는 여유를 보였죠. 각각의 광고 포스터들과 가장 잘 매치되는 캐릭터와 요소들을 넣어 모든 브랜드마다 저마다의 해석을 내놓았기 때문입니다. 오죽했으면 사람들 사이에서 '카우스의 타미힐피거 버전이 더 좋다', '아니다. 카우스의 엘르 버전이 더 좋다'며 즉석 거리 투표까지 일어났을까요.

그러니 카우스는 자신의 스타일을 주입하기보다 전체를 꿰

저 X자로 디자인된 두 눈에
수많은 상상을 얹어볼 수 있도록 만드는 것이야말로
카우스의 진짜 매력인지도 모릅니다.

뚫는 열쇠를 하나 집어넣은 다음 나머지는 감상하는 사람들이 자기 마음과 머릿속에서 변형하고 조합할 수 있도록 해줬다고 봐야겠죠. 저는 이게 바로 카우스가 쥔 스켈리톤 키라고 생각합니다. 그리고 그는 만능 실력을 가진 게 아니라 '여는 공식'을 터득한 사람인 것일 테고요.

── 그저 큰길만 내어줬을 뿐

완성도 높은 기획을 뜻하는 수식어들은 생각보다 꽤 많습니다. 탄탄한 기획, 촘촘한 기획, 빈틈없는 기획, 빡센(?) 기획 등등이요. 그런데 이 모든 것이 기획하는 사람의 영역에만 머물고 관리되어져야 한다는 의미로 쓰이는 것은 아닙니다. 만든 사람이 이만큼의 메시지를 전달해줬다면 또 저만큼은 그걸 받아들이는 사람들이 슬기고 바꿔갈 수 있도록 놓아둘 줄도 알아야 하니까요.

일에 대한 경험이 많지 않았던 시절에는 저 또한 그게 잘 이해되지 않았습니다. 함께 일하던 동료들이 '여긴 우리가 기획한다고 작동할 영역이 아니야'라고 말하면 갸우뚱하곤 했거든요. 그럴수록 더 집요하고 끈질기게 달라붙어야 하는 것 아닌가라는 생각에서였죠.

그런데 세상에는 그렇게 풀리는 일이 있고 또 반대로 접근해야 하는 일이 있더라고요. '가로로 큰길을 내면 세로로 작은 골목들이 생겨난다'는 공식처럼 기획한 사람은 판을 까는 데 집중하고 이를 기반으로 어떤 일들이 벌어지는지를 흥미진진하게 지켜보고 응원해야 하는 경우도 있는 것이죠.

그래서 저는 다른 브랜드와 콜라보레이션을 해야 하는 경우나 아니면 누군가의 참여와 협업을 이끌어내야 하는 경우에는 '우리는 지금 스켈리톤 키를 만들어야 한다'는 마음으로 접근해보는 게 좋다고 생각합니다. 마치 카우스가 자신의 시그니처를 기반으로 다른 브랜드들에 새로운 생명을 불어넣어 준 것처럼 말이죠.

물론 저도 뭔가를 기획할 때마다 여기까지는 우리의 영역, 저기부터는 사용자들의 영역이라고 칼 같이 예측하고서 기획을 하는 건 아닙니다. (정확히는 그럴 능력이 없는 거고요…)

대신 어설프게나마 쥐고 있는 저만의 스켈리톤 키가 하나 있다면, 그건 늘 다양한 해석이 존재하는 부분에서는 한 번 더 고민의 시간을 갖는다는 겁니다.

이렇게 여러 갈래로 생각이 나뉜다면 여기서 우리가 방향을 잡아주는 게 좋을지 아니면 이곳을 아예 운동장으로 만들어 각자가 뛰어놀도록 해줄지를 재차 확인해보는 거죠. 그러다보면 어느 지점에 이르러서는 둘 중 무엇이 더 나을지 미세하게나마도 확신하게 되는 순간이 있더라고요. 딴 게 콜라보가 아니라 우선 우리 사용자나 소비자들과 좋은 케미를 갖추는 게 1순위 콜라보구나 하는 생각도 들고요.

그럼에도 불구하고 여전히 스켈리톤 키보다는 이 자물쇠에 꼭 맞는 열쇠를 제작하려 애쓰는 사람들을 발견하면 요즘은 이런 일화를 소개해주곤 합니다.

몇 년 전 제가 싸이 콘서트에 갔을 때 가수 싸이 님께서 객석을 향해 다음과 같은 멘트를 해주신 적이 있었거든요.

여러분. 저는 지금껏 음악을 만들 때 '오늘 다 죽자', '여기서 끝장 보자'라는 각오로 곡을 쓴 적이 단 한 번도 없습니다. 저는 그저 적당히 신나는 곡을 만들었을 뿐인데 죽기 살기로 달려든 건 언제나 여러분이었습니다.
그러니 싸이 덕분에 신난다라는 말은 사실 거짓말입니다. 그 흥은 원래부터 여러분이 가지고 있던 겁니다.

그러게요. 세상에 누가 흥을 디자인할 수 있고 누가 에너지를 설계할 수 있겠습니까. 그건 온전히 각자의 몫으로 돌려두고 우리는 그저 그들을 향해 큰길만 내어줘도 성공한 거겠죠.

스켈리톤 키의 'skeleton'은 뼈대, 골격, 해골 등을 뜻하는 말입니다. 작고 세세한 부위보다는 전체를 지탱하는 골자나 윤곽을 표현할 때 많이 사용하죠. 그래서 스켈리톤 키라고 하면 굉장히 복잡하게 생겼을 거라고 상상하지만 실제로는 일반 열쇠보다 더 단순한 모양으로 디자인되어 있습니다. 전체를 관통하기에도 유리하고 미세한 구멍들과 합을 맞추기에도 이 방식이 훨씬 적합하기 때문이죠.

그리고 공교롭게도 카우스의 디자인 모티브 역시 해골과 뼈를 많이 사용합니다. 카우스의 진짜 의도야 알 수 없겠지만 어쩌면 저는 이게 가장 원초적이고 본질적인 것만을 남겨두고 거기서부터 다시 의미를 부여해가기 위한 시도는 아니었을까 싶어요.

언제나 우리의 밑바탕이 되는 것들은 제대로 갖춰진 것이 아니라 '단정 짓지 않은 것, 완성되지 않은 것, 변화가 가능한 것'들이니 말이죠.

16

서로가 서로의
팬이 된다는 것

프리미어리그
Premier League

세일즈, 마케팅, 브랜딩. 이 3가지가 추구하는 목표는 각각 어떻게 다를까요? 현업에서 내리는 정의가 다르고 학문적으로 내리는 정의가 또 다를 수 있겠지만 저는 나름대로 이렇게 정리해볼 수 있을 것 같습니다. 세일즈는 '무엇인가를 팔리도록 하는 것', 마케팅은 '어떤 행동을 하도록 만드는 것' 그리고 브랜딩은 '누군가의 팬이 되도록 하는 것'으로 말이죠.

　　그래서 그 수가 많든 적든 세상에 자기 팬을 가지고 있는 모든 존재는 다 나름대로 브랜딩 되어 있다는 게 제 개인적인 생각이기도 합니다. 재미있는 건 취미로만 해야 된다고들 하지만 저는 제가 좋아하는 브랜딩을 일로 대하더라도 늘 흥미를 느낄 수 있는 이유가 바로 이 때문인 것 같아요. 팔리게 하고, 행동하도록 하는 것과는 다르게 누군가를 우리 팬으로 만든다는 그 목표가 주는 색다름이 있으니까요. (물론 재미있다고 했지 힘들지 않다고는 안 했습니다…)

많은 팬덤을 만들어냈던 드라마 〈나의 해방일지〉에는 독특한 단어가 하나 등장합니다. 바로 '추앙'이죠. 주인공인 미정은 상대 역할의 구씨에게 대뜸 사랑하는 것을 넘어 자신을 추앙해달라고 주문합니다. 그건 어떻게 하는 거냐고 구씨가 묻자 미정은 이렇게 답하죠.

응원하는 거. 넌 뭐든 할 수 있다. 뭐든 된다. 응원하는 거.

사전에서 말하는 뜻과는 조금 다른 의미이지만 저는 극중 대사가 어떤 뉘앙스를 전달하고 싶었는지 한편으로는 이해가 됩니다. 브랜드도 그렇거든요. 흔히들 주목받는 브랜드, 사랑받는 브랜드, 존경받는 브랜드라는 말을 쓰지만 정말 찐으로 애정하는 브랜드가 생기면 주인공 미정이 원하는 것처럼 진짜 추앙을 하게 되는 경우가 있죠. 점점 그 브랜드를 응원하게 되기도 하고 때론 나와 동일시하기도 하며 그렇게 '네가 하는 모든 것이 잘되기만을 바란다'는 긍정의 기운을 불어넣게 되니까요.

뭐 그렇게까지 해가며 브랜드를 좋아할 일이냐 하실 수도 있지만 방점을 브랜드에 찍지 말고 제가 아까 설명드린 팬이 되는 과정에 찍어본다면 질문이 조금 달라질지도 모릅니다.

사물이든 사람이든 내가 유독 애정하는 대상이 하나쯤은 있는지, 그럼 그 대상을 애정하는 행위가 선망이나 편애나 응원이나 추앙 같은 주관적인 요인 없이 오직 팩트만으로 가능한 일인지 스스로에게 물어보는 거죠. 아마 이 질문에 '물론이지!'라고 대답하실 분은 그리 많지 않을 겁니다. 그저 좋아한다는 말로 표현할 수 있는 수준을 넘어선 대상 앞에서는 '특수 상대성 애정'이 발휘되는 법이니까요. 다른 사람에게는 그냥 스쳐 지나가는 것들도 내 곁에서는 시간과 공간을 왜곡하며 느리게 또 진하게 붙어 있게 되는 순간이 바로 팬이 되어가는 순간이기 때문입니다.

── 참을 수 없는 팬심의 묵직함

몇 달 전 만난 대학 선배가 제게 이런 이야기 하나를 들려주었습니다. 둘째 아이가 이제 초등학교 5학년인데 꿈이 축구 선수라고 하더라고요. 근데 이 친구의 장래희망이 구체화되는 과정을 하나씩 설명해주는데 듣는 저까지 흥분될 정도로 인상적이었습니다.

> 분명히 재작년에 물었을 때는 그냥 손흥민 같은 선수가 되고 싶다고 했거든. 근데 작년에 물으니 자기도 손흥민처럼 토트넘에서 주전 공격수로 뛰고 싶다는 거야. 그러다가 올해 5학년이 되더니 꽤 현실적인(?) 답을 내놓더라.
> "아빠, 저 손흥민까지는 아니더라도… 토트넘까지는 못 가더라도… 최소한 프리미어리그에서는 뛰고 싶어요"라고.

너무 재미있는 대답이라 제가 재차 물었습니다. 다른 나라에 훌륭한 리그들도 많은데 왜 꼭 프리미어리그를 고집하냐고 말이죠.

나도 똑같이 물었지. 그랬더니 자기는 토트넘이 제일 좋지만 손흥민이 없었더라면 다른 프리미어리그 팀들 중 어느 팀을 응원하게 됐을지 도저히 모르겠대. 모든 팀이 다 너무 매력 있고 경기장도 멋지고 각자의 스타일도 다르다는 거지. 난 초등학생 눈에도 그게 전부 보인다는 게 너무 신기하더라고. 한 번 가본 적도 없는 나라인데 말야.

가끔은 이렇게 아이들이 무엇인가를 좋아하게 되는 과정을 따라가 보는 게 더 흥미로울 때도 있습니다. 어른들이야 자신의 경험에 비춰서라도 예측해볼 수 있는 부분들이 존재하지만 아이들의 눈으로 받아들이고 호감을 가지게 되는 단계들은 분명 또 다른 시각을 던져주기 때문이죠.

그나저나 이쯤 되니 아주 원초적인 질문을 하게 될 수밖에 없네요. 우리는 대체 어른, 아이 할 것 없이 어떻게 누군가의 또 무엇인가의 팬이 될 수 있는 것일까요? 그리고 어떤 목적을 위해서 그 대상에게 무한한 관심과 환호를 보내는 걸까요?

이 질문에 대해 나름의 답을 찾아보고자 이번엔 두 가지 주제를 한번 다뤄보려고 합니다. 이른바 브랜드를 향한 팬심이라고 할 수 있는 '브랜드 로열티'라는 개념과 이 개념에 조금 더 생생히 접근할 수 있도록 우리의 이정표가 되어줄 '프리미어리그^{Premier} ^{League}'에 대해서 말입니다.

흔히 브랜드 충성도 혹은 브랜드와 소비자 간의 관계 형성이라는 개념으로 설명되기도 하지만, 저는 결국 이 브랜드 로열티라는 것 역시 앞서 말한 '팬의 입장과 마음'으로 이해해야 한다고 생각합니다. 단순한 스펙만으로 비교될 수 없는 가치, 지극히 주관적인 애정과 왜곡된 기억에 기대서라도 무한 응원을 보내고 싶은 그 심리, 이 모든 게 한데 뒤섞여 만들어지는 게 바로 로열티일 테니까요.

—— 무너져버린 팬들

잘 아시다시피 프리미어리그는 영국 잉글랜드의 최상위 축구 리그를 일컫는 말입니다. 축구 종주국의 자국 리그이며 전 세계에서 제일 많은 축구 팬을 보유한 리그이자, 미식축구인 NFL과 프로야구 메이저리그 다음으로 가장 높은 스포츠 수익을 올리는 리그로 기록되어 있기도 하죠.

무엇보다 우리에겐 대한민국 첫 프리미어리거였던 박지성 선수를 시작으로 아시아 최초의 프리미어리그 득점왕 손흥민 선수에 이르기까지 다른 어떤 해외 스포츠 리그보다도 강한 애착과 자부심을 선사해준 리그이기도 합니다.

사실 영국에는 잉글랜드에만 약 1,100개의 축구 리그가 존재하고 그 안에 1만 8,500여 개의 팀이 운영되고 있습니다. 이 가늠하기조차 힘든 규모의 세계에서 가장 뛰어난 20개 클럽만이 1부 리그에 해당하는 프리미어리그에 속해 한 시즌 동안 경기를 치르게 되는 거죠. 그마저도 시즌 최하위 3개 팀은 2부 리그로 강등되고 대신 2부 리그의 1~3순위 팀이 프리미어리그로 새로 승격하게 되는 냉혈한 구조입니다.

그럼에도 불구하고 놀라운 점은 이 수만 개의 팀이 모두 각자의 팬을 가지고 있다는 사실이죠. 오죽하면 '잉글랜드에는 예산이 없는 팀은 있어도 팬이 없는 팀은 없다'는 우스갯소리가 있을 정도니까요.

하지만 프리미어리그의 역사에서 팬심은 꽤나 아픈 과거를 들추어내야 하는 숙명을 가지고 있습니다. 그건 프리미어리그의 태생이 바로 그릇된 팬심과 맞닿아 있기 때문이죠.

1888년 처음 탄생한 잉글랜드 풋볼 리그는 100년 가까운 시간 동안 잉글랜드 최고 리그로 군림하며 큰 사랑을 받았습니다. 유럽의 수많은 클럽 대항전에서도 우수한 성적을 내며 승승장구했고 다른 리그와는 비교할 수 없을 만큼 강한 팬덤을 보유하기도 했죠.

그런데 1970년대 후반 즈음부터 이 팬덤은 점점 과격한 양상을 띠게 되고 결국 폭력을 일삼는 극성팬인 '훌리건'을 탄생시키게 됩니다. 그들은 자신들이 응원하는 팀이 패하면 시설을 부수거나 경기장에 난입하는 등 사사건건 소동을 일으켰으며 심지어 다른 팀 서포터즈들을 폭행하는 일도 서슴지 않았죠.

그러던 중 결국 1980년대에 이르러 비극적인 사건이 연이어 벌어지게 됩니다. 1985년 리버풀과 유벤투스가 맞붙은 유러피언 컵 결승에서 훌리건들이 난동을 일으키는 바람에 경기장 벽이 무너지는 사태가 발생했고 이로 인해 39명이 사망하고 600명 이상이 부상을 당하는 일이 생긴 것이죠. 결국 유럽 축구 연맹은 잉글랜드 클럽 팀들에게 책임을 물어 향후 5년간 국제 대회 출전을 금지하는 초강력 한 징계를 내리고 맙니다. 축구 역사에서는 당시 경기가 벌어졌던 벨기에 헤이젤의 이름을 따 이를 '헤이젤 참사'로 기록하고 있죠.

그런데 불과 4년 뒤인 1989년에는 더 끔찍한 일이 일어납니다. 잉글랜드 셰필드에 위치한 힐스버러 스타디움에서 약 100명에 가까운 사람이 압사하고 700여 명이 부상당하는 사태가 벌어졌거든요. 이유는 어이없게도 1,600명 남짓한 입식 관중석에 약 3,000명을 수용한 주최 측의 실수 때문에 벌어진 일이었습니다. 애초에 낡은 경기장과 부주의한 운영이 원인이었지만 사고를 수습하는 과정에서 축구 협회와 경찰이 팬들의 과격한 응원 탓으로 책임을 전가하며 사건은 더 비극으로 치달았죠. 팬들의 배신감도 어마어마했고요.

두 차례 참사를 거치며 영국 축구의 명성은 바닥으로 추락했습니다. 그리고 1부 리그에 해당했던 프로 팀들은 과거의 명성을 되찾기 위해서는 뼈를 깎는 고통이 필요하다는 사실을 여실히 깨닫게 되었죠. 결국 이들은 영국 풋볼 리그를 탈퇴하고 1992년 다시 새로운 리그를 창설하게 되는데, 그게 바로 우리가 알고 있는 오늘날의 프리미어리그입니다. 그러니 프리미어리그의 지난 30년 역사는 팬들의 아픔을 팬들의 사랑으로 되돌려 놓는 노력의 시간이었다고 해도 과언이 아닌 거죠.

—— 지상 최대의 TV 쇼

프리미어리그 초대 회상이었던 존 퀸튼John Quinton은 처음 리그가 기획되던 시기를 이렇게 회상합니다.

우리의 목표는 시작부터 단 하나였습니다. 팬들에게 사랑받는 축구 문화를 만드는 것. 오직 그뿐이었죠. 그러기 위해서는 모든 것을 팬들과 공유할 수 있어야 했습니다. 작은 것부터 큰 것까지, 좋은 것부터 그렇지 않은 것까지 말이죠.

이 목표를 달성하고자 그가 주목한 것은 두 가지였습니다. 하나는 다양성, 다른 하나는 생생함이었죠.

당시 프리미어리그 설립을 맡은 위원회는 1980년대 참사의 트라우마로 인해 안전장치 강화에만 초점을 맞추고 있었지만 퀸튼만큼은 전혀 다른 시각을 제시했습니다. 잉글랜드가 가지고 있는 다양한 지역의 각양각색 팀들, 이들의 이야기를 하나부터 열까지 솔직하고 생생하게 보여주는 것이야말로 프리미어리그의 미래라고 판단한 것이죠.

그리고 이러한 목표는 다시 두 가지 전략으로 세분화되었습니다.

먼저 프리미어리그는 개혁 과제 1순위를 엔터테인먼트 강화에 둡니다. 당시 특별 사절단으로 미국 풋볼 리그인 NFL를 조사하고 돌아온 위원회가 큰 충격을 받았기 때문이죠. 갖가지 광고판이 달린 대형 스크린, 놀이공원을 방불케 하는 경기장 인프라, 매 경기 초대되는 화려한 셀럽은 물론 하프타임에 이루어지는 콘서트와 치어리딩까지. 그들이 이른바 '돈벌이에 혈안된 미국식 프랜차이즈'라고 평가 절하했던 행위들이 실제로는 놀라우리만큼 선진적인 팬덤을 만드는 일등 공신이었단 사실에 한 방 먹은 셈이었죠. 게다가 여기서 창출된 수익이 다시 팬들에게 재투자되며 자금 면에서도 엄청난 선순환을 이끌어내고 있었습니다.

자극을 받은 프리미어리그는 우선 미디어 전략을 대대적으로 뜯어고칩니다. 지금 생각하면 좀 어처구니없지만 1980년대까지만 해도 영국의 축구 리그는 실제로 경기장을 찾아 축구를 관람

하는 이른바 '직관'만을 우대하는 경향이 짙었거든요. TV와 라디오 중계는 경기장을 찾지 못한 사람을 위해 제공하는 하나의 옵션에 불과한 개념이었죠.

하지만 프리미어리그의 출범과 함께 이 고정관념은 완전히 무너집니다. 지금도 프리미어리그가 다른 리그보다 더 재미있는 이유 중 하나로 꼽히는 게 바로 '카메라 워크'인데요. 경기장 내부에 셀 수 없이 많은 카메라 시스템을 구비해두고 모든 각도에서 일어나는 생생한 장면들을 하나도 놓치지 않고 전달하는 게 시청자들을 엄청난 즐거움으로 몰아넣기 때문이죠.

게다가 경기 전 선수가 등장하는 순간부터 마지막 휘슬이 울린 그다음까지, 보는 사람으로 하여금 역동적인 탄성을 자아내는 영상 시퀀스는 한 편의 영화를 보는 착각마저 불러일으킵니다. 이러한 카메라 워크에 대한 투자는 프리미어리그 초기부터 지속적으로 이뤄지고 있고 지금도 나날이 더 발전해가고 있죠.

그런데 사실 이 부분에 가장 큰 기여를 한 인물이 바로 당시 영국 스카이스포츠Skysports의 실질적인 소유주이자 프리미어리그 첫 중계권을 따내는 데 성공한 세계적인 미디어 거물 루퍼트 머독Rupert Murdoch이었다는 걸 아는 사람은 그리 많지 않습니다.

당시 스카이스포츠의 책임 프로듀서였던 앤디 멜빈Andy Melvin은 머독의 인사이트에 대해 이런 에피소드를 들려주기도 했죠.

그때만 해도 프리미어리그 위원회 사람들은 머독이 축구 경기를

'TV 쇼'라고 부르는 것을 언짢아했습니다. 회의 중 몇 번이나 '게임'이라고 칭해달라고 요구했었거든요. 그러자 참다못한 머독이 테이블을 쾅 치며 버럭 화를 냈어요.

"이 어리석은 양반들아! 게임은 현장에서 선수들이 하는 거고, 앞으로 전 세계 시청자들이 보게 될 것은 저 거대한 TV 쇼란 말이야. 두고 보라고. 아마 현장에서 경기를 관람한 팬들도 그날 밤에는 자신이 놓친 생생한 장면들을 보러 TV 앞으로 몰려들 테니까!"

── 다양성의 왕국이 존재할 수 있는 이유

머독에서부터 촉발된 프리미어리그 미디어 시스템의 성공은 굳이 말씀드리지 않아도 잘 아실 겁니다. 현재 프리미어리그 중계를 보는 전 세계 시청자 수는 스페인의 라리가, 독일의 분데스리가, 이탈리아의 세리에 A 시청자 수 모두를 합한 것을 훌쩍 뛰어넘거든요. 그뿐만 아니라 2022년부터 3년간 계약된 해외 중계료 수익만 약 8조 5,000억 원에 달하며 각종 게임에 사용되는 라이선스 사용료도 다른 리그와는 비교가 되지 않을 정도로 높게 책정되어 있죠.

그런데 프리미어리그 사무국은 여기에 보태 과감한 결정을 하나 더 내립니다. 바로 한때 어긋나 있던 팬심을 다시 좋은 방향으로 회복시켜주기 위한 시도였죠.

그들이 주목한 것은 다름 아닌 '과정을 공유하는 것'이었습니다. 미국의 스포츠 문화와는 달리 잉글랜드에는 짧게는 몇 십년, 길게는 100년 넘게 이어오는 유서 깊은 클럽들이 손에 꼽을 수 없을 정도로 많고 그들 모두 각 지역의 문화나 경제와 긴밀히 연결되어 있기 때문이죠. 따라서 단순히 선수들이 경기장에서 활약하는 모습만을 보여주는 게 아니라 경기를 준비하고 일상을 살아가는 모습들을 인간적으로 조명한다면 팬들에게도 더 좋은 정서가 형성될 것이라고 믿었습니다.

그리고 이 전략은 정확히 적중했습니다. 수많은 미디어가 프리미어리그와 계약을 맺고 각자의 시각에서 각 팀을 다룬 프로그램을 쏟아내기 시작했거든요. 그동안은 보수적인 태도였던 클럽들도 점점 문을 열고 적극적으로 대응했고요.

지금이야 일주일 내내 축구 소식을 다루는 TV 프로그램들이 방영되는 게 익숙하지만 당시만 해도 이는 획기적인 제질 개선의 결과였습니다. '단 한순간도 팬들을 축구로부터 떨어뜨려 놓지 않겠다'는 프리미어리그 사무국의 의지와 '축구는 경기장 안에서뿐 아니라 밖에서도 이어진다'는 팬들의 인식 전환이 동시에 만들어낸 문화였으니까요. 덕분에 팬들은 구단과 선수에 대한 로열티가 훨씬 더 두터워졌고 선수들 역시 자신들의 행동 하나하나에 팬들을 위한 배려를 담아나가기 시작했습니다.

재미있는 사실은 이 작은 시도 하나가 오늘날 프리미어리그 경기 스타일에까지 영향을 미쳤다는 겁니다.

축구를 좋아하는 분들이라면 아시겠지만 프리미어리그는 이른바 예측할 수 없는 리그라고 불립니다. 누가 우승을 차지하고 또 어느 팀이 강등될지 그 확률을 계산하는 게 다른 리그에 비해 몇 배는 더 어렵기 때문이죠. 특히 2~3개 정도의 강팀이 번갈아 우승을 차지하고 나머지 팀들은 비등비등한 실력을 보여주는 다른 나라 리그와 달리, 프리미어리그는 이른바 '빅6'라 불리는 여섯 개 팀이 늘 상위권에서 난타전을 벌이고 그 아래 10개 팀 정도가 리그 막판까지 엎치락뒤치락하며 끊임없는 순위 싸움을 이어갑니다. 덕분에 약팀이 강팀을 잡는 이변이 속출하고 극적인 드라마 또한 자주 연출되며, 이른바 천적과 앙숙으로 불리는 라이벌 구도가 계속해서 만들어지죠.

프리미어리그 최고의 해설가 중 한 명으로 꼽히는 피터 드루리Peter Drury는 이러한 현상에 대해 흥미로운 해석을 내놓은 적이 있는데요. 그것은 바로 모든 상황을 팬들에게 적극적으로 공유하는 프리미어리그의 팬십fanship 문화가 프리미어리그를 다양성의 무대로 만들어놓았다는 것이었습니다.

이런 해석이 가능할 법도 한 것이 사실 유럽의 다른 리그들은 소위 말하는 대세라는 것이 늘 존재해왔거든요. 이탈리아는 40년 넘도록 빗장 수비라 불리는 수비형 축구 '카테나치오catenaccio'를 선보였고, 스페인은 짧고 빠른 패스로 공을 돌리다 상대의 빈틈을 노려 공격하는 '티키타카tiki-taka'가 유명하죠. 이렇게 하나의 스타일이 그 리그를 지배하게 되는 건 일부 강팀들이 구사하는 전술에 대응하기 위해 열세의 팀들이 유사한 전술을 따라 사용하기 때문입니다.

그런데 프리미어리그에는 이렇다 할 만한 대표적인 플레이 스타일이 없습니다. 오직 상대방을 이기기 위해 매 경기 각자가 할 수 있는 최선의 전략을 들고 나올 뿐이죠.

드루리는 이것을 '자기다움을 지키려는 팬과 클럽이 함께 빚어낸 축구'라고 평가했습니다. 즉, 세계 어느 리그보다 공유 문화가 잘 발달해 있는 프리미어리그이기 때문에 팬과 선수 그리고 구단이 구상하는 이상향이 꽤 정확히 일치한다는 겁니다.

단순히 강팀을 따라 하는 전술로써는 세계 최고의 리그에서 버틸 수 없다는 사실을 잘 알고 있고, 또 설사 지더라도 우리다운 플레이를 하며 지는 것을 훨씬 자랑스럽게 여긴다는 것이죠. 이것이 오늘날 한 가지 스타일이 지배권을 행사하는 세계 축구 트렌드 속에서 프리미어리그를 다양성의 왕국으로 보존시킨 중요한 요인이라고 판단합니다. 그리고 드루리가 소개하는 에피소드는 그 주장에 통쾌한 밑줄을 그어주죠.

2018년이었을 거예요. 강등권을 맴돌고 있던 왓포드Watford 경기를 보러 갔는데 세상에 제 옆에 앉은 일곱 살짜리 꼬마가 목이 터져라 외치는 거예요. "이봐! 지금 그건 왓포드다운 플레이가 아니잖아!"라고요.

어쩌면 축구 경기에서
가장 아름다운 순간이 아닐까요.
골의 기쁨을 팬들 앞에서
함께 나눌 수 있는 이 순간 말이죠.

저는 그 장면 자체가 프리미어리그라고 생각해요. 꼴찌에 가까운 팀도 자기 스타일을 가지고 있다는 것과 그걸 선수와 팬이 함께 공유하고 있다는 사실 말이에요.

── 서로를 위한 특수 상대성 애정

만약 여러분은 사랑하는 사람이 '그저 사랑하는 것을 넘어 추앙해 달라'고 하면 무엇을 해줄 수 있을 것 같나요? 지금 머릿속에 오만 가지 생각이 떠오르시겠지만 저는 어쩌면 그 해답 중 하나는 '서로가 서로에게 팬이 되어주는 것'일 수도 있겠다 싶습니다. 그리고 이 행위에서 주목해야 할 부분은 팬이 되어준다는 사실뿐 아니라 '서로가 서로에게'라는 방향성에 있다는 게 제 의견이기도 하고요.

가만히 생각해보면 우리가 이른바 좋은 관계라고 부르는 모든 것은 일방향인 것이 없거든요. 상대가 나에게 또 내가 상대에게 끝없는 피드백을 보내며 서로가 살아 있음을, 우리가 특별한 관계임을 확인해야 양쪽 모두에게 의미 있는 관계가 되기 때문입니다.

전 세계 프로축구 리그는 공식적인 것만 100여 개에 이르지만 그중 프리미어리그만큼 큰 사랑을 받는 리그는 없습니다. 더 놀라운 것은 세계 톱클래스 선수 10위 권 안에 프리미어리그 선수는 그리 많지 않다는 사실이죠. 즉, 초호화 슈퍼스타들이 즐비하다고 해서 그 리그의 인기가 높아진다는 보장은 없다는 얘깁니다.

　대신 저는 팬과 리그가 서로를 지독하리만큼 사랑하는 문화 속에서 답을 찾아야 한다고 생각합니다. 우리가 앞서 살펴본 프리미어리그의 30년 역사는 오직 팬을 위한 역사임이 틀림없으니까요. 클럽을 추앙하는 팬들만큼이나 클럽 역시 팬들을 추앙하기에 지금의 프리미어리그 문화가 가능한 것일지도 모르죠.

　다시 브랜드 로열티 얘기를 한번 꺼내보겠습니다. 흔히 브랜드 로열티라고 하면 만드는 사람은 콧대를 높인 채 자신의 정체성을 유지하고, 소비자나 사용자들은 그런 자신감 넘치는 모습에 열광하는 것이라고 생각하기 쉽습니다. 물론 이와 같은 방식으로 로열티를 유지해나가는 브랜드가 없는 것은 아니지만 가끔은 관점을 좀 이동시켜볼 필요도 있겠죠. 우리 브랜드를 사랑해주는 팬들을 위해 우리 역시 그들의 팬을 자처하는 방식으로 말입니다.

　이를 위해서는 팬들의 비포 앤 애프터를 들여다볼 줄 아는 게 참 중요하다고 생각합니다. 다시 말해 우리 브랜드의 팬이 되기 전과 후가 어떻게 달라졌는지, 그들에게 우리는 어떤 의미로 어떤 영향을 주었는지를 진지하게 고민하고 탐구해볼 줄 알아야 한다는 거죠.

　저는 어떤 대상의 팬이 된다는 것은 자신만의 터닝 포인트를 만드는 것과 비슷하다고 보거든요. 내가 좋아하는 것으로부터 좋은 영향을 받고, 그게 밑거름이 돼 나를 더 좋은 방향으로 이끌어갈 수 있는 게 진정한 팬십일 테니까요. 그러니 팬을 가진 입장에서는 그들의 변화를 유심히 따라가며 우리의 역할을 재차 정의하고 조정하는 것이 '팬의 팬이 되어주는 일'일지도 모르겠습니다.

예전에 BTS가 자신의 팬들인 아미를 향해 했던 말이 유독 화제가 되었던 적이 있습니다.

여러분의 아픔이 100이라고 했을 때, 우리 노래가 그 아픔을 99, 98, 97…로 만들어줄 수 있다면 우리는 그것만으로도 BTS의 존재 가치가 충분하다고 생각합니다.

그 말을 들으니 왜 BTS가 세계 최고의 팬덤을 보유한 뮤지션인지 알겠더라고요. 그저 좋아해주는 것에 대한 감사함을 넘어 자신들로 인해 팬들이 어떤 긍정적인 변화들을 맞이할 수 있는지를 잘 알고 있는 그룹임이 틀림없으니까요. 그리고 그 변화의 방향과 속도에 더 좋은 영향을 얹어주기 위해 최선을 다하는 자세가 지구 역사상 유례없는 팬덤을 만든 일등공신이겠죠.

그래서인지 전 가끔 '팬 서비스'라는 말이 조금은 어색하게 느껴질 때가 있습니다. 마치 팬들에게 사랑을 받은 대가로 무엇인가를 의무적으로 해줘야 하는 것 같은 뉘앙스가 풍겨서인지도 모르겠어요.

대신 이런 말을 쓰면 어떨까라고 혼자 생각해본 적도 있습니다. 공을 주고받듯이 서로에게 좋은 영향을 전달하고 그렇게 긍정적인 변화를 지속적으로 공유하는 '팬 플레이^{fan play}'라는 단어로 말이에요. 그럼 팬덤이라는 건 그저 한쪽에서 다른 쪽으로 향하는 게 아니라 서로가 서로의 팬이 되어주는 거라는 사실을 조금은 더 잘 전달할 수 있지 않을까요?

그렇게 생각하니 누군가 '팬 플레이? 그건 어떻게 하는 건데?'라고 물으면 〈나의 해방일지〉에서의 미정처럼 적절한 대답을 미리 준비해놔야 할 것도 같네요.

서로 응원하는 거. 우린 뭐든 할 수 있다. 더 나아질 수 있다. 그렇게 서로가 서로를 응원하는 거.

라고 말이죠.

손흥민 선수를 다룬 특집 다큐멘터리에 프리미어리그의 전설로 꼽히는 '티에리 앙리^{Thierry Henry}'가 출연한 적이 있었습니다. 손흥민 선수가 현지 적응에 대한 고민을 털어놓자 앙리는 이런 조언을 했죠.

"내가 항상 하는 말이 있어. 팬들이 우리에게 진짜 마음을 여는 순간은 이 선수가 지금 이 나라와 이 구단과 이 문화에 적응하려고 정말 노력하는구나를 느낄 때라고 말이야."

그래서 저는 '축구 선수가 축구만 잘하면 되지', '배우가 연기만 잘하면 되지'라는 식의 태도는 조금씩 바뀔 필요가 있다고 생각합니다. 세상에 팬들의 관심과 사랑 속에서 존재하는 모든 것들은 어떤 형태로든 양방향으로 에너지가 전달될 수 있어야 하니까요. 내가 받는 사랑이 어디서 오는지에만 주목할 게 아니라 그 사랑을 어떻게 돌려줄지도 고민해봐야 하는 건 아닐까 싶습니다. 그게 사람이든 아니면 하나의 브랜드든 말입니다.

17

욕망을
코딩한다는 것

젠틀몬스터
GENTLE MONSTER

뜬금없는 사실을 하나 알려드리자면 저는 막내입니다. 대부분의 막내가 그렇듯이 저희 부모님은 형의 어린 시절은 잘 기억하시는데 제 어린 시절은 그다지 또렷하게 기억을 못 하십니다. 형이 했던 일을 제가 한 것으로 잘못 알고 계신 경우도 많고 멀티버스급으로 시공간을 왜곡해 저장하고 계신 추억들도 많죠. (뭐 서운하다는 건 아니고 사실이 그렇다는 겁니다. 어머니⋯)

하지만 그런 와중에도 늘 제 어린 시절에 관해 자주 들려주시는 일화가 하나 있습니다.

넌 어릴 때부터 상상을 해도 엄청 구체적으로 했어. 한 여섯 살은 됐으려나. 그 쪼끄만 게 나중에 돈 많이 벌면 자기는 어떻게 생긴 집에 살 거고 또 이 방은 이렇게 꾸밀 거고 저 방은 저렇게 꾸밀 거라고 얘기했거든. 어디에 뭘 두고 음식은 뭘 먹으면서 살고 싶다는 것까지 정말 자세하게 표현했으니까.

물론 저는 하나도 기억이 나지 않습니다만 제 안에 어느 정도 그런 기질이 있다는 건 부정하기 어렵겠네요. 어릴 때부터 허무맹랑한 공상을 하더라도 저는 그게 하나의 스토리를 가지기를 바랐던 적이 많았거든요. 그리고 웬만하면 곧 실제 일어날 것처럼 구체적이고도 생생하게 그려지기를 원했던 것 같고요.

근데 전 이게 저 혼자만 가진 특성이라고 생각하지는 않습니다. 사람은 실현 가능성과는 무관하게 각자 저마다의 상상으로 점철된 공간들이 마음속 어딘가에 자리 잡고 있다고 보니까요. 그 안에는 어마어마한 재력을 갖춘 내가 있기도 하고, 수백만 명의 인스타그램 팔로워를 보유한 내가 있기도 하죠. 어디까지나 공상이긴 합니다만 그 밑바닥을 잘 뒤져보면 사실 모든 건 우리의 욕망과 직간접적으로 맞닿아 있다는 걸 알 수 있습니다.

그리고 세계적인 광고대행사 사치 앤 사치Saatchi & Saatchi의 공동 창업자인 찰스 사치Charles Saatchi는 이 공간을 '욕망의 방들rooms of desire'이라고 표현하기도 했죠. 인간의 마음속엔 서로 다른 욕망이 담긴 방들이 아주 많이 있는데 이를 자주 열어서 확인하고 꺼내 쓰는 사람이 있나 하면 그냥 문을 닫아둔 채 그 존재조차 잊어버리고 사는 사람이 있다는 겁니다. 그러니 나쁜 욕망이 아니라면 가끔씩 그들이 있는 방에 찾아가 안부를 묻고 내가 무엇을 갈망하는 사람인지 확인하는 과정이 필요하다고 조언하죠. 잘 다듬어지고 가꿔져가는 나도 중요하지만 반대로 날 것의 나, 본능적인 존재로서의 나도 역시나 중요하기 때문입니다.

그런데 이 욕망의 방들에 직접 찾아가 하나하나 문을 열어 본다는 건 매우 어려운 일입니다. 아니 정확히는 내 안에 어떤 욕망들이 자리하고 있는지조차 제대로 알기가 쉽지 않죠. 그래서 저는 콘텐츠의 역할이 참 중요하다고 생각합니다. 무심코 본 영화나 드라마의 한 장면이 나에게 다가와 팍 꽂힐 때, 웹툰 주인공이 느끼는 감정이 내 것과 꼭 일치한다고 생각하게 될 때, 노래 속 가사 한 줄이 뭔가 새로운 두근거림을 불러일으킬 때 나도 모르는 사이 그 욕망의 방문 앞에 성큼 다가갈 수 있다고 생각하거든요.

더 놀라운 건 그 감정이 '맞아. 나 이런 거 되게 좋아하는 사람이었지'라는 확신의 반응을 줄 때도 있지만 가끔은 '아, 나도 이런 걸 좋아할 수 있는 사람이구나'라는 의외의 순간을 선물해주기도 한다는 사실입니다.

저는 브랜드도 그런 역할에 큰 부분을 차지하는 것 같아요. 꼭 그 브랜드의 제품을 소유하거나 사용해보지 않더라도 저 브랜드가 내 안의 어느 지점을 건드리면 그로 인해 나도 잘 모르고 있던 욕망이 서서히 제 모습을 갖춰갈 때가 있거든요. 그래서 저는 브랜드가 가진 중요한 역할 중 하나는 '타인의 욕망을 디자인하는 것'이라고 봅니다. 그 역할을 어느 정도 디테일하게, 어느 수준까지 생동감 있게 할 수 있느냐에 따라 브랜드가 가지는 입체감이 결정된다고 보고요.

─── 평범함이 키운 특별함

저는 이런 사례를 설명할 때 늘 '젠틀몬스터GENTLE MONSTER'를 예로 들곤 합니다. 현재의 패션 씬에서 확고한 아이덴티티를 가지고 매번 놀라운 행보를 보여주기 때문이기도 하지만, 개인적으로는 젠틀몬스터의 성장 과정이 곧 자신들의 욕망을 확인하는 과정이기도 또 타인의 욕망을 디자인해주는 과정이기도 하다는 생각에서입니다. 더불어 그게 어느 예술가 한 사람의 독창성에 기인한 역사가 아니라 촘촘한 전략과 끊임없는 혁신으로 설계된 결과물이라는 게 더 매력적인 것 같고요.

젠틀몬스터는 이제 겨우 10년이 조금 넘은 브랜드입니다. 2011년에 아이웨어 브랜드로 첫 선을 보였으니 지금 젠틀몬스터의 브랜드 가치를 생각하면 새삼 그 성장 속도에 놀라게 되곤 하죠.

젠틀몬스터의 이야기를 하려면 우선 창업자이자 현재 대표직을 맡고 있는 김한국 대표님에 대한 소개를 빼놓을 수 없습니다. 제가 그동안 여러 브랜드를 이야기하면서 처음 그 브랜드를 접했을 때의 오해와 선입견들을 몇 번 언급했었는데요. 젠틀몬스터 역시나 그 대표적인 사례 중 하나입니다. 왜냐면 저는 젠틀몬스터의 창업자는 완전 힙하고 엄청 트렌디하며 일반인들보다는 몇 걸음 앞선 취향을 제시하는 뼛속까지 예술가인 분일 거라고 생각했거든요.

그런데 2015년에 우연히 한 매체에서 진행된 김한국 대표님의 강의를 보면서 적잖은 충격을 받았죠. 본인을 지극히 평범한 사람으로 소개한 대표님은 그야말로 전형적인 회사원의 모습을 하고 있었거든요. 공부 잘할 것 같은 모범생의 모습에 경상도 사투리가 섞인 친근한 인상은 제 머릿속의 젠틀몬스터 이미지와는 180도 달랐으니까요.

　　사실 젠틀몬스터는 태생부터가 사업적인 전략으로 탄생한 브랜드입니다. 당시 영어캠프를 운영하는 회사에 다니던 김한국 대표님이 새로운 먹거리로서의 신사업을 론칭하는 조직에 있었기 때문이죠. 정육점 사업을 포함해 10여 개가 넘는 사업계획서를 제출하다가 가장 막판에 제안한 사업이 바로 안경테를 만드는 아이웨어 분야였던 섭니다. 그렇게 자본금 5,000만 원을 가지고 안경 제조업으로 세운 법인이 '스눕바이'라는 회사였고 평범한 회사원이던 김한국 대표님은 하루아침에 자신과 전혀 인연이 없던 아이웨어 사업을 이끄는 수장이 됩니다. (스눕바이는 2017년을 기점으로 '아이아이컴바인드'로 사명을 변경하며 지금까지 이어져오고 있습니다.)

　　그런데 이 평범한 직장인은 자신의 평범함에서 브랜드의 방향성을 발견하게 됩니다. 뭐 하나 특별할 것 없이 평범하지만 늘 조금 더 다르게, 조금 더 낫게를 갈망하고 사는 자신처럼 사람은 누구나 저마다 다른 삶을 꿈꾸고 산다는 사실을 알게 된 것이죠. 그리고 이런 욕망은 잘 정제된 것이 아니라 매우 원초적이고 본능적인 것임에 주목하게 됩니다.

실제의 삶은 젠틀하게 살더라도 내면에 감춰진 몬스터적인 욕망은 표출할 수 있도록 해주자는 의미에서 브랜드명을 '젠틀몬스터'로 정한 그는, 보다 실험적이고 추상적인 개념들을 제품 디자인으로 구현해낸다는 뚜렷한 목표를 세웁니다. 사람의 인상과 이미지를 결정하는 대표적인 아이템인 안경에 소비자 각자가 가진 열망을 담아주기로 한 셈이죠.

물론 처음부터 승승장구할 리는 만무했습니다. 그도 그럴 것이 10년 전에도 이미 아이웨어 시장은 각종 명품 브랜드부터 기술력을 바탕으로 한 각국의 로컬 브랜드들, 새로운 트렌드를 발 빠르게 반영하는 신생 브랜드들의 각축장이었기 때문이죠. 아무리 호기롭게 출발한 사업이라고 해도 넘어야 하는 산은 높고, 뚫어야 하는 벽은 두꺼운 상황이었습니다.

하지만 김한국 대표님은 처음부터 끝까지 이 '욕망의 표출화'에 사활을 겁니다. 이를 위해 스스로 밤낮없이 디자인 공부에 매달리고 좋은 인재가 있다고 하면 가장 먼저 발 벗고 나서 직접 영입해오는 열정을 보였죠. 이 험난한 경쟁 속에서 살아남을 수 있는 방법은 우리 자신을 뾰족하고 예리하게 다듬어 남들이 아직 눈치채지 못하고 있는 지점에 먼저 깃발을 꽂는 수밖에 없다고 생각한 겁니다.

그렇게 젠틀몬스터는 독특한 디자인과 자신들만의 스타일로 조금씩 아이덴티티를 구축해가기 시작합니다. 수백 년의 역사를 가진 사업 영역에 수많은 브랜드가 난립하는 그 상황 속에서도 '젠틀몬스터다움'이라는 씨앗을 뿌린 결과가 서서히 싹을 틔우는 순간이었죠.

── 욕망의 방을 열다

그리고 이즈음 젠틀몬스터는 또 한 번 새로운 접근을 시도합니다. 사람들이 가진 그 몬스터스러운 욕망을 표현해주는 매개체를 굳이 제품에만 한정 지을 필요는 없다고 본 것이죠. 오히려 제품에다 담을 수 없는 크고 자유롭고 담대한 이야기들을 보다 과감히 풀어낼 수 있다면 젠틀몬스터만의 스타일은 더욱 단단해질 거라는 판단에서였습니다.

그들은 그 답을 '공간'에서 찾습니다. 사실 많은 이들에게 젠틀몬스터는 웬만한 갤러리들을 압도하는 독특한 매장 스타일링으로 더 깊이 각인되어 있죠. 그래서 젠틀몬스터가 새롭게 문을 여는 공간들을 방문해보면 늘 여기가 아이웨어를 파는 공간인지 아니면 초현실주의 작가들의 전시회인지 분간하기 어려울 정도입니다. (처음 젠틀몬스터 팝업 스토어를 방문할 당시 저는 거기가 어디 특수효과 촬영장인 줄로만 알았습니다⋯.)

그럼에도 언제나 사람들의 호평을 끌어낼 수 있는 건 그저 '특이하다'는 평가로 단정 지을 수 없는 젠틀몬스터만의 가치관이 잘 녹아 있기 때문입니다. '상상을 현실로, 욕망을 비주얼로'라는 지극히 일관되게 이어오는 브랜드의 방향성이 바로 그 가치관의 핵심을 관통하고 있으니까요.

이러한 젠틀몬스터의 공간감을 알리게 된 데 가장 큰 역할을 한 건 2014년부터 약 2년 동안 홍대 플래그십 스토어를 기반으로 진행된 '퀀텀 프로젝트'일 겁니다. 젠틀몬스터는 한 번 스타일링하기도 만만치 않은 이 공간을 25일을 주기로 매번 새로운 테마와 콘셉트로 리뉴얼하는 프로젝트를 선보였거든요. 장장 36번에 걸친 전시를 진행하는 동안 비주얼 아트, 설치미술, 금속공예, 키네틱 조형, 팝아트 애니메이션 등을 각종 실험적인 사운드와 접목해 그들만의 스타일로 풀어내는 데 성공했습니다. 덕분에 사람들의 머릿속에는 단순히 아이웨어 브랜드가 아닌 거대한 크리에이티브 집단으로서의 젠틀몬스터가 자리 잡게 되었죠.

그뿐만 아니라 계동에 위치한 오래된 목욕탕을 전시 공간으로 활용한 북촌 플래그십 스토어 '배스 하우스^Bath House' 역시 큰 주목을 받았고, 코로나19로 인해 모두가 오프라인 활동에 대한 투자를 꺼리는 시점에도 '젠틀몬스터 하우스 도산'을 오픈하며 또 한 번 충격을 안겼습니다.

특히 하우스 도산은 앞으로 미래의 리테일 공간들은 어떤 의미를 가지게 되는지를 젠틀몬스터만의 시각으로 재해석한 곳인데요. 1층에는 아예 제품을 전시하지 않고 거대한 조형물만을 배치해 갤러리로서의 존재감을 드러내고 있는 데다 3층에는 젠틀몬스터 내부 연구소에서 직접 개발한 거대한 6족 보행 로봇 '더 프로브'까지 배치하는 등 기술과 예술을 접목한 다양한 이야기들을 엮어내며 화제를 모았습니다.

그리고 2021년 3월에는 중국 상하이에 약 1,000평 규모의 단독 건물인 '하우스 상하이'까지 오픈하며 젠틀몬스터 공간 철학의 정점을 찍었죠. 특히 하우스 상하이는 순수예술에서도 쉽게 접근이 어려웠던 양자역학적 개념인 0과 1을 공간의 방향성으로 설정하고 더욱 파격적이고 실험적인 소재들을 배치해 자신들의 미래를 스스로 규정했다는 평가를 받습니다.

왜 이렇게까지 공간에 집중하느냐는 어느 기자의 물음에 젠틀몬스터를 이끌고 있는 김한국 대표님은 이렇게 대답했습니다.

사람들은 때론 공간을 보는 것만으로 그 브랜드의 크기를 가늠합니다. 압도적인 공간 디자인으로 사람들의 인식을 선점하겠다는 것이 젠틀몬스터의 기조인 이유죠. 그래서 커다란 공간 안에 안경이라는 아주 작은 제품들을 어떻게 진열할까 하는 주제만으로 2년 가까이 연구하고 토론했습니다.

저는 공간이 감정이라고 생각해요. 그 공간 속에서 느낀 감정, 새롭게 발견하게 된 생각들을 얼른 다른 사람에게 전달하고 싶어지게 하는 게 브랜딩이라고 보거든요.

하우스 도산에 설치된 6족 보행 로봇
'더 프로브'의 모습입니다.
이 그로테스크한 욕망을 표현한 장면들에
사람들은 다시 한번 열광했죠.

── 나만의 기호를 부여했을 때

물론 젠틀몬스터에 대한 사람들의 반응은 다양합니다. 신선하고 파격적이다는 쪽과 너무 실험적인 디자인이 많아서 부담스럽다는 쪽으로 나뉘기도 하죠. 한 브랜드를 두고 다양한 해석이 오가는 경우야 매우 흔한 일이지만 젠틀몬스터는 우리로 하여금 조금 다른 해석의 틈을 열어주고 있다고도 생각합니다.

　제 친구 중에 광고회사를 다니는 녀석이 한 명 있는데요. 이 친구는 자타공인 안경 마니아로 알려져 있는 인물이기도 합니다. 반전은 이미 라섹 수술을 해서 기능적으로는 더 이상 안경이 필요 없는데도 불구하고 족히 수십 개가 넘는 각종 안경과 선글라스를 보유하고 있다는 거죠. 지금도 늘 새로운 안경을 사서 모으는 중이고요. 그런 친구에게 이른바 안경 마니아로서 젠틀몬스터에 대해 어떻게 생각하는지를 물어본 적이 있습니다.

　젠틀몬스터는 재미있는 안경이지. 나도 여러 개 가지고 있는데 희한하게 왠지 젠틀몬스터가 쓰고 싶은 날이 있거든. 나는 광고주 앞에서 PT를 많이 하니까 광고주 성향에 맞춰서 옷과 안경도 다르게 신경 써야 할 때가 있어.
　근데 좀 과감해져도 좋겠다 싶은 날엔 무진장 특이하게 생긴 젠틀몬스터 안경을 써. 선글라스 클립까지 붙였다 뗐다 할 수 있는 안경인데 그걸 쓰고 가면 만나는 사람마다 다 물어봐. "와 안경이 정말 특이하네요!"라고. 그럼 그날 하루는 내가 엄청 용기 있는 사람이 된 거 같은 기분이야. 전에 못하던 새로운 것도 해볼 수 있을 것 같고. 그러니 이 안경은 나에게 뽀빠이의 시금치 같은 거지.

저는 이 대답이 그간 젠틀몬스터가 보인 행보를 압축한 대답이라고 생각합니다. 만약 누군가 제게 젠틀몬스터의 브랜딩 활동을 정의해보라고 한다면 저는 '판타지를 코딩^{coding}하는 과정'이라고 답할 것 같거든요.

IT업계에 종사하지 않아도 이제는 흔히 들을 수 있는 단어가 코딩이지만, 코딩의 가장 근본적인 개념은 어떤 대상에 기호를 부여하는 행위입니다. 그 기호는 언어가 될 수도 있고 상징물이 될 수도 있죠. 그러니 큰 틀에서 보자면 코딩은 자신의 원하는 의미를 전달하기 위해 끊임없이 기호를 만들어 붙이는 과정이라고도 얘기할 수 있습니다.

젠틀몬스터는 사람들이 가진 욕망 중에서도 드러내고 싶고 실현하고 싶은 판타지적인 욕망들을 잘 선별해내는 브랜드입니다. 그리고 이를 자신들의 언어와 상징물로 변환해 기호화하는 작업에 집중하죠. 때론 그 기호가 걸작에 가까운 아트워크로 표현되기도 하고 눈이 휘둥그레지는 규모감의 공간으로도 형상화되어 사람들의 욕망을 더 또렷하게 구체화해주는 역할을 합니다.

쉽게 말해 '지금 당신의 마음속에 들어 있는 욕망이 이런 모습은 아닌가요?'라며 과감하게 펼쳐놓은 다음 그 욕망을 대변하고 상징하는 도구로써 제품을 디자인하는 거죠. 그러니 안경 마니아 친구에게 뽀빠이의 시금치 같은 역할을 해주는 대상도 단순히 독특한 안경테라기보다는 젠틀몬스터가 내포하고 있는 과감하고 독창적인 찰나의 이미지일지도 모릅니다. 하루를 용기 있게 살아보고 싶은 열망을 압축해 스스로에게 부여한 기호가 바로 그 안경인 거니까요.

── 우리의 언어로 구현한 판타지

그래서인지 저는 요 몇 년 사이 젠틀몬스터가 새롭게 론칭한 브랜드들을 보면서 '아! 이들이 또 새로운 방식으로 코딩을 하는구나'라는 생각이 들었습니다. 젠틀몬스터의 모회사인 아이아이컴바인드IICOMBINED는 2017년에 '향'을 기반으로 한 코스메틱 브랜드 '탬버린즈TAMBURINS'를, 2019년에는 독특한 케이크와 디저트를 다루는 '누데이크NUDAKE'라는 브랜드를 차례로 선보였거든요.

　　탬버린즈는 핸드크림, 핸드 퍼퓸, 손 세정제, 향초 등의 스킨케어 제품을 취급하는데요. 이 역시 아이웨어보다 더한 대표적인 레드오션 시장으로 취급받는 영역입니다. 그런데 이번에도 젠틀몬스터에서 보여주었던 그 독창적인 기법들로 단숨에 의미 있는 존재감을 만들어가고 있죠.

그중 대표적인 것이 바로 향을 표기하는 방법입니다. 탬버린즈는 단순히 향의 주성분을 친절히 써주거나 팬시한 이름을 붙이는 방식 대신 숫자 코드로 이를 전달하기 때문이죠. 가장 기본이 되는 베르가못, 패츌리, 샌달우드 등의 세 가지 향을 000으로 표기한 다음, 이들 각각의 향이 담긴 비율을 기반으로 숫자를 넘버링 하는 형식입니다. 다크하고 진한 여운이 느껴지는 제품은 324로, 청량한 소나무 향이 잘 배합된 향은 241 등으로 표기하는 것이죠. 덕분에 탬버린즈를 사용하는 사람들은 어려운 원료명 대신 숫자만으로 자신에게 꼭 맞는 향을 파악할 수 있습니다. 이상적인 향기의 이미지를 숫자로 코딩해냈으니 가능한 일이겠죠.

한편 시작부터 큰 화제를 모았던 누데이크는 '디저트로 판타지를 구현한다'는 목표 아래 만들어진 젠틀몬스터의 식음료 브랜드입니다. 누데이크는 New, Different, Cake의 합성어인데요. 새롭고 색다른 케이크라는 미션에 걸맞게 정말 전에 보지 못한 파격적이고 예술적인 디자인의 케이크들을 선보이고 있죠. 마치 젠틀몬스터 매장에 있던 그 특별한 조형물들이 케이크로 재탄생한 느낌마저 들게 하니까요.

더불어 누데이크는 맛과 품질만을 내세우기보다 미디어 아트나 디지털 콘텐츠 등 매장 안의 다양한 요소를 활용해 '먹는 행위'에 대한 경험을 판타지의 단계로 끌어올리는 시도를 하고 있습니다. 단순히 예쁜 공간 안의 예쁜 디저트가 아니라 맛에 대한 욕망을 어느 수준으로까지 해석하고 표현할 수 있는지 자신들 스스로를 실험대 위에 올린 것이죠.

—— 브랜드 디코딩

저는 브랜드를 들여다보는 재미의 정점은 이미 코딩된 무엇인가를 다시 풀어보는 디코딩decoding에 있다고 생각합니다. 코딩을 하기 이전으로 돌아가 이 브랜드가 말하고 싶었던 것은 무엇인지 그리고 왜 그 메시지를 이런 코드로 엮어내려고 했는지 전반을 이해해보고 또 예측해보는 게 정말 흥미진진하기 때문입니다.

무엇보다 브랜드를 만든 사람의 가장 깊숙한 곳에 있는 욕망의 방을 구경해보는 것이 진짜 매력적인 일이죠. 솔직히 꽤 친한 사이라고 해도 내가 정말 이루고 싶고, 간절히 표현해보고 싶은 것들을 남에게 설명하기란 쉽지 않은 게 사실이잖아요.

그런데 브랜드 하나를 깊게 파고 내려가 그 밑바닥에 있는 욕망과 마주하는 경험을 하고 나면 그때부터는 브랜드의 작은 요소들까지도 허투루 보이는 게 없습니다. 왜 이 색깔을 썼는지, 왜 이런 단어를 사용하는지, 왜 과거에는 저런 모습이었고 앞으로 나아가려는 방향은 이런 스타일인지 그 모든 코드를 하나하나 발견하고 풀어보고 싶게 만드니까요. 영화나 소설도 그 안에 숨겨져 있는 기호들을 찾고 이해해나가는 재미가 있는 것처럼 내가 좋아하는 브랜드가 그렇게 풍부한 해석의 여지를 가진 브랜드라면 팬들 입장에서는 더할 나위 없이 큰 즐거움인 거죠.

그래서 저는 브랜드를 만드는 사람들은 어쩌면 일종의 게임을 설계하는 사람들이 아닐까라는 생각을 해봅니다. 보드게임이나 방탈출 게임처럼 그 안에서 동작할 수 있는 룰을 만든 다음, 게임에 참여하는 사람들이 다양한 코드들을 직접 풀 수 있도록 하나의 판을 디자인하는 게 브랜딩인 것도 같거든요.

대신 그 설계는 정말 촘촘하고 정교하게 이뤄져야 하죠. 게임을 하는 플레이어들이 너무 쉽고 뻔하게 미션을 달성하도록 해서도 안 되고 또 게임을 만든 사람만이 해결할 수 있을 정도로 지나치게 꼬아놓는 것 역시 매력도가 떨어지니까요. 보물찾기하듯 숨겨놓은 코드들을 하나씩 풀어가면서 우리가 진짜 보여주고 싶었던 원초적인 욕망들을 차례차례 만나게 해주는 게 가장 이상적인 브랜드 코딩이 아닐까 싶습니다.

저는 젠틀몬스터가 10여 년 넘게 이런 방식의 브랜딩을 할 수 있었던 이유도 브랜드, 제품, 공간이라는 세 가지 요소를 중심으로 균형 있는 게임을 만들고자 집중한 데 있다고 봅니다. 처음 젠틀몬스터의 그로테스크한 공간을 만날 때면 '이게 뭐지?'라는 낯선 충격에 휩싸이지만 곧 그 안에서 작동하는 룰을 이해하도록 만들고 그렇게 자신들의 세계관을 좋은 기호로 인식하게 해주니까요. 그럼 나중에 어디선가 젠틀몬스터의 선글라스 하나만 봐도 이

전에 경험한 다채로운 요소들이 자연스럽게 떠오르게 되는 거죠. 저는 이게 브랜드로서의 코딩과 디코딩이 만들어내는 선순환이라고 생각합니다.

── 그들은 어떤 코드를 짰을까

가끔 브랜드와 관련한 일을 하고 싶다는 사람들을 만납니다. 그분들은 제게 '브랜딩을 잘하려면 어떤 자질들을 갖춰야 하나요?'라고 묻곤 하죠. (그럼 저는 생각합니다. 오… 나랑 질문이 똑같다…)

뭐 세상에는 특별한 교육이나 경험 없이 탁월한 자질을 발산하는 그런 브랜딩 천재들도 있고, 수많은 실패와 지독한 훈련으로 다져신 양성형(?) 인재도 있습니다만 저는 그들 사이에서 공통점을 하나 꼽아보라면 이런 이야기를 하고 싶습니다.

누군가의 욕망을 디테일하게 정의할 줄 아는 것.
그리고 그 욕망을 주제로 매력적인 게임을 설계할 줄 아는 것.

네. 물론 두 가지 모두 쉽지 않은 일이죠. 그리고 요즘같이 빠르게 브랜드를 선보이고, 수정하고, 뒤엎고, 되살리기를 반복하는 시대에서 모든 브랜딩에 이런 과정을 적용해볼 수 없는 것도 맞습니다.

하지만 여러분이 꽤 오랫동안 애정해온 브랜드가 있다면 그 브랜드는 위와 같은 문법으로 생명력을 유지하고 있을 확률이 높습니다.

스포티한 운전 감각에 대한 욕망을 다루는 BMW는 100년 가까운 시간 동안 '드라이빙에 대한 즐거움'을 기반으로 자신들만의 판을 만들고 있죠. 전기차 시대를 넘어 완벽한 자율주행의 세상이 온다고 해도 아마 BMW는 탈것이 주는 즐거움에 대한 이야기를 계속 이어갈 것이 분명합니다.

레고LEGO 같은 브랜드는 또 어떨까요. '머릿속에만 존재하던 것을 직접 내 손으로 만들어가는 재미'는 세상 모든 완구 업체들이 추구하는 가치이지만, 이를 집요하고 완벽하게 구현해내는 것은 레고뿐이라고 해도 과언이 아니죠. 인류가 가지고 있는 가장 기본적이고도 자연스러운 욕망을 표현하는 데 있어 아이부터 어른까지 모두 자신들의 생태계를 이용하도록 만드는 그 코딩력에 때론 경외심마저 생깁니다.

얼마 전 회사 개발자 동료와 이야기를 나누다가 초보자가 코딩을 잘하려면 어떻게 접근해야 하는지에 대한 그분만의 관점을 듣게 된 적이 있었습니다. 개발 직군이 아닌 제가 들어도 꽤 선명하게 다가오는 말들이었죠.

우선 내가 뭘 구현하려고 하는지를 명확히 하는 게 첫 번째예요.

그런 다음 그게 동작하려면 어떤 변수가 필요하고 데이터는 어떻게 사용해야 할지 같은 큰 배경을 예측해야 하고요.

그리고 저는 무엇보다 다른 코딩 사례를 진짜 많이 봐요. 그러면서 분석해보죠. '아, 저 사람들은 이런 문법을 사용해서 이렇게 기능을 구현했구나'라고요. 그 과정을 따라가다 보면 나는 어떻게 접근해야 하는지가 조금씩 보이거든요.

이 말을 듣는 순간 왠지 저도 '브랜딩을 잘하려면 어떤 자질을 갖춰야 하냐'는 그 질문에 답을 해볼 수도 있을 것 같다는 생각이 들었습니다.

우선 내가 열고자 하는 욕망의 방이 무엇인지를 이해하고, 그게 갖가지 브랜드 요소로 코딩되려면 무엇이 필요한지를 예측해보는 거죠. 처음부터 이 과정을 실행하기 어렵다면 다른 브랜드들을 디코딩해보면서 '아 저 브랜드는 이런 욕망에 이런 기호를 부여했구나'라는 나름의 분석을 곁들여보는 것도 좋겠습니다. 더불어 그걸 푸는 재미가 얼마나 쏠쏠한지, 나 아닌 다른 사람들에게도 그게 재미있게 동작하는지를 살펴보는 것 역시 의미 있을 테고요.

이런 관심과 노력이 쌓인다면 어느 순간 우리도 브랜드 코드를 짜는 데 있어 각자의 노하우가 조금씩 생겨나지 않을까요? 그리고 저는 그 노하우들이 자칫 허술하고 밋밋하게 태어날 뻔한 브랜드들에 훨씬 매력적인 생명을 불어넣어 줄 마지막 퍼즐이 되리라 생각합니다.

젠틀몬스터의 모회사인 '아이아이컴바인드IICOMBINED'의 이름에는
재미있는 뜻이 담겨 있습니다.

하나는 상상Imagination을 뜻하는 I이고, 다른 하나는 해석Interpretation을
나타내는 I인데요. 이 두 가지가 결합해 아이아이컴바인드라는 이름
으로 묶인 것이죠. 그러니 어쩌면 그들이 하려는 모든 시도의 꼭짓
점에는 누군가의 마음속에 떠오르는 이미지를 자신들의 언어로 해
석해 전달하려는 욕망이 들어 있는지도 모르겠습니다.

그런 의미에서 저도 이 두 가지 I를 기준으로 저라는 사람을 한번 들
여다봐야겠어요. 나는 어떤 상상을 어떻게 해석해낼 수 있는 사람인
지, 다른 사람들이 아직 구체화하지 못한 욕망에서 무엇을 발견하고
또 무엇을 표현해낼 수 있는 사람인지에 대해서 말이죠. 그러다보면
제 맘속 깊은 곳에 있는 욕망의 방들에 더 자주 찾아가 볼 수 있지 않
을까 싶거든요. 가끔은 내 속에 감춰진 그 날것의 몬스터를 만나는
재미도 필요하니까요.

18

태도를
제안한다는 것

리모와
RIMOWA

제가 어릴 때 정말 좋아했던 TV 프로그램이 하나 있었습니다. 매주 토요일 저녁만 되면 웬 아프로 파마를 한 미국인 아저씨가 캔버스 앞에 서서 유화 그림을 그리는 방법을 알려주는 방송이었죠. 맞습니다. 많은 분이 '밥 아저씨'로 알고 계시는 바로 그 화가, 밥 로스Bob Ross의 〈그림을 그립시다(원제: The Joy of Painting)〉라는 프로그램이 어린 시절 제 최애 방송 중 하나였습니다.

사진보다도 더 진짜같이 그려내는 그림들도 압권이었지만 저는 늘 밥 아저씨의 따뜻하고도 상냥한 대화에 이끌렸던 것 같아요. 하나도 안 쉬워 보이는 그림을 그리면서 '참 쉽죠?'라고 말할 땐 좀 얄미워 보이기도 했지만 그 어린 나이에 들어도 '와 멋진 말이다!'라고 생각하게 되는 좋은 이야기들을 중간중간 해주셨던 게 기억나거든요.

그중 제가 가장 좋아하는 말은 '행복한 사고happy accident'라는 말입니다. 어떤 그림이든 마술처럼 그려내는 밥 아저씨였지만 그분도 사람이다 보니 가끔 실수를 하실 때가 있었거든요. 예상보다 물감이 많이 뭉쳤다거나 나뭇가지를 표현하는 붓질이 다른 방향으로 툭 하고 튀는 경우도 종종 발생했죠.

그런데 그럴 때마다 밥 아저씨는 전혀 당황하지 않고 이렇게 말하며 우리를 안심시켰습니다.

괜찮아요, 여러분. 생각했던 것과는 조금 달라졌지만 이게 또 우리에게 어떤 결과를 가져다줄지 모르니까요.
실수라기보다는 행복한 사고인 거죠.

전 그래서 이 프로그램의 한글 제목인 '그림을 그립시다'보다 원제인 '그림 그리기의 즐거움'이 더 적합한 제목이라고 생각합니다. 밥 아저씨가 알려주고 싶었던 것도 어떻게 하면 그림을 섬세하게 잘 그릴 수 있나에 관한 것이라기보다는 그림을 그린다는 게 얼마나 즐겁고 행복한 일인지, 또 어떤 마음과 태도로 캔버스 앞에 서야 하는지에 대한 것이었을 테니까요.

── 흔적이 새겨진 캔버스

기획 일을 하는 사람들에게 잊을만하면 다시 찾아오는 질문 중 하나가 바로 '어떤 기획이 좋은 기획이냐?'라는 물음입니다. 좋은 기획을 한마디로 정의한다는 건 이 세상을 기획한 조물주에게도 쉽지 않은 미션이겠지만, 만약 제 개인적인 생각을 묻는다면 저는 '누군가에게 새로운 관점을 열어줄 수 있는 기획'이라고 답할 것 같습니다.

꼭 가치관을 뒤엎을 정도의 거대한 임팩트는 아니더라도 '아, 저렇게도 생각해볼 수 있구나' 혹은 '내가 그동안 이런 걸 놓치고 있었구나'라는 작은 생각의 여백을 마련해줄 수 있다면 거기서부터 또 무한히 확장되는 것들이 생기기 때문이죠. 단번에 소비자나 사용자를 사로잡는 기획도 멋지지만 조금씩 우리를 향해 돌아서게 하는 기획도 결코 그 매력을 무시할 수 없으니까요.

이번에 다룰 브랜드를 설명하기에 앞서 한 가지 고백할 것이 있습니다. 사실 저는 한때 이 브랜드를 보며 이런 생각을 했거든요. '아, 내가 살면서 저 브랜드의 제품을 사용할 일은 없을 것 같은데…'라고 말이죠. 그런데도 제가 여러분들께 두 팔 걷어붙이고 이 브랜드를 소개해드리고자 하는 이유 역시 제게 없던 새로운 관점을 하나 던져준 브랜드이기 때문입니다. 그리고 그 주인공은 바로 여행 캐리어 브랜드 '리모와RIMOWA'입니다.

제가 처음 리모와 캐리어에 관심을 가진 건 20대 초반이었던 것 같아요. 우연히 영화 속에 등장하는 공항 씬을 보다가 주인공이 끌고 가는 캐리어가 너무 멋져 보여서 찾아보니 그게 바로 리모와의 제품이었거든요. 그때까지만 해도 투박하고 자극적인 색상의 캐리어가 일색을 이루던 시절이라 깔끔하고도 멋진 알루미늄 재질로 된 리모와는 제 마음을 사로잡기에 충분했죠. 프로페셔널한 비즈니스맨의 이미지와도 잘 어울리고, 자유롭지만 예사롭지 않은 내공 깊은 여행자의 모습을 떠올리게도 했으니까요.

그런데 웬걸요. 리모와를 알아보던 중 큰 단점을 하나 발견했습니다. 리모와 캐리어의 핵심이 되는 이 알루미늄 재질은 내구성은 매우 뛰어나도 소재 특성상 외부는 아주 쉽게 흠집이 나거나 심지어 잘 찌그러진다는 걸 알게 되었기 때문이죠. 게다가 탑승 시 붙여주는 수화물 스티커조차 깨끗하게 잘 떼어지지 않아서 리모와 사용자의 대다수가 그 자국들을 고스란히 안고 살아간다는 것을 알고는 충격에 휩싸였습니다. 비교적 물건을 깔끔하게 쓰는 편인 저로서는 도저히 납득이 되지 않는 사용성이었거든요. 아무리 예쁘고 멋진 브랜드의 제품이라도 나와는 잘 맞지 않나 보다는 생각을 한 것도 이 때문이었고요.

그런데 오래전 스톱오버를 위해 잠시 들린 헬싱키 공항에서 제 관념에 작은 균열이 생기는 사건이 일어났습니다. 라운지에서 커피를 마시며 시간을 보내는 사이 제 건너편 자리에 똑같은 리모와 알루미늄 캐리어를 가진 두 남성이 우연히 같은 테이블에 앉게 된 것이죠. 한눈에 봐도 한 사람의 리모와는 세월의 풍파가 고스란히 느껴질 정도로 온통 상처로 가득한 상태였고, 수많은 도시를 여행하며 붙였을 스티커들은 마치 대학시절 전단지로 도배되어 있던 학생회관 앞 게시판을 떠올리게 할 정도였습니다. 반면에 다른 한 사람의 리모와는 공장에서 갓 출고된 듯한 깨끗하고도 따끈따끈한 신상의 느낌이었죠.

그때 풍파의 리모와 주인이 신생아(?) 리모와 주인에게 이런 말을 건넸습니다.

와! 완전 새것처럼 보이는군요.
리모와가 되려면 아직 조금 더 시간이 필요하겠어요.

저는 처음에 이 말이 무슨 말인지 이해가 되지 않았습니다. 낡은 리모와를 가진 사람이 멋진 새 리모와 주인에게 리모와가 되려면 시간이 좀 더 걸릴 거라고 말하는 의도가 무엇인지 무척 궁금했거든요. 놀리는 건가 시비를 거는 건가 아니면 그저 영어가 서툰 건가 온갖 생각이 들어 괜히 옆 테이블의 대화에 귀를 쫑긋 세우기 시작했죠.

맞아요. 아직 갈 길이 멀죠. 이 캐리어를 사고 처음 떠나는 여행이거든요. 앞으로 수많은 곳을 다니면서 여기에 기록할 예정이에요. 언젠가는 당신 리모와처럼 내 것도 멋진 흔적들marks을 남기겠죠.

그리고 이어진 신상 리모와 주인의 답변을 듣자마자 저는 그게 리모와를 애용하는 사람들의 화법이자 관점이라는 걸 금세 알아차릴 수 있었습니다.

비교적 비싼 가격에 해당하는 리모와지만 그럼에도 불구하고 신줏단지 모시듯 애지중지하는 게 아니라 캐리어 자체를 여행의 기록물처럼 대한다는 것. 더불어 지금처럼 이렇게 우연히 리모와를 사용하는 사람과 마주쳤을 때 그 기록물들을 바탕으로 자연스럽게 대화를 나눌 수 있다는 것. 이게 리모와를 대하는 사람들의 태도라는 사실을 서서히 느낄 수 있었으니까요.

무엇보다 제게는 단순히 푹푹 패인 상처이자 흠집으로 다가온 것들이 리모와를 쓰는 사람들에게는 멋진 흔적들로 인식된다는 것 또한 새로운 관점이었죠. 마치 그림을 그리는 과정 속 실수들을 행복한 사고라고 받아들이는 밥 아저씨처럼 말이에요. 그러니 상처 하나 나지 않은 깨끗한 리모와를 꿈꿔온 저는 어쩌면 아무것도 그리지 않은 새하얀 캔버스에만 욕심을 냈는지도 모르겠습니다. 캔버스는 물감이 올려지고 그린 사람의 흔적이 담길 때야 진짜 그 가치를 가지는 것인데도 말이죠.

─── 여행을 새로 정의하기 위한 기록들

사실 리모와는 브랜드가 발전해온 과정 자체가 '행복한 사고'와 함께한 여정이었다고 말할 수 있는 브랜드입니다.

리모와는 1898년 독일 쾰른에서 파울 모르스첵[Paul Morszeck]이란 사람이 여행용 트렁크 회사를 설립한 것이 그 시초인데요. 19세기 중반 즈음부터는 귀족들이 본격적으로 장거리 여행을 다니는 문화가 대중화된 덕분에 여행용 트렁크를 만드는 제조사들도 덩달아 많아졌기 때문입니다. 사람들에게 잘 알려진 럭셔리 브랜드인 루이비통Louis Vuitton이나 고야드GOYARD도 사실은 모두 마차에 싣는 여행용 트렁크를 만드는 회사로 출발했고, 그 대열에 리모와도 함께 자리하고 있었던 셈이죠.

하지만 당시는 대부분 나무와 가죽으로 제작된 사각형의 트렁크가 일반적이던 시대였습니다. 게다가 트렁크는 하인을 대동해 여행을 다닐 수 있는 부유한 귀족들만의 전유물이었기 때문에 굳이 가벼울 필요도 없었죠.

이런 시대 분위기 속에서 파울 모르스첵이 운영하던 가방 회사에 큰 위기가 찾아옵니다. 어느 날 쾰른 공장에 큰불이 나는 바람에 공장 내부는 물론 여행용 트렁크 제작에 필요한 모든 재료가 불에 타버리고 만 것이죠. 망연자실했던 파울은 사업의 존폐를 결정해야 하는 상태에 이르렀지만, 뜻밖에도 그 속에서 전혀 다른 기회의 씨앗을 하나 발견하게 됩니다. 화재 후 공장 내부를 살피던 파울은 다른 재료들은 모두 불에 타버렸지만 일부 알루미늄 조각들만은 그대로 남아 있음을 알아챈 것이죠.

이때부터 파울은 알루미늄을 포함한 경금속 가방을 제작하는 데 모든 열과 성을 쏟습니다. 불에 타지 않으면서도 가볍고 견고한 금속 재질에 완전히 매료되었기 때문이죠. 그리고 아버지에게서 가업을 이어받은 아들 리차드 모르스첵Richard Morszeck이 1937년에 이르러 알루미늄으로 된 금속 트렁크를 발명하는 데 성공하고야 맙니다. 수 세기를 이어오던 나무 가방이 새로운 소재와 형태를 맞이한 순간이자 인류 역사에 여행이란 단어가 재정립되는 순간이 바로 이때죠. 그리고 리차드는 회사명을 아예 '리차드 모르스첵 상표권Richard Morszeck Warenzeichen'이라는 독일어의 앞 글자만을 따서 RIMOWA라고 바꾸게 됩니다.

리모와를 설립한 리차드는 앞으로 자동차와 항공기 산업의 발전에 힘입어 여행의 수요가 훨씬 더 많이 늘어날 것이라고 예측해 더 가볍고, 더 튼튼하고, 더 멋진 디자인의 여행용 가방을 만드는 것에 사활을 겁니다. 특히 그는 산업을 넘나들며 다양한 소재와 디자인을 차용하는 것으로 유명했는데요. 1950년에는 그가 유독 사랑했던 독일 융커스Junkers사의 비행기 외관에서 영감을 받은 그루브 문양을 리모와 가방에 담기 시작합니다. 바로 지금까지 이어져 내려오는 리모와의 세로줄 패턴이 이때 개발된 것이죠.

이는 단순히 디자인적인 요소를 넘어 기능적으로도 매우 우수한 장점이 있었는데요. 여러 겹의 그루브 문양이 적당한 마찰력을 발생시켜 짐이 쉽게 쏟아지지 않게 해줄 뿐 아니라 가방을 싣거나 운반해야 할 때도 좋은 접지력을 유지할 수 있게 해 적은 힘만으로 이동이 가능했기 때문이죠. 그리고 같은 해 리모와는 알루미늄과 구리, 마그네슘 등이 혼합된 '두랄루민'을 주재료로 한 토파즈Topas 모델까지 내놓으며 리모와의 아이덴티티를 완벽히 갖추는

데 성공합니다.

사실 리모와에게 세계 최초라는 수식어는 꽤 익숙한 단어입니다. 앞서 소개해드린 경금속을 이용한 트렁크뿐 아니라 지금은 너무나 당연하게 여겨지는 360도 회전하는 캐리어 바퀴의 특허도 리모와가 가지고 있거든요.

그리고 리모와 역사상 알루미늄 케이스의 개발만큼이나 혁신적이었다는 평을 받는 살사Salsa 모델의 등장도 여행자들에게는 큰 충격을 안겨주었습니다. 2000년, 리차드의 아들이자 창업자 파울의 손자인 디터 모르스첵Dieter Morszeck이 세계 최초로 열가소성 플라스틱인 폴리카보네이트 소재의 캐리어를 선보였거든요. 가볍지만 튼튼하고, 영하 40도의 극한 환경에서도 소재의 변형이 거의 없는 이 폴리카보네이트는 오늘날 여행용 캐리어 시장을 평정하고 있는 소재로까지 자리매김했죠.

하지만 저는 리모아가 만든 세계 최초 상품들 중에 가장 인상적인 것은 바로 TSA 락이라고 생각합니다. 2001년 9.11 테러 이후 항공기 보안을 엄청나게 강화한 미국 교통안전국Transportation Security Administration이 도입한 검사 체계 중 하나인 TSA는, 짐을 스캐닝하는 과정에서 보안상 조금이라도 의심되는 점이 발견되면 그 즉시 트렁크 자물쇠를 부수어 내부를 확인할 수 있도록 하는 절차거든요. 때문에 미국을 여행하는 많은 사람이 여행의 첫 출발을 닫히지 않는 캐리어와 함께 시작하는 웃지 못할 해프닝이 자주 벌어지곤 했습니다.

이를 위해 리모와는 2006년부터 자물쇠를 부수지 않아도 마스터키 하나로 가방을 열고 다시 잠글 수 있는 TSA 락을 개발해 자사의 모든 가방에 부착해 판매하고 있습니다. 여행의 즐거움을 방해하는 그 어떤 행위도 그냥 놓아두지 않는 리모와의 철학이 가장 잘 반영된 사례라고 할 수 있죠.

그러니 리모와가 지금껏 걸어온 시간은 '여행자가 오롯이 자신의 여행에 집중할 수 있도록 하는 데 모든 열정과 기술을 바친 시간'이라고 해석해야 할지도 모르겠습니다.

── 버릴 것과 남길 것을 고르는 과정

이렇게 장대한 리모와의 히스토리를 설명해 드렸지만 놀랍게도 리모와가 가장 강조하고 있는 것은 헤리티지도, 업적도, 기술도, 명성도 아닙니다. 그들은 늘 그래왔듯이 '여행에 대한 태도와 관점'을 이야기하는 브랜드이기 때문이죠.

그래서 리모와가 하는 브랜딩과 마케팅 활동 역시 여타의 브랜드들과는 달리 조금은 특별하다고 할 수 있습니다. 물론 대부분의 럭셔리 브랜드들처럼 다른 브랜드와 콜라보레이션도 하고, 유명인을 앰배서더로 내세우기도 하고, 각종 전시나 팝업스토어를 열어 다양한 퍼포먼스를 보여주기도 하지만 리모와의 커뮤니

이 캐리어도 자신만의 멋진 흔적들을 남기며
'리모와가 되어가는' 과정을 겪겠죠?

케이션은 늘 두 가지의 큰 축을 기반으로 이루어지고 있거든요.

바로 '저 사람의 여행에는 어떤 이야기가 들어 있나?' 그리고 '저 사람의 관점으로 본 리모와는 어떻게 해석할 수 있나?' 하는 것입니다.

이 또렷한 두 가지 목표 아래 전개되는 활동들은 리모와와 여행이라는 키워드를 더욱 단단히 묶어주기도 하고 또 누군가의 렌즈로 바라본 여행을 통해 소비자들 스스로 브랜드에 대한 이미지를 정립할 수 있도록 도와주기도 합니다.

저는 그중에서도 가장 매력적인 건 리모와가 선보이는 슬로건과 캐치프레이즈들이라고 봅니다.

제가 하는 업무 중에 카피라이팅이나 네이밍처럼 말과 글을 만들고 퍼뜨리는 일이 있기 때문이기도 하지만, 저는 원래부터 좋아하는 브랜드가 생기면 그 브랜드가 전하는 말들을 하나둘씩 주워 모으는 습관이 있거든요. 사실 요즘은 워낙 자극적이고 일회성에 그치는 문구들이 넘쳐나기도 하고 한편으로는 너무 개인적이고 감상적인 워딩들을 사용하는 브랜드도 많아지는 터라 약간의 아쉬움도 있습니다만, 그런 와중에도 리모와가 전하는 메시지들만큼은 늘 제 메모장 어딘가에 차곡차곡 저장 되어가고 있죠. 그저 멋져 보이는 데 머물지 않고 좋은 태도와 관점을 중심으로 말을 걸어온다는 사실이 피부로 느껴지기 때문입니다.

이 글을 쓰면서 다시 제 메모장을 열어 리모와 챕터를 살펴보니 이런 슬로건들이 담겨 있었습니다.

> 멈춰 선 채로는 그 어떤 업적도 이룰 수 없으니까(No one builds a legacy by standing still).
>
> 우리가 바라는 것은 또 새로운 페이지들이 추가되는 것(We long to add new pages).
>
> 여행은 그 자체로 하나의 책(Travel is its own book).
>
> 새로운 눈으로 바라보기 위해서(To see with new eyes).

어떠신가요? 자극적이지는 않아도 꽤 공감 가는 관점들이 녹아 있지 않나요? 여행을 좋아하시는 분들은 아시겠지만 어딘가로 떠나려는 우리의 기본적인 욕망은 '버릴 것과 남길 것을 고르는 과정'과 맞닿아 있습니다. 다만 지금 내가 머물고 있는 곳에서는 그걸 가려낼 수 있는 눈이 많이 흐려져 있는 상태다 보니 어딘가 새로운 환경에서 그 작업을 하고 싶어 하는 것인지도 모르죠.

그래서 저는 누군가에게 이 버릴 것과 남길 것을 구분할 수 있도록 도와주는 것이 결국 '태도를 제안하는 일'이라고 생각합니다. 내가 시키는 대로 하라고 윽박지르는 것도, 당신이 지금 하는 것은 하등 쓸모없다고 비판하는 것도 태도를 제안하는 것과는 거리가 먼 일이니까요. 마치 어딘가로 훌쩍 떠난 여행에서처럼 스스로를 돌아보게 하고 그곳에 무엇을 던져두고 올지, 무엇을 새로 가득 담아 올지를 결정할 수 있게 하는 게 좋은 태도를 소개하는 것이라고 봅니다.

그러니 리모와의 다양한 커뮤니케이션들 역시 이 과정에 초점을 맞추는 거라고 할 수 있겠죠. 당신이 리모와를 가지고 있든 그렇지 않든, 1년에 10번 이상 여행을 가는 베테랑이든 아니면 인생의 첫 여행을 준비하는 사람이든 간에 자신들이 생각하는 좋은 여행이란 이런 것이라고 알려주는 셈이니까요.

── 그들의 관점에 내 관점 하나를 보태며

저는 가끔 이런 상상을 해봅니다. 내가 만약 저 브랜드의 오너나 매니저라면 어떤 사람을 통해 우리 브랜드를 알리고 싶을까 하는 그런 상상 말이죠. 요즘은 유명 브랜드들도 이른바 브랜드 앰배서 더들을 지정해 그들을 일종의 뮤즈처럼 활용하는 사례도 적지 않잖아요. 세상의 모든 사람이 알만한 셀럽부터 특별하고 좋은 스토리를 가진 일반인들까지 그 범위도 다양하고요. 그러니 마음에 드는 브랜드가 있다면 그들의 뮤즈는 누구일지 어떤 사람을 앰배서 더로 내세울 수 있을지를 상상해보는 것도 꽤 재미있는 시도가 될수 있습니다.

물론 리모와도 늘 여행을 재정의할 수 있는 앰배서더들을 지정하고 그들의 이야기를 전달하려고 노력합니다. 최근에는 시네마틱 캠페인이라는 이름으로 가수 리한나, NBA 스타 르브론 제임스, 작가이자 비주얼 아티스트인 패티 스미스, 그리고 테니스 선수 로저 페더러의 에피소드들을 소개하기도 했죠. 각기 다른 분야에서 상이한 삶을 살아가는 그들은 여행이라는 것을 어떻게 받아들이고 또 풀어가고 있는지를 들여다본 겁니다.

저는 이 캠페인을 보는 순간 '만약 리모와가 우리나라에서 이 시네마틱 캠페인을 펼친다면 누구를 앰배서더로 선정할까?' 하는 생각이 들더군요. 그러곤 또 혼자만의 상상에 빠지기 시작했죠. 제가 알고 있는 인물들 중에서 자신만의 관점으로 이 여행이라는 무한히 크고도 개인적인 워딩을 해석해낼 수 있는 사람은 누구일까 하는 고민에 시동을 켠 겁니다.

그러다 저는 배우 윤여정 선생님을 떠올렸습니다. 단순히 좋은 작품을 통해 세계 무대에 이름을 알리셔서라기보다는 정말 이분이 가지고 계신 생각과 관점들이 순수하게 궁금해졌기 때문입니다. 연기야말로 다른 누군가의 삶 속으로 잠깐 여행을 다녀오는 것과 다름없을 텐데 50년 동안 그 일을 해오신 분은 과연 여행을 어떻게 정의하고 계실지 무척 기대도 되었고요.

하지만 제가 리모와라는 브랜드와 윤여정 선생님을 연결한 가장 중요한 포인트는 결국 이분이 대중들에게 제안하는 태도에 매료되었기 때문일 겁니다. 특히 예전에 한 예능 프로그램에서 후배 배우에게 들려주신 말씀은 제게도 기분 좋은 충격으로 다가왔거든요.

후회 없는 삶은 없어. 미련 없는 삶도 없고. 그러니까 후회 없는 삶을 살고 싶다, 미련 없는 삶을 살고 싶다 이런 걸 목표로 삼으면 안 돼. 그보단 무슨 일이 생기더라도 빨리 정신 차리고 다시 일어설 수 있는 삶을 지향해야 돼. 인생은 누더기야. 죽을 때까지 새 옷 입고 가겠다는 심보는 대체 어디서 나는 거니.

특유의 날카롭고 직설적인 화법이 돋보이는 말씀이었지만 저는 그 안에 담긴 인사이트는 윤여정 선생님에게서만 나올 수 있는 거라고 생각했습니다. 그리고 저분의 인생관이야말로 리모와가 강조하는 그것과 똑 닮아 있지 않을까 싶었죠. 새하얀 캔버스만을 끌어안고 끙끙거리지도 말고, 설령 그 속에 맘에 들지 않는 후회와 미련이 범벅되어 있다 해도 너무 낙담하지 말고, 때우고 다듬고 고쳐가며 다시 원래의 기능을 할 수 있게 회복하는 과정이 곧 인생이자 여행이라고 말해주고 있는 것 같았으니까요.

그래서 만약 제게 윤여정 선생님을 모티브로 리모와 캠페인의 한 줄 카피를 써보라고 한다면 저는 이렇게 써볼 수도 있겠다 싶습니다.

중요한 건 다시 일어설 수 있다는 거니까.

그리고 그 브랜드 캠페인의 사진들은 저마다의 사연을 고치고 또 회복하고 있는 리모와 리페어 센터를 배경으로 촬영하면 딱이겠다는 상상의 나래도 펼쳐보았습니다. 전 세계 어디를 가더라도 리모와 매장에서는 빠르게 제품을 수리해서 다시 고객이 여행의 순간으로 돌아갈 수 있도록 최상의 서비스를 제공하는 것으로 유명하거든요. 그러니 미련도 후회도 모두 자신의 흔적이라며 쿨하게 인정하고 다시 여행을 시작하는 그 당당하고 멋진 모습을 윤여정 선생님의 관점으로 풀어내보면 좋겠단 생각입니다. (그러고 보면 좋은 브랜드는 우리에게 태도를 제안해주기도 하지만 이렇게 소비자들로 하여금 새로운 것들을 제안하고 싶어지게 만드는 것도 같네요.)

—— 브랜드 읽기의 즐거움

몇 년 전까지만 해도 저는 여행을 준비할 때 정말 꼼꼼히 계획을 세우고 많은 것을 준비하는 스타일이었습니다. 낯선 곳에서 당혹스러운 순간과 마주하고 싶지도 않았고 허술하게 준비했다가 놓치고 오는 것들이 생기는 것 역시 너무 아깝다 싶었거든요.

그런데 리모와라는 브랜드를 통해 여행에 관한 시각이 조금씩 넓어지고 새로운 관점들이 하나씩 추가되면서 지금은 여행 계획과 준비에 대한 강박을 꽤 많이 내려놓았습니다. 하루 정도는 별다른 계획 없이 식당 주인이나 길에서 만난 사람들에게 추천받은 대로 여행을 해보기도 하고, 너무 마음에 드는 도시를 발견하면 다음 날 일정을 미루고 하루 더 머무는 결단력을 발휘해보기도 하죠. 누군가는 '여행이 원래 그런 거 아니야?'라고 하실지 모르지만 저 같은 사람에게는 이 또한 관점의 이동이자 새로운 태도를 소화하는 일련의 노력들이었음이 확실합니다. 당연히 그만큼 얻고 배우는 것들도 많았고요.

그러니 만약 여러 브랜드에 관심이 많은 분이라면 그 브랜드가 제안하는 것들을 하나씩 내 삶 속에 끼워 넣어보는 것도 브랜드를 대하는 좋은 방법이 될 거라 믿습니다. 뻔하고 익숙한 조언이라도 누가 언제, 어떻게 건네느냐에 따라 그 온도와 느낌이 확연히 다르잖아요. 마치 '그래! 나는 이 타이밍에 이렇게 말해주는 사람이 필요했어!'라며 새삼 내 감각들을 다시 깨우는 그런 순간이 있음을 여러분 스스로도 잘 알고 계실 겁니다.

저는 브랜드도 그런 역할을 할 수 있다고 생각해요. 세상에 여행에 대해 이야기하는 브랜드는 수없이 많을 텐데도 어느 날 리모와가 건넨 이야기에 조금씩 매료되고 더불어 그들의 태도를 닮아가고 싶어 하는 것처럼 말이죠. 그리고 그렇게 가까워진 나와 브랜드 사이에는 말로 표현할 수 없는 끈끈한 무엇인가가 생기는 것 같아요. 그런 유대감이 결국 소비자나 사용자로 하여금 브랜드에 대한 무한 애정을 느끼게 하는 게 아닐까도 싶고요.

이야기를 하다 보니 다시금 밥 아저씨를 소환하고 싶어지네요. 어쩌면 이번 글을 통해서는 여러분들에게 마치 밥 아저씨와 같은 태도와 화법으로 '브랜드 읽기의 즐거움'을 전달하고 싶었는지도 모르겠습니다.

　브랜딩이라는 게 꼭 직업으로 브랜드를 다루는 사람들만의 전유물이 아니라는 것, 누구나 자신이 좋아하는 브랜드 하나 정도는 깊이 들여다보고 분석하고 자기 나름대로 해석하고 이해해볼 수 있다는 것, 그리고 그 브랜드를 통해 온갖 상상의 나래를 펼쳐볼 수도 있고 가끔은 브랜드가 전하는 메시지대로 행동하고 살아볼 수도 있다는 것. 이런 이야기들을 한 번쯤 편하게 들려드리고 싶다는 생각을 했었으니까요. 밥 아저씨까지는 아니더라도 친한 친구에게 재미난 얘기 한 편 듣는 기분은 느끼셨길 바라봅니다. (그래도 저는 양심상 '참 쉽죠?' 이런 말은 안 하지 않습니까…)

　문득 여러분 각자의 여행 가방은 어떤 모습일지가 궁금해지네요. 어떤 흔적들과 무슨 사연들이 곳곳에 묻어 있을지, 그 스토리들을 바탕으로 지금은 어떤 기대와 희망으로 새 짐을 꾸리고 있는지 궁금합니다. 무엇을 넣고 무엇을 빼든 각자의 몫이지만 이 한 가지만은 기억했으면 좋겠어요. 여행의 절반은 어떤 태도로 떠나느냐에 달려 있다는 사실을요.

 저는 스스로 좋은 기운을 얻고 싶을 때마다 영화 〈인턴〉을 봅니다. 70세의 나이지만 새로 배우는 것에 거부감을 가지지 않고 또 어디서든 자기가 가진 경험을 겸손히 잘 전달하는 벤(로버트 드 니로 분)을 보다 보면 늘 제 태도를 돌아보게 되거든요. 그리고 자신보다 마흔 살이나 어린 줄스(앤 해서웨이 분)의 회사에 인턴으로 출근하며 벤이 던지는 이 대사 한 줄이 저는 그렇게 좋더라고요.

"저는 당신의 세계를 배우기 위해 여기 온 겁니다(I'm here to learn about your world)."

그래서 저는 책 한 권을 읽든 영화 한 편을 감상하든 브랜드 하나를 들여다보든 요즘은 이런 생각으로 첫발을 떼곤 합니다.
'이 세계에 대해 조금씩 배워나가고, 이들이 제안하는 태도로 한번 살아봐야겠다'라고요. 그게 얼마나 오랫동안 우리를 설득하고 붙잡아놓을 수 있을지는 모르지만 저는 설사 단 하루에 그치더라도 충분히 큰 의미를 가진다고 생각합니다. 짧게라도 그들의 세계를 이해하려 해보고, 한 번이라도 그들의 태도를 받아들이려고 노력한 사람의 인생은 좋은 흔적들을 훨씬 더 많이 남긴 인생일 테니까 말이죠.

우리가 펼쳐놓은 단어들

책 한 권에 달하는 분량의 글을 다 쓰고 나니 이런 생각이 머리를 스쳤습니다. '내가 이 책에서 가장 많이 쓴 단어는 무엇일까?'라는 생각이었죠. 나름 제가 할 수 있는 이야기들을 저의 방식대로 풀어놓은 글 사이에서 제일 많이 사용되고 또 강조된 단어들은 무엇일까 하는 뜻밖의 궁금증이 생긴 겁니다.

　뭐 직접 세보지는 않았지만 당연히 이 책의 주제와 관련이 깊은 브랜드, 브랜딩, 디자인, 아이덴티티 같은 말들이 가장 많이 반복해서 등장했을 테고 한편으로는 관점, 시각, 본질, 정의, 가치, 태도, 접근, 표현처럼 브랜드를 바라보고 이해하는 데 필요한 단어들도 많이 사용되었을 걸로 예상합니다. (그렇다고 또 하나하나 세보거나 하진 마시고요….)

　그런데 의외로 제가 이 글들 속에 여러 번 반복해 사용한 또 다른 표현들이 있습니다.

　바로 '혹시', '아마도', '어쩌면', '가끔은', '반면에', '저 역시', '그러니', '여러분도' 같은 단어들이죠. 물론 뭔가를 의식하거나 의도해서 쓴 표현은 아닙니다. 그저 그때그때 꼭 필요하다고 생각한 적절한 말들을 찾아 썼을 뿐인데 예상 밖으로 이렇게 가능성을 열어놓는 단어들이 꽤 자주 등장하더라고요. 이 사실을 알고 나서는 저도 좀 신기하다는 느낌이 들었고 말이죠.

그 이유를 찾기 위해서는 단어에 관한 다른 이야기를 하나더 해볼 필요가 있겠다 싶습니다. 다름 아닌 이 책의 제목에 사용한 '브랜드'라는 말과 '배우다'는 말에 관해서요.

사실 브랜드나 브랜딩에 관한 정의는 사람과 상황에 따라무척이나 다양합니다. 사전에서 설명하는 뜻부터 현업에서 활용하는 의미나 개념들, 그리고 브랜드라는 단어를 들었을 때 막연히떠오르는 그 느낌들까지 헤아려본다면 딱 잘라 설명하기 참 어려운 단어 중 하나가 바로 브랜드이고 브랜딩이니까요.

다만 제가 생각하는 브랜딩의 한 줄 정리는 다음과 같습니다.

자신이 가장 중요하다고 생각하는 가치를, 자신에게 가장 적절하고 의미 있는 방법으로, 가장 자기답게 표현하고 완성해가는 행위.

네. 저는 이게 좋은 브랜드를 만들기 위해서, 좋은 브랜딩을해나가는 가장 기본이자 핵심이라고 생각합니다. 그리고 여기서중요한 단어는 무엇보다 '자신'이라는 것이 제 개인적인 견해이기도 하고요. 결국 브랜딩이란 자기다움의 결과물을 가지고 더 크고 깊은 자기다움을 찾으러 떠나는 여행과도 같으니까요. 방점이 '나'라는 존재에 찍히는 게 어쩌면 아주 당연한 일일지도 모르죠.

그럼 '배우다'라는 단어는 어떻게 해석할 수 있을까요? 이 역시 저와 여러분이 익히 알고 있는 뜻과 뉘앙스가 있겠지만 저는 또 이런 관점에서의 정리를 하나 추가해보고자 합니다.

누군가로부터든 아니면 무엇으로부터든,
나를 움직인 그 부분을 온전히 이해하고 받아들여 보려는 행위.

때문에 《브랜드로부터 배웁니다》라는 이 제목은 세상에 존재하는 수많은 브랜드들이 어떻게 각자가 추구하는 가치를 자기답게 표현하고 완성했는지를 들여다보고, 그 속에서 작게나마라도 나를 움직인 포인트들을 어떻게 내 것으로 흡수할 수 있는지 고민해보자는 저의 작은 제안이라고도 볼 수도 있을 겁니다.

아마 위에서 언급한 저 뜻밖의 단어들이 자주 등장한 이유 역시 다양한 브랜드들이 여러분의 관점에서 다시 해석되고, 변형되고, 발전되기를 바라는 제 마음이 투영되었기 때문일 테고요. '저는 이렇게 해석했는데 여러분의 생각은 어떠신가요?', '이런 관점으로 접근해본다면 또 어떤 브랜드들이 여기에 해당하고 그 브랜드로부터는 또 무엇을 배울 수 있을까요?'라는 마음 말입니다.

사실 책을 쓰는 과정은 저에게도 특별한 선물 같았습니다. 제가 가장 좋아하는 것 중 하나인 브랜드를 주제로 글을 쓸 수 있다는 것도 기뻤지만 그 생각을 많은 사람과 나눌 수 있다는 것 역시 정말 두근거리는 일이었거든요. 늘 브랜드와 관련한 책들을 읽는 사람의 입장에서 살다가 그 이야기를 쓰는 사람의 입장이 되어 보는 경험은 낯선 반가움과 기분 좋은 책임감을 동시에 느끼게 해 주었죠.

그리고 한편으로는 이렇게 책 한 권을 정리해서 내놓는 것 또한 작은 브랜드 하나를 만드는 것일 수도 있겠다 싶었습니다. 제가 중요하다고 생각하는 지점들을, 제가 좋아하는 브랜드들에 기대어, 가장 저답게 표현하며 글을 썼으니 저에겐 한 권의 책이자 하나의 브랜드임이 틀림없겠죠.

한 가지 욕심을 더 보탠다면 부디 이《브랜드로부터 배웁니다》라는 브랜드도 작게나마 여러분의 마음을 움직이고, 그래서 여러분만의 방식으로 이해하고 받아들여 보고 싶어지게 만드는 그런 브랜드였으면 좋겠다는 바람입니다. 더불어 그런 마음이 그동안 여러분 주위를 그냥 스쳐 지나가던 브랜드들마저 조금은 다르고 새롭게 바라볼 수 있게 해준다면 더 바랄 것이 없겠네요. 어쩌면 그것이야말로 제가 이 책을 쓰기로 결심한 가장 큰 이유일 테니까 말입니다.

이미지 출처

p. 18 https://www.instagram.com/p/CdYNFPIM3rm/?utm_source=ig_web_copy_link

p. 35 https://www.instagram.com/p/CLfydEfj6l4/?utm_source=ig_web_copy_link

p. 51 https://m.facebook.com/613056692216181/photos/a.613058812215969/1781010335420805/?_rdr

p. 75 https://www.instagram.com/p/CE63XGknR12/

p. 89 https://www.lvmh.com/houses/wines-spirits/veuve-clicquot/

p. 102 https://www.uds-hotels.com/en/anteroom/kyoto/artculture/#gallery

p. 124 https://www.businessinsider.com/pixar-disney-characters-before-after-2016-1#this-drawing-gave-the-filmmakers-an-idea-of-what-shape-each-emotion-would-be-6

https://www.pixar.com/feature-films/inside-out

p. 139 https://stockx.com/news/chuck-taylor-a-brief-history/

p. 157 https://m.facebook.com/bangolufsen/posts/make-the-beolab-5-speaker-the-crown-jewel-in-your-stunning-wireless-beolink-mult/10153010642376607/?_rdr

p. 171 https://www.sothebys.com/en/buy/auction/2020/the-one-mjs-air-jordan-1s/michael-jordans-game-worn-1985-player-sample-air

p. 194 https://www.behance.net/gallery/20315389/New-identity-for-the-city-of-Porto

p. 212 https://www.creedfragrances.co.uk/womens-fragrances/fleurissimo #selection.size=75ml

p. 234 https://www.instagram.com/p/Bbe3Li4FG5s/?utm_source=ig_web_copy_link

p. 249 https://wasara.jp/e/products/maru.html

p. 276 https://unsplash.com/photos/kbeIGiNWDaY

p. 296 https://twitter.com/spursofficial/status/1426983278557466624

p. 312 https://www.gentlemonster.com/kr/stories/haus-dosan

p. 334 https://www.instagram.com/p/CjSu3TIOqpN/?utm_source=ig_web_copy_link